JN063978

Enzyklopädie Migration in Europa: Vom 17. Jahrhundert bis zur Gegenwart

クラウス・J・バーデ：編

増谷英樹　穐山洋子　東風谷太一：監訳　前田直子　藤井欣子　鈴木珠美：訳

東京外国語大学出版会

Klaus J. Bade et.al.
Enzyklopädie Migration in Europa:
Vom 17. Jahrhundert bis zur Gegenwart
2007

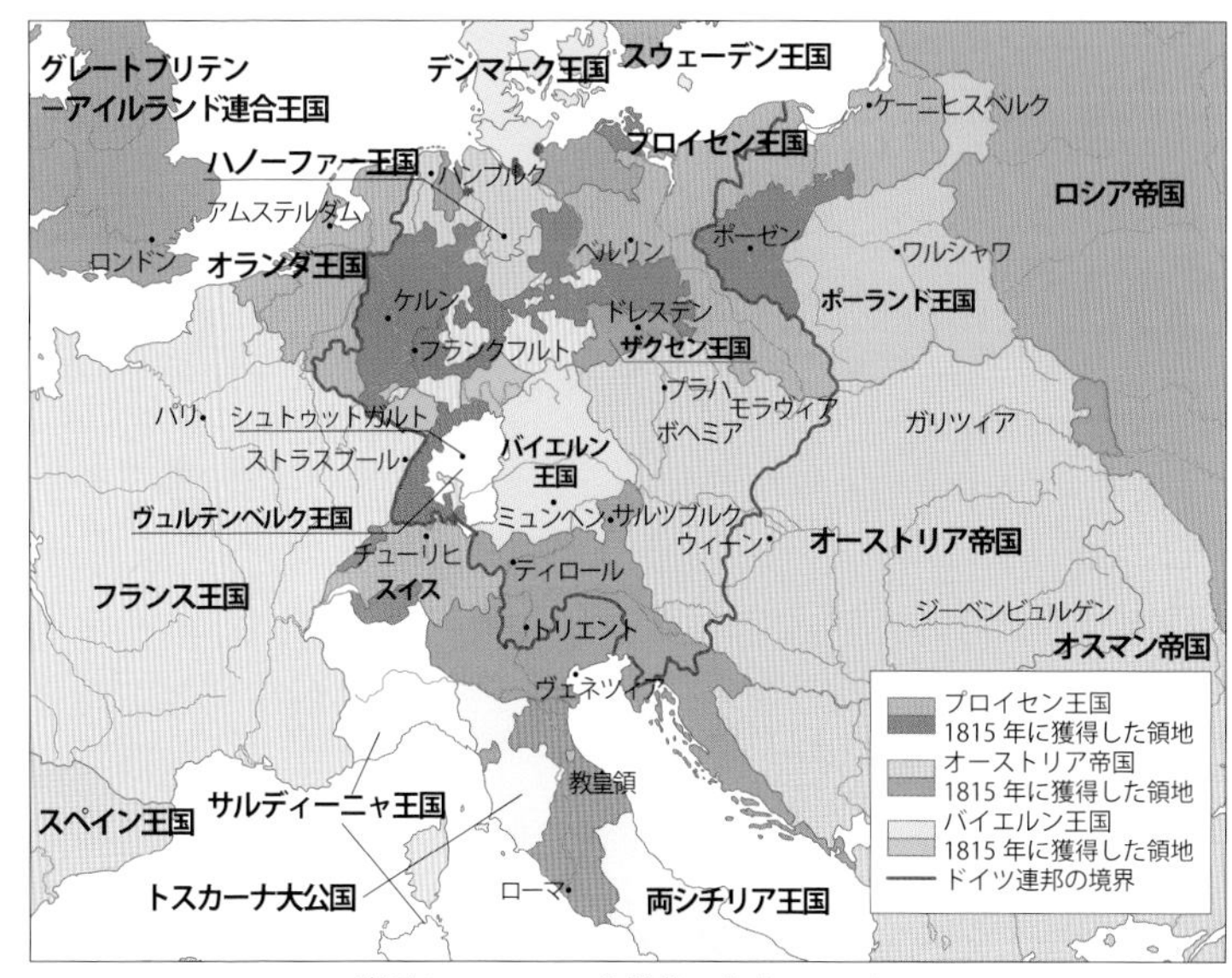

地図 1　ウィーン会議後の中欧（1815 年）

地図 2　第一次世界大戦後の中欧における境界と人の移動（1919–1939 年）

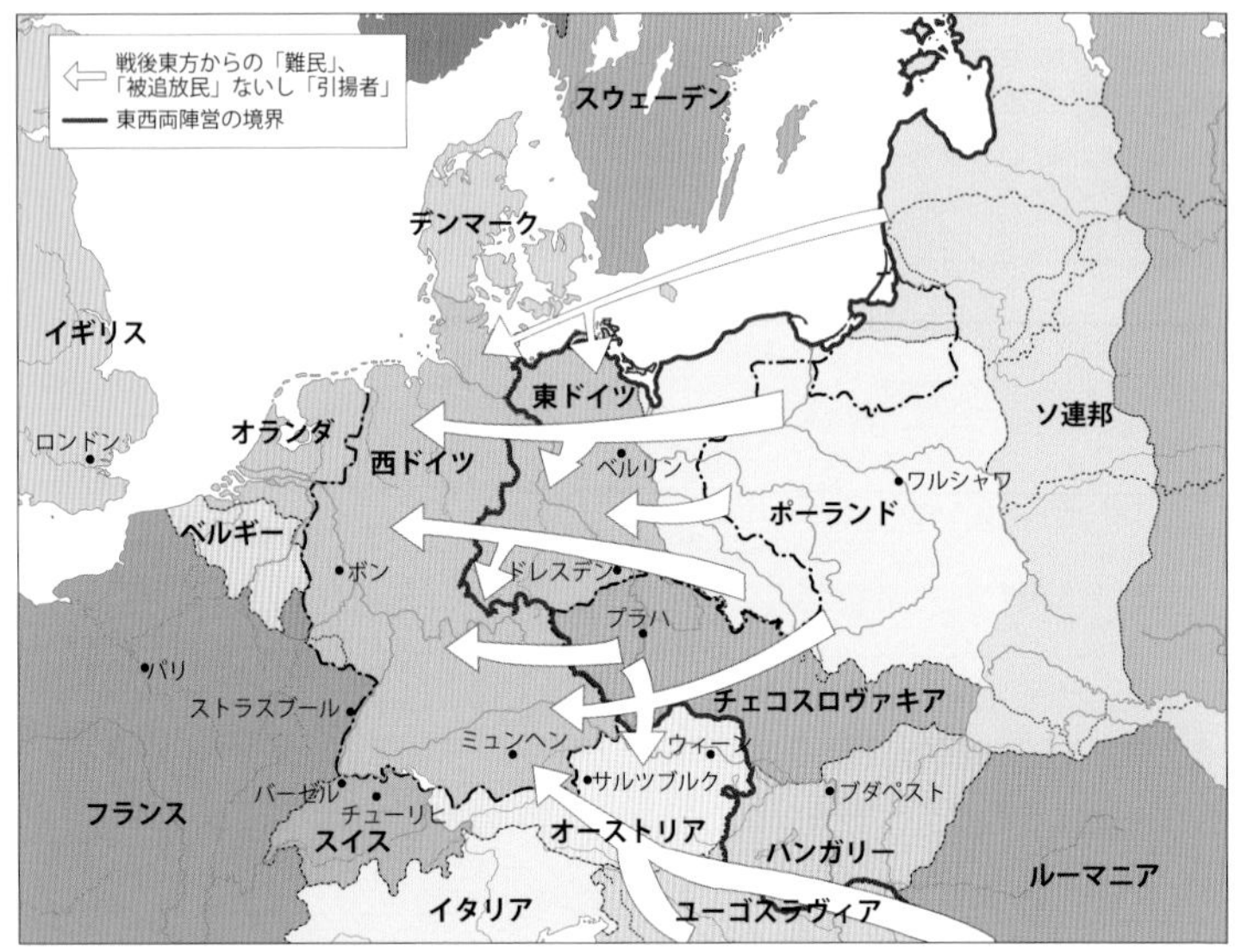

地図３　第二次世界大戦後の中欧における人の移動（1945–1989 年）

地図１　ウィーン会議（1814/15 年）では、フランス革命以前の体制を回復する正統主義とヨーロッパ諸大国の勢力均衡が確認された。中欧に関しては、スイスの永世中立が認められ、プロイセンとオーストリアの領地が拡大され、35 の君主国家と 4 つの自由都市からなる「ドイツ連邦」が結成された（赤線はその境界）。ポーランドはロシアの保護下に入った（1864 年にロシア領に）。18 世紀以来、人口増加は次第に顕著となり、工業化や都市化の進展を背景に都市への人口流入が進んだ一方で、東欧や南東欧への入植と大西洋をまたぐ移民の数も急増した。

地図２　第一次世界大戦とその後の中東欧における新国民国家の叢生、ソ連邦の成立といった国際情勢の目まぐるしい変化は新たな国境の生成を伴い、大陸ヨーロッパ内での移民や労働移住に大きな影響を及ぼした。さらに 1933 年以降のナチ・ドイツの人種思想にもとづく膨張政策と第二次世界大戦は、ユダヤをはじめとするマイノリティの移民や亡命をひきおこすとともに、強制労働や強制移送というかたちの人の移動ももたらした。

地図３　第二次世界大戦後、ドイツ旧東部領、東欧や南東欧、バルト諸国、ソ連邦にいたる広大な地域から大量のドイツ系住民が強制的に移住を迫られ、ドイツ（オーストリアは一部を除き難民のほぼ経由地）を目指した（被追放民）。引揚者（アウスジードラー）に関しては冷戦体制が崩壊に向かった 1980 年代末以降にも再度東欧からの流入が活発化し、「統合」をめぐる議論を活発化させることになる。「被追放民」については第 1 章 136–138 頁および第 4 章を、「引揚者」については第 1 章 149–152 頁を参照のこと。赤線は冷戦下での東西両陣営の境界線。

移民のヨーロッパ史　目次

第Ⅰ部　ドイツ——流動的な境界と移動する人々

第Ⅱ部　オーストリア——ハプスブルク家の遺産

第Ⅲ部　スイス――移民の経由地

第Ⅳ部　各論――ミクロな視点からみた移民の現場

凡例

一、本書は、K. J. Bade u. a. (Hrsg.), *Enzyklopädie Migration in Europa: Vom 17. Jahrhundert bis zur Gegenwart*, Paderborn, München, Wien, Zürich, 2007 の抄訳に解説を付したものである。

二、原著の〈 〉は、「 」で示した。

三、抄訳部分について、（ ）は原文のままである。

四、原文のイタリックの部分については、傍点を付して示した。

五、原著者による各章の註は、原著事典内の項目レファレンスであるため省いた。

六、訳者による註は、当該箇所に▼を付し、各章の末尾に▼1、▼2のように示した。

はじめに

増谷英樹

一．百科事典『ヨーロッパの移民――一七世紀から現在まで』

本書はクラウス・J・バーデの主幹による百科事典『ヨーロッパの移民――一七世紀から現在まで』（Klaus Bade/ Pieter C. Emmer/ Leo Lucassen/ Jochen Oltmer (Hrsg.), *Enzyklopädie Migration in Europa vom 17. Jahrhundert bis zur Gegenwart*, Paderborn, München, Wien, Zürich, 2007）の抄訳に、訳者解説を付したものである。この百科事典は、EU（ヨーロッパ連合）の移民に関する共同研究の成果として二〇〇七／〇八年に刊行され、現在さまざまに問題となっている移民や難民の近代以降の歴史を扱った網羅的な事典となっている。まずは、百科事典の成立経緯について紹介しておきたい。

そもそもこの事典は、「オランダ（人文社会科学）高等研究所（NIAS：Netherlands Institute for Advanced Studies)」と「ベルリン高等研究所（Wissenschaftskolleg zu Berlin)」の共同企画として生まれた。

編者のバーデは、ドイツのオスナブリュック大学名誉教授であり、この企画のためにオランダに招聘され、当地の大学で移民の歴史に関する講義と研究に従事し、事典の基礎となるような著作を発表している。二〇〇〇年にEUの企画出版シリーズ「ヨーロッパを創る（Europa bauen）」シリーズ中の一冊として刊行された、『移動するヨーロッパ――一八世紀後半から現在までの移民』である（このシリーズはEU全体の企画として各国語でさまざまなテーマを扱っている。たとえば、『ヨーロッパ史のなかの都市』『ヨーロッパ史のなかの農民』『ヨーロッパと海』『飢餓と豊穣』『啓蒙のヨーロッパ』『ヨーロッパの諸革命』等々）。バーデは、前掲『移動するヨーロッパ』を土台に、ヨーロッパにおける移民史を包括的にまとめ上げるという大規模な企画を精力的に推し進め、EU諸国から多数の研究者の援助を受けつつ、早くも二〇〇七年には事典を完成させた。翌二〇〇八年にはドイツ語版と同時進行で編集された英語版も刊行され、同事典は、ヨーロッパ移民研究の出発点であると同時に基礎になっている。

事典の構成は、第一部で一七世紀以降のヨーロッパ各国ごとの移民史の概観が扱われ、第二部では、各国内もしくは各国間を移動するさまざまな集団が焦点化され、項目別に詳しく扱われている。それらは「イタリアにおけるアルバニア人」であるとか「ボヘミアのガラス商人」「一七世紀のアムステルダムのドイツ人パン職人」「ヨーロッパのユグノー」「モロッコ人の労働移民」のように、各国の専門家が個別集団のテーマを詳しく分析したもので、全体として三〇〇以上のテーマを扱い、まさにヨーロッパの移民史の百科事典となっている。本書では、訳者たちの関心にそって、原著第一部の「中央ヨーロッパ」で扱われているドイツ、オーストリア、スイス、それぞれの移民現象の歴史的概観を訳出した。特に「ドイツ」の章の執筆者であるバーデとヨッヘン・オルトマー（Jochen Oltmer）は本百科事典の主要な編集者であり、現代ドイツの移民学研究の第一人者でもある。また、「オーストリア」の著者シルヴィア・ハーン（Sylvia Hahn）はサルツブルク大学の歴史学研究者、「スイス」の移民史を分析したマーク・ヴィユミエ（Marc Vuilleumier）は元ジュネーヴ大学講師であり、それぞれ移民分野の専門家である。

ＥＵにおいて現在大きな問題となっている移民・難民がヨーロッパにおいては歴史的にも重要な意味を持ってきたことをバーデは早くから認識していた。百科事典の序論においてバーデは次のように述べている。「移民とその統合の問題は、二〇世紀後半と二一世紀初頭のヨーロッパにおける中心的テーマとなっている。多くのヨーロッパ人は、こうした問題に直面して、歴史的な例外状況に直面していると感じているであろう。しかし、歴史を振り返ってみるならば、移民、統合、文化的交流といった問題は、大昔からヨーロッパの文化史における中心的問題であったことがわかるであろう。さらに、今日移民の統合に関して頭を悩ませている国民の多くも、かつては自らが移民としてやってきた『よそ者』の子孫であることを認識するであろう。しかしながら、ユグノーといったよく知られた例外を除くならば、近代ヨーロッパの移民現象のなかでいかに多くのグループが、国家の境界線ないし文化的・社会的境界線をこえて移動していたかはあまり知られていない。そうしたさまざまな現象を、できるだけ多くの事例を通じて明らかにすることが、この『ヨーロッパの移民』百科事典の目的である」と。

次に、本書がヨーロッパの移民を網羅的に取り上げている百科事典のなかで、特に中欧（ドイツ、オーストリア、スイス）を取り上げた理由についても言及しておかねばならないであろう。それは、訳者の専門と関心がそれぞれドイツ、オーストリア、スイスの近現代史にあり、特に移民ないし人の移動に関心を寄せてきたというだけではない。移民ないし人の移動の歴史のなかで、ヨーロッパ成立期の「民族大移動」の時代を例外として、人々の移動がもっとも盛んであったのは、一七世紀初めの「三十年戦争」以降のことであり、その中心は、後のドイツ、オーストリアないしスイス地域だったからである。そうした移動現象は、三十年戦争後のユグノーやオランダ人の中欧への呼び寄せ（宗教的ないし開発的動機による移動）、ドイツ人の東方進出（開発と防衛）、逆方向のハンガリー人、スラヴ人の西方浸透、フランス革命期における大移動、一九世紀のユダヤの通過ないし定住などさまざまに展開していった。さらに二〇世紀には二つの世界大戦が中欧を中心として、国境自体の移動とともに人々の強制的な移動（戦争の勝敗による強制的移動）を生み出した。そして、第二次世界大戦後にもドイツないし中欧の経済的移民（「ガストアルバイター」▼[1]など）や「難民」の受け入れといった「移動する人々」の問題は、中欧を中心にしてさまざまに展開した。すなわち中欧は、ヨーロッパにおける移民の中心地域だった一方で、「移動する人々」の問題を抜きにしては、この地域の歴史は理解できないし、語れないのである。

ドイツを中心とした移民を扱ったオルトマーは、その歴史を次のように性格づけている。「近代初期以降のドイツ語圏の移民の問題は、平和的な越境運動ないし間文化的運動だけにとどまらない。それは同時に、攻撃的な越境、国境をこえた逃亡、さらには国境内あるいは第二次世界大戦時におけるドイツ国境の暴力的拡大の後にはヨーロッパの他地域からのマイノリティの追放を内包している。ドイツの歴史においては、人間が国境をこえて動いただけではなく、国境が人間をこえて動いたし、マイノリティがマジョリティになり、マジョリティがマイノリティになり、国民が自らの国で外国人になったりした」。このような動向はドイツだけではなく、まさに中欧の歴史全体に当てはまることであった。

最近のできごとに関しても、やはり歴史的な要因は無視できない。アフリカ大陸に加え、中東からも大量の移民・難民がヨーロッパを目指した二〇一五年以降の「欧州移民（難民）危機」において、人の移動が中東欧に集中したのは、たとえば最終目的地ドイツの移民政策が他国に比して寛容だから、というだけではない。内戦の影響でシリアを脱出した家族が陸路ヨーロッパを目指す際に、トルコからバルカンを抜け中欧へと足を向けたのは、バルカンないし東方からハンガリーを通ってオーストリア、ドイツへと到達する移民ルートが過去において形成されていた――この場合、必ずしも一方向的な移動を意味しないが――ことが関わっている（序章「移民研究における術語と概念の変遷」を参照）。また、ドイツの移民政策が寛容なのだとすれば、それには第二帝政期の「反ポーランド的な『プロイセン防衛政策』」や、ナチ期の「強制移送」「強制労働」「ユダヤ絶滅政策」（いずれも「ドイツ」の章を参照）の過去、およびそうした過去とドイツが向き合ってきた歴史が強く影響していることはいうまでもないだろう。

さらにいえば、こうした歴史を振り返ることは、極東アジアの島国に暮らす私たちにとってもけっして無関係ではない。本書の描き出す移動する人々の経験は、海に囲まれた「日本」ないし「日本人」の移民概念、移動する人々に対する意識、あるいは「日本人」の「国民意識」にも大きな刺激を与えるであろう。現に私たちも、戦争による国境の変化を経験してきたうえに、マジョリティによるマイノリティの生成、その「よそ者」呼ばわりも現実に行われているからである。こうして、中欧における移民の歴史から、現代の「私たち」の問題を考えるきっかけだけでなく、その理解と解決の手がかりを得られるであろう。

二．「移動する人々」の呼称

ひとくちに「移民」「難民」といっても、時代や地域にかかわらずさまざまな原因・理由で移動する人々は歴史上つねに存在し、その呼称や定義も多様であり続けてきた。そして、そのような呼称と定義は、現在も変化し、増え続けている。そこで以下では、ドイツ語圏における「移動する人々」の呼称や専門用語の歴史的な変遷について簡単に俯瞰しておきたい。

歴史上もっとも頻繁に行われた移動は、戦争と通商による移動であろう。さらに、生活と生存のための移動や逃亡が繰り返されてきた。そうした移動は、移動するあるいは移動した人々の意識や目的に関係なく従来からの定住者と区別され、一定期間「移民」や「よそ者」あるいは特別な呼称で呼ばれ、やがて定住を通じて「住民」「国民」へと包摂されることが多い。そうした意味では、「移民」という呼称は期間限定的であるが、状況により再生産されることもしばしば生じる。最近のドイツの国勢調査においては「移民を背景に持つ人々」という概念も使われるようになり、移民概念は一般化する傾向をみせている。

「移民」と並んでしばしば使われる「難民」は、ドイツ語では「逃亡する人々（Flüchtlinge）」「保護を求める者（Asylant）」を意味し、移動によって何らかの難を逃れる人々に対して使われ、「移動する人々」の性格と内容を示している。ドイツ語では、「亡命者」にも「逃亡する人」と同じ語があてられるが、この場合は政治的な避難者に対して使用されることが多く、政治的概念であるといえる。そのほか、ドイツ語において使われる特殊な呼称もある。一八〜一九世紀には、特に大西洋を渡ってアメリカ合衆国やカナダ、南米諸国あるいはオーストラリアなどに船で移民した人々は、ヨーロッパ大陸内諸国での移動と区別され、「海外移民（Überseeauswanderer）」とも呼ばれた。一九世紀から二〇世紀の両大戦の時代には、戦争遂行のためにドイツに強制的に集められた外国人労働者を「強制労働従事者（Zwangsarbeiter）」と呼んだし、その主要な対象となったポーランド人の呼称「ポーレン（Polen）」は、本来「ドイツ人」や「日本人」と同じ名称であるにもかかわらず、強制労働従事者に対する蔑称と化した。戦後すぐに縮小されたドイツおよびオーストリア領には、戦争中に拡大されたドイツ占領地域から追放された人々が数百万人も逃げてきた。彼らは、最初は「被追放民（Vertriebene）」と呼ばれたが、国際的にドイツの戦争責任が確認されていく過程で、「被追放民」ではなく「引揚者（Aussiedler）」と呼ばれるようになっていった。

さらにその後、東西ドイツの成立をうけて、ベルリンの壁のような境界をこえて旧西ドイツに逃げてきた人々は「越境者（Übersiedler）」と呼ばれた。他方で戦争中に、避難逃亡のため故郷を失ったり、強制的に移動させられ労働に駆り出されたり、収容所に押し込められたりした人々は、戦後解放されても行くべき場所もなく、戦勝国ないし国連により「ディスプレイスド・パーソンズ（DPs：Displaced Persons）」[2]すなわち「居場所を失った人々」と呼ばれたが、その存在の解消とともに名称も消えていった。そして、戦後の経済成長時にトルコなどから契約により主としてドイツ、オーストリアに呼び寄せられた「外国人労働者」に対しては、戦時中の蔑称である「強制労働従事者」を避け、「ガストアルバイター」（「ガスト（Gast）」はドイツ語で「客人」を、「アルバイター（Arbeiter）」は「労働者」を指す）という用語が使われたが、彼らがこのように呼ばれたのは「客人」としての厚遇を意図してというよりも、むしろ一定期間の後には帰国するのを期待してのことであり、次第に「よそ者」の下級労働者を意味する当時もっとも強い蔑みの呼称となった。

以上のように、移動する人々には、その時代の政治的・社会的状況により、さまざまな呼称や特殊用語が与えられる。それらについては、この後の「用語解説」および序章「移民研究における術語と概念の変遷」において整理し、説明を加えた。また、巻末には本書の主題に関する参考文献を掲げたので、関心をお持ちの読者は併せてご参照いただきたい。

三．中欧の簡単な歴史

さて、本書は「移民百科事典」のなかの「中欧」（国家としてはドイツ、オーストリア、スイス、部分的にはイタリアを含む）を舞台にしての移民の歴史についての詳しい分析と記述であるが、その分析は現代の中欧の代表的諸国家の国境と中立国スイスの政治体制を大きな枠組として前提し、それぞれの国家の歴史とそこでの移民を読み解こうとしている。しかし全体の舞台としての中欧の歴史に関しては、ヨーロッパにおいては教科書的常識とみなされ、きわめて簡単に述べられているので、日本の読者には多少難しいものとなっている。特に、一七世紀以降の中欧の歴史、ドイツと特にオーストリアの歴史は、その国境の変化と国家としての体制に関して複雑かつ大きな変遷をともない、その変遷が、移民、難民、国民のありかたと変化に大きな影響を与えている。

他方スイスはそうした変化に巻き込まれながらも、基本的にその領土と国境を維持して独自の歴史をたどってきたが、その国境内では移民、難民、国民の意味は複雑に変化してきた。それはなぜなのか。そうした問題は中欧の一七世紀以降の諸国家の歴史、その体制と国境の変化と深く関連しているといわざるをえない。

特に、原著の事典は、現代のヨーロッパないしEUの国家体制を前提とし、ヨーロッパ各国の基本的な枠組としては、現在の諸国家とその国境を基本にして移民、難民、国民の歴史を描いている。そのため現在の国境ならば、移民でない者も移民となり、難民ではない者が難民とみなされたり、その逆の見方がなされたりしている。それは現代の立場で歴史を解釈する際に必然的に行われる「読み替え」ないし解釈変更であるが、日本の読者には多少の混乱ないし誤解をまねくかもしれない。そうした混乱や誤解をできるだけ避け、本事典の叙述をできるだけ正確に理解してもらう一助として、ここでは一七世紀以降の中欧諸国家とその国境の歴史的変化を簡単に説明する。

三十年戦争後の中欧

近代初期の中欧における人の移動の大きな要因となったのは、宗教対立を主因とする「三十年戦争」（一六一八～四八年）である。ヨーロッパ諸国を巻き込んだこの戦争の主戦場となった中欧地域は完全に荒廃し、多くの住民が動員されたり殺されたり逃亡したりしたため、この地域の人口は三分の一にまで減少したといわれる。戦争後、中欧を主な支配領域としたブランデンブルク辺境伯フリードリヒ・ヴィルヘルムは、再興のために積極的に人的資源を集め、産業開発を図った。フリードリヒ・ヴィルヘルムは、たとえば支配領域におけるユダヤの経済活動を緩和・促進し、一六七一年にはウィーンから追放されたユダヤのなかから五〇家族を引き受け（ただし富裕な者のみ）、経済活動の再建に動員した。また一六八五年には、フランスで抑圧されていた南フランスのユグノーを特権的待遇で引き受けた。ユグノーは、ベルリンの新開発地区に集団で居住し、織維業などさまざまな経済分野で活動し、フランス的生活や文化をベルリンに持ち込み、ベルリンの都市生活を近代化したといわれる。そのほかにもオランダ、ロシア、ポーランド、ボヘミア

（チェコ）などからの移民を受け入れ、移民によって国力の拡大を目指したことは第1章に詳しい。オランダからの移民が集住したポツダムのオランダ街は、いまでもそのレンガ造りの家々により当時の外観を残している。そうした多様な移民を統合した「プロイセン王国」とベルリンは、いわば多民族国家ないし都市であった。

他方、中欧南部のハプスブルク帝国は、南からのオスマン帝国の圧力と対抗しつつ、ローマ・カトリックの教義を守ろうとする対抗宗教改革を主導し、帝国内に広まっていた新教の信者たちを追放し、ボヘミアやハンガリーの「異端運動」を弾圧していった。三十年戦争はもともとそうした追放や鎮圧により生じた戦争であった。ハプスブルク帝国はその後もウィーンなどの都市の新教徒やユダヤを多数追放した結果、中欧の移民運動の一因を形成した。しかし、オスマン帝国軍のウィーン包囲をくぐり抜けたハプスブルク帝国は、一八世紀にはハンガリーとバルカン地方をオスマン軍から防衛・解放し、再開発するべく、ドイツの中小領邦から屯田兵を募集した。彼らは「ザクセン人」と呼ばれ、その移動は「ザクセン人の行列」と呼ばれた。この動きは、先述の運動とは逆方向の、ドイツなどからの大きな移民運動をつくり出していた。

こうして、三十年戦争と対オスマン戦争は、中欧全般にわたる双方向の移民運動をひきおこし、この地域は諸民族のるつぼと化していったのである。この時期のバルカンへの「移民」は、戦争と宗教的対立を背景とした、地域開発・再生の原動力として大きな意味を持っていたといってよいであろう。

一九世紀の中欧

フランス革命期の中欧における国境、領土は、革命と戦争の勝敗によってさまざまに変転し、人の移動を促した。一八一四・一五年のウィーン会議は、革命期、ナポレオン戦争期の領土、勢力圏の変動を整理し、混乱したヨーロッパの秩序、国境を再確定しようとした。しかし中欧では、神聖ローマ帝国体制はすでに崩壊しており、立て直しは不可能だったので、中欧には大中の個別国家の統合体としての「ドイツ連邦（Deutscher Bund）」が結成され、その指導国にはメッテルニヒのオーストリア帝国が指名された。しかし、フランス革命により醸成された国民国家意識は、ギリシアの独立運動や中欧の学生運動などを通じてさらに高まり、一八四八年には中欧でも国民革命がおこり、フランクフルトで市民層を主体とした「ドイツ国民議会」が開催され、議会はドイツ帝国憲法案を作成し、プロイセン国王のフリードリヒ・ヴィルヘルム（4世）をドイツ皇帝に推戴しようとした。しかし、旧来の体制の維持を図るプロイセン国王はこれを拒絶し、国民議会を軍事力で解散、抵抗勢力を鎮圧し、次第にドイツの国民的統一の主導権を握っていった。ハプスブルク帝国は、革命勢力にウィーンを占拠されたり、ハンガリーの革命運動を抑えきれずドイツ連邦における指導力を失いつつあった。一八六六年にはドイツ連邦の主導権をめぐって普墺戦争がおこり、連邦は解体、その後プロイセンの主導する「北ドイツ連邦」が結成され、独仏戦争末期の一八七一年には「ドイツ帝国」が成立した。ドイツ連邦の指導力を失ったオーストリアは、ハプスブルク帝国の東半分を支配するハンガリー王国と結び、スラブ諸民族を支配する「オーストリア＝ハンガリー二重帝国」を形成し、あらたな中欧体制が生まれた。

スイスはウィーン会議で二二邦（カントン）の同盟国家として永世中立を承認された（現在は二六邦）。一八四七年には諸邦間の対立から分離同盟戦争となったが、連邦推進派が勝利し、一八四八年に連邦国家となり、その後もこの体制が維持されていった。こうして一九世紀末の中欧地域は、プロイセンとオーストリア＝ハンガリーという二つの「帝国」と永世中立国スイスの支配する多民族的な地域となった。それぞれの国家体制および相互関係が、「移動する人々」の性格を定めていたのはいうまでもないだろう。

ドイツとオーストリア＝ハンガリーは、両者とも帝国と称していたが、一方（オーストリア）は多民族的帝国体制、他方ドイツは国民国家を標榜する「ドイツ帝国」というまったく異なる体制を構築していた。特にドイツにおける「国民」の規定と移民は複雑な関係をつくり出していた。ハンガリーは独立した支配体制と法を持ち、その支配下には多くのスラヴ系民族（スロヴァキア人、セルビア人、クロアチア人、ルーマニア人、ウクライナ人など）を抱えていたし、オーストリアもボヘミア、モラヴィア、ガリツィア、クロアチア、イタリア（その後ボスニア・ヘルツェゴヴィナ）を支配するといったように、実に多様な民族が双方の支配領域に居住していたのである。そのなかでの「人の移動」には、さまざまな制限と規定が課せられていた。

ドイツ帝国も、その支配下には分割ポーランド領、デンマークのシュレスヴィヒ・ホルシュタイン、フランスとの国境地帯にあるエルザス・ロートリンゲン（アルザス・ロレーヌ）、現在のルクセンブルクやベルギーの一部を支配し、多様な民族的出自の人々を包含しており、移動には規制がともなう場合も少なくなかった。こうした中欧の多民族支配こそが、移動する人々の大群を生み出し、さらには世界大戦の要因ともなったのである。この時期の中欧の移民運動は、経済的・社会的要因とともに、帝国・国家体制の組み替えの影響を強く受けていた。

第一次世界大戦とその帰結

第一次世界大戦と中央同盟国（ドイツ帝国、オーストリア＝ハンガリー二重帝国）の敗戦および戦争の一つの結末であるロシア革命は、中欧に歴史上もっとも大きな変化をもたらしたといってもよいであろう。第一次世界大戦末期におこったロシア革命は、帰還した何百万人もの戦争捕虜などを通じて中欧に「パンと平和」の意識を広め、兵士と労働者市民による革命運動が高揚し、戦争の終結を早めた。そうしたロシア革命の影響力に対抗するために、アメリカ大統領の戦後体制の提案としての民族自決権を謳った「十四カ条の平和原則」が出され、中欧の諸民族国家は、オーストリア＝ハンガリーとドイツ帝国からの独立を宣言して、第一次世界大戦は終結した。パリ講和会議により中欧の帝国体制の解体が確認され、チェコスロヴァキア、ユーゴスラヴィア、ポーランド、ハンガリーなど東欧とバルカン半島にはいくつもの「国民国家」が成立し、中欧地域は、帝国から個別の国民国家群の集合体に変貌した。ドイツ民族の国家を自認するオーストリアとドイツの「合邦」は禁止され、それぞれが共和国として独自の国民国家を形成し、領土を縮小された。オーストリアは南ティロールをイタリアに割譲した。

ヨーロッパ全体とその植民地はもとより中東やアジアまで巻き込んだ世界戦争は、軍隊への動員・戦闘行為という要因だけではなく、避難民、捕虜、追放や亡命などといった個人の意志を無視した膨大な数の人の移動を導き出し、これまでの「移動する人々」の概念をはるかにこえたさまざまな移民・難民を世界的規模で生み出した。

本書の対象であり、大戦の主戦場の一つとなった中欧においても、人々が駆り出され、難民として逃げ惑い、移動と逃亡を強いられた。戦後における国家体制と国境の大きな変化も大規模な移民運動を生み出すと同時に、国民国家内部における国民統合と領土の問題により、激しい紛争と議論が生み出され、あらたな不満の種もくすぶった。国民国家の成立は、戦争や紛争そして移民問題を解決に導くことがなかっただけではなく、逆にその問題を拡大し、複雑化していったといわざるをえない。並行して、「中欧」の範疇も「移民・難民」の概念も複雑化し、変化していったのである。

ファシズム支配と第二次世界大戦期の中欧

国民国家体制への転換、ドイツ、オーストリアの共和国化、「合邦」の禁止といった協商国側の要求やズデーテン問題[3]や南ティロール問題などの個別の国境問題は、ドイツ民族主義運動に格好の攻撃理由を与えた。この運動は、「背後からの一突き[4]」という論理や反ボリシェヴィキ、反ユダヤ主義の論理をともなって、次第に大きなものとなっていった。
ドイツにおいては敗戦直後からエーリヒ・ルーデンドルフとその妻による「フリーメーソンとユダヤの世界支配」という陰謀論の宣伝が行われ、後のヒトラーのナチ党などの運動とも結びついた。オーストリアにおいても、周囲の新国家との国境紛争は激しく、これらの紛争を契機としてオーストリア全域でドイツ民族主義的な諸団体(「護国団」など)が成立、台頭していった。これは、カール・ルエーガーのキリスト教社会党の運動ともつながり、さらに隣国イタリアのファシズム体制の影響を受けて、やがて「オーストリア・ファシズム」を形成していくことになる。▼5
ドイツのナチズム運動は、一九二八年の世界恐慌の影響下で国民の支持を獲得し、一九三三年にはヒトラーが政権の座に就き、社会主義・共和主義などの対抗・反対勢力を弾圧し、ユダヤを敵とみなす反ユダヤ主義的独裁権力を築き上げた。一九三八年にはオーストリアを「合邦」し、中欧をドイツ民族の支配する帝国にしたてあげた。さらに、その後同年九月のミュンヘン会談で西側四カ国にチェコスロヴァキアのズデーテン地方の編入を了承させ、一〇月にはこれを占領、翌年三月にはチェコを保護国化し、スロヴァキアには傀儡政権を誕生させた。さらに一九三九年九月一日には、ドイツ軍はポーランドに攻め入り、あっという間に併合してしまった。これに対して英仏がドイツに宣戦を布告し、第二次世界大戦が始まった。
戦争の舞台は中欧をこえて、ヨーロッパ全体、アフリカからアジアにまで広がり、最終的にナチ・ドイツの敗北に終わったことは周知のとおりである。敗北した中欧諸国は、連合国の占領下におかれたが、連合国間の対立から歴史的中欧は、それぞれ異なる陣営に組み込まれ、ドイツは東西に分割され、オーストリアは中立国として一九五五年にようやく独立を認められた。社会主義体制となった東ドイツ、ポーランド、チェコスロヴァキア、ハンガリーなどはあらたに成立した「東欧」地域に含まれ、バルカンのユーゴスラヴィアは微妙な位置におかれた。

戦争中に捕虜となったり、強制労働に駆り出された大量の移動者たちは、戦後、元の地域に戻ったり、戻れなかったり、強制的に追放されたり、追放から逃れたりして、あらたな生存の場を求めてさまざまに移動した。その数は未曾有の規模になった。それゆえ、移動する人々についての呼称や概念も従来になく多様なものにならざるをえなかった。それらの動向や規模、定義・内容については占領者、国家などにより複雑多様なため本書の各章を参照していただきたい。

現代中欧の移民、難民、国民

最後に、現代における中欧の体制と移民、難民そして「国民」についてみてみよう。戦後しばらくしての一九六七年に成立した「ヨーロッパ共同体」は次第にその加盟国と権限を増し、一九九三年にはマーストリヒト条約を通じて「ヨーロッパ連合（EU）」として統一性が強化され、ヨーロッパ市民権などが認められ、ヨーロッパの移民・難民の扱いも大きく変化した。中欧においても、中立のオーストリアが一九九五年にEUに加盟し、二〇〇四年には東欧のチェコ、スロヴァキア、ハンガリー、ポーランドおよびバルカンのスロヴェニアも参加した。こうして「中欧」

は、東欧・バルカンを含んだより広い概念となり、移民・難民についてもヨーロッパの枠組をこえて、中東のイスラム圏からの「難民」の流入が最大の課題となり、キリスト教の「ヨーロッパ共同体」とイスラム系移民・難民との関係というあらたな次元の問題が持ち上がっている。

いま私たちは、グローバリゼーション、情報革命、気候変動、そしてパンデミーという未曾有の歴史的現象を経験しつつあるが、これらは今後、移動する人々がこえようとする境界線のありかたに間違いなく大きな影響をおよぼすであろう。移動する人々の歴史を振り返る想像力は、こうした境界線のありかたを見つめ直すことを迫り、「彼ら」と「私たち」の生きる社会のあるべき姿を見通す目にとって不可欠なものとなるだろう。

なお、翻訳作業については、序章を東風谷太一、第1章を増谷と前田直子、第2章を増谷、第3章を穐山洋子、第4章を藤井欣子、第5章を鈴木珠美が行った。序章には、ヨーロッパおよび環大西洋世界を中心に、グローバルな移民・難民の動向に関する通史記述が含まれており、中欧における移民史の位置づけをつかむ手助けとなるだろう。また、第1〜3章には、訳者各自が歴史的背景と現状をふまえ、ドイツ、オーストリア、スイスの移民・難民との向き合い方について解説を加えた。続く第4・5章では、ミクロな視点から読者が移民・難民の経験を追体験できるよう、第二次世界大戦後に大量発生したドイツ系避難民および被追放民と、第一次世界大戦後の南ティロールでのイタリア系移民とドイツ系住民との摩擦を取り上げた。日本ではなじみの薄い南ティロールに関しては、紹介も兼ねて旅行記のコラムを付した。

註

▼1　序章およびドイツの章（第1章）を参照。

▼2　ドイツの章（第1章）を参照。

▼3　ズデーテン地方は、現在のチェコとドイツ、ポーランドとの国境地帯である。ドイツ系住民も多かったこの地域の帰属をめぐっては、激しい議論が交わされ、ナチ期にドイツが併合することになる。

▼4　第一次世界大戦におけるドイツの敗北は、軍事力や経済力ではなく、社会主義者や民主主義者の裏切りによるものだとする神話のこと。

▼5　第一次世界大戦時の参謀本部長で、タンネンベルクの戦いによって英雄視された。

用語解説

東風谷太一

移民・難民をめぐる多様な歴史的呼称と学術概念の変遷について詳しくは序章に譲ることにして、ここでは、原著のドイツ語（部分的には英語・フランス語）から日本語に訳出する際の問題点を紹介し、訳語の選択に関する本書の方針を簡潔に示しておきたい。

国際移住機関（ＩＯＭ）の定義によれば、「移民」とは、「当人の①法的地位、②移動が自発的か非自発的か、③移動の理由、④滞在期間、にかかわらず、本来の居住地を離れて、国境をこえるか、一国内で移動している、または移動したあらゆる人」[1]を指す。そして、②の基準から「非自発的」、つまり、紛争、迫害、災害といった「強制力」によって避難を余儀なくされた人々が「難民」と呼ばれる。

ドイツ語でも、こうした「自発性」の有無を基準に、国内外を問わず自ら故郷を離れた人々、あるいは生活の拠点を移した人々を一般に「移民（Migrant）」と呼び、人種、宗教、国籍、政治的信条等々により祖国を離れざるをえなかった人々に対して「難民（Flüchtlinge）」が用いられる。後者は、ジュネーヴ条約[2]に依拠した法概念である。近年では特に地球規模の気候変動により移動を強いられた人々について、「気候難民（Klimaflüchtlinge）」なる呼称も用いられるようになっている。

ドイツ連邦共和国を例にとるなら、同国基本法（憲法に相当）は政治的迫害に直面した人々に対して「庇護（Asyl）」、すなわち「安全な滞在」を保障している。それゆえ一見すると先の意味での「難民」は、ドイツにたどり着けさえすればただちに同国での生活を許可されることになりそうだが、必ずしもそうではない。「庇護」を受ける権利（「庇護権［Asylrecht］」）を有するか否か審査され、妥当な事情を有するとみなされた者のみ「庇護権者（Asylberechtigte）」として居住・労働が可能となる[3]。つまり「庇護申請者（Asylsuchende）」は、「移民」と「難民」、「自発性」と「非自発性」の境界線上におかれた人々を指し、受け入れ国の法的要件を満たした者が「庇護権者」、すなわち「難民」となる。

本書では基本的にMigrantに「移民」、Flüchtlingeに「難民」、そしてAsylには「庇護」（ないし「保護」）の訳語をあてている。しかし、いうまでもなくこれらの概念は、受け入れ社会の政治的・経済的背景を反映して通時的に変化する。たとえば、第二次世界大戦後に東欧、南欧から大勢のドイツ系住民が退去を迫られたが、「非自発的」な移動を強いられた「被追放民（Vertriebene)」と区別すべく、同時期に*Flüchtlinge*と呼ばれた部分的に移動の時期を選択しえた人々については「避難民」と訳出した。[4]

他方で冷戦構造が崩壊した直後、東欧と旧ユーゴスラビアから庇護を求める人々がドイツに殺到した際、さらにまた二〇一五年以降に中東、アフリカ大陸から数多の難民が中欧諸国に押し寄せた際に、いずれも庇護の対象と運用は、狭く、厳格になっている。先の「避難民」「被追放民」の場合と同様に、同じ「庇護」であっても内実が異なる以上こちらも訳し分ける必要があるはずだが、ドイツ語圏での法的および日常的な語用や訳し分けた際の煩雑さを考慮し、分担者間での議論を重ねた結果、あえて別の訳語をあてることはしていない。

概念の多様性を生み出しているのは、通時的な要因ばかりではない。移動そのものの動機、背景、方向性の奥行と広がりは、共時的な呼称の多様性をも言語にもたらす。

たとえば英語には、境界内に「入ってくる移動」を指す*immigration*、境界外に「出ていく移動」を指す*emmigration*、そして両者を包括する「移住」*migration*という三種類の呼称が存在する。ドイツ語の場合こうした区別はさらに複雑多岐にわたる。

まず前記の英語に対応するものとして「来住（*Einwanderung*）」と「よその土地への移住（*Auswanderung*）」、双方を含意する「移動（*Wanderung*）」がある。さらに日常の語用ではほとんど区別されることはないものの、移民行政においては、初めから長期の滞在を予定し、なおかつその許可を得ているケースを指す*Einwanderung*と、当該国への訪問者すべてに対して用いられる*Zuwan-*

derung との区別が存在する。これ以外にも「元いた場所を去る」というニュアンスを持つ *Ab-wanderung* が使われることもあれば、国境をこえるか否かが焦点化される際に *Einwanderung/Auswanderung* と *Zuwanderung/Abwanderung* が使い分けられることもある。そしてこれらの語が移民研究で用いられる際には、文脈次第で指示対象は当然異なり、より広い意味で用いられたり、その逆の場合もあれば、新たな専門用語がつくり出されることもある。

さて、こうしてざっと見渡しただけでも、ドイツ語の移民・難民にまつわる語彙の多様さは厄介な問題であることがわかる。とはいえその一方で、日本語の側にも固有の問題がある。

第一に、ドイツ語とは対照的に日本語には移民・難民にまつわる語彙が極端に少ない。このことに当該社会と移動する人々との関係性を読み込むこともできそうだが、その結果、本書を読み進めていく読者は、「入移民」や「出移民」（前出の *Einwanderung* および *Auswanderung* の訳語）といったこなれない表現や、「ディスプレイスド・パーソンズ」のような耳慣れない表現にたびたび出合い、戸惑われるかもしれない。

それでも本書がこうしたぎこちない訳語にこだわったのは、以下のような理由による。たとえば、「ガストアルバイター」ひとつをとってみても、辞書に従って「出稼ぎ労働者」と一般化して訳出してしまうと、原語とそれを用いる社会において否応なくまつわりつく「よそ者」と「一時滞在者」の含意のみならず、場合によっては「経済難民」としての蔑みや、反対に「統合」に向けた政治的・社会的試みの脈絡がかき消されかねない。

言い方を換えるなら、マックス・フリッシュ（スイスの作家）の周知の言明――「我々は労働力を呼んだ。だが、やってきたのは人間だった」――と共鳴しながら、「ガストアルバイター」が示唆する、現代中欧の労働移民をめぐる歴史的リアリティが切り縮められてしまう。その一方で、いままさに「技能実習生」の名のもとに「労働力」を呼ぶことが可能だと考えている社会についての批判的思考をも、手放さざるをえなくなるからである。

移民・難民をめぐる日本語の語彙の問題として第二に、それらはドイツ語同様にしばしば移動する人々の法的・社会的地位を「自発性」の有無からカテゴライズする発想に依拠しているが、その際に少なからず「違法性」の含意を持ってしまう点がある。たとえば移民研究では、滞在許可や就労ビザなしに生活を続ける移民・難民に対して、「記録のない者／証明書を持たぬ者（*undocumented person*）」という術語が用いられる。日本で常用されている耳慣れた表現を用いるなら、彼らは「不法滞在者（あるいは「不法残留者」）」とすべきだろう。しかし本書では「記録のない者／証明書を持たぬ者」という訳語を採用した。法的にニュートラルな性格を持たせようという移民研究の問題意識を尊重したかったからである。

ここで問題となっているのは、「自発性」という基準の持つ恣意性にほかならない。緊急に支援が求められる人々を念頭に「自発性」に基づく分類が必要なのだとひとまず了解するにしても、一歩踏み込んで考えてみれば、それが多分に恣意的なことは否めない。一見「自発的」な移民のなかには、法、宗教、地位や身分、職業、ジェンダー、エスニシティあるいは「人種」等々の要因が複雑に絡み合った結果、「自発性」と「非自発性」の狭間で移動を促された人々が含まれるからだ。

それゆえ、彼らを「不法滞在者」と名指し、ぎこちなさを取り繕うことは、「自発性」を共示しつつ、「法にそむき、人の道にたがう」(『広辞苑』)というこの語の含意を無視すること、そしてそれを、移民・難民が抱える個別の事情とは無関係に押しつけることを意味するだろう。このことは、「不法滞在者」を強制送還するまで医療体制すら整わない施設にほとんど無期限に収容しても構わない、あるいは、Covid-19の集団感染を恐れるあまり就業許可も医療保険もなしに無期限に「仮放免」しても構わないとする法と、その執行の非人道性を不可視化することにすらつながるだろう。

ここにあげた原語・訳語それぞれの抱える問題点はごく一部にすぎないが、以上のような事情から、本書は移民・難民というテーマに関心を持って間もない読者には見慣れない用語をしばしば使うことになる。その場合、原語を併記し、先人の研究に負いつつ、できるだけ訳註を付して説明を補った。また、巻末にはドイツ語と英語を併記した事項索引をつけ加えた。けっして十分とはいえないかもしれないが、読者の理解に資すれば幸いである。

註

▼1　https://iom-japan.int/ja/migrant-denifinition（最終閲覧日：二〇二〇年一一月三〇日）

▼2　一九五四年発効の国際条約。正式名称は「難民の地位に関する条約」で、国際的な難民の人権保障、保護を目的とする。

▼3　「庇護」の概念と制度、およびその歴史的変遷について、詳しくはドイツの章（第1章）一四七頁を参照。

▼4　第4章二七二頁を参照。

序章　移民研究における術語と概念の変遷

ディルク・ヘルダー／ヤン・ルーカッセン／レオ・ルーカッセン
東風谷太一 訳

移民、と聞いて人々が思い浮かべるイメージ、概念および定義は実に多様である。隣国からの移住と結びつける人もいれば、環大西洋的な移動を想起する人もいるだろうし、あるいは、文化的背景の異なる他者としての移住者を想起する人も少なくないだろう。これらのイメージに通底するものが何かといえば、それは、国民国家の枠組である。移民とは、ある一つの国からもう一つの国へと移住し、そこで彼らの社会的・文化的他者性が可視化され、マジョリティ社会からの視線を身に浴びることではないだろうか。こうした観念は、しかも、しばしばある特定の思考モデルに縛られている。すなわち、移民という行為を、一度きりの、単一の目的地へと向かう移動として単純に捉え、送り出し国においては不十分と感ぜられた生活条件（「押し出し要因」）が、受け入れ国への到着によって改善される（「引き付け要因」）とみなす思考モデルである。

一九八〇年代以来、国際的な移民研究は多くのあらたな着想と研究方法を生み出し、それまでよりもはるかにニュアンスに富んだ多面的理解の視座を提供してきた。それらを通じて、定住や統合のプロセスに関する分析も進められ、一時的な滞在を経て第三国へと向かうケース、もしくは出身国へと帰還するケースも考察の対象となった。本章では、最新の研究状況をふまえて、移民研究の方法と専門用語を整理する。その際、かつての移民研究が用いた概念にも簡単に触れつつ、同時に、現在の研究文献がそれに対してどのような新しい選択肢を提示しているかをみていくことにしよう。

移民という複雑な現象に迫るために、国境や国策を重視する伝統的方法は、本書の行為理論的もしくはプロセス重視的な方法の対極に位置づけられる。とはいえ伝統的方法は、現在も流通している数多くの専門用語のなかにいぜんとして反映されている。たとえば、ある「エスニック集団」は、ある国民国家からやってきて、ほかの国民国家の境界内に暮らす移住者のまとまりとして理解されている。同様に、「ディアスポラ」[1]と形容しうる状況を生きる人々に関しても、祖国や同胞とのつながりが、これまでも、そしてこれからも永続的に維持されるのだとみなされている。これに対して移民たちの移動や振る舞いを、その行為とプロセスに着目して解釈すると、比較が困難なほどに多様な意思決定と行動様式の類型、ならびに集団と個人のとりうる行為の幅があらわになる。要するに、新しく、しばしば複雑でもある概念の数々が、移民と統合に関する私たちの理解を押し広げ、豊かなものにしてきたのである。

概念同様に刷新されたのは、研究対象の空間的な広がりである。現在ヨーロッパの移民史は、分割された個別地域の内部や環大西洋的な位相ではなく、むしろ一つの全体として考察され、グローバルな脈絡のなかに位置づけられるのが一般的となっている。こうした比較史的な方法が、ヨーロッパの歴史的経験の持つ固有性を明らかにする。ヨーロッパでは、多様な社会と国家編成を生きる人々が遊牧民的な経済生活と縁を切ってからすでに数百年、あるいはもっと長い時間がたっている。したがって、ある地域で人口が著しく増加した際には、ほとんどの場合、隣接地域に農業移住に適した人口密度の低い地域が広がっていることなどなかった。しかし世界を見渡せば、ヨーロッパ以外の地域では事態はまったく異なっていたようにみえる。アフリカのサブ・サハラ地域[2]では、バントゥー語系諸民族[3]の南方への進入が一九世紀まで続いたし、人口密度の高かった中華帝国は、満州とモンゴルへの植民政策を開始している。また、北米、南米および中米ではヨーロッパ人が到来し、原住民を排除、虐殺した後に再定住が進められた。ヨーロッパについては、その内部における活発な移動だけではなく、外部への人口流出、とりわけ植民地と北米に向かう移民がさかんだったことにも特徴を見出せる。一八二〇年代から一九三〇年代にかけて約五五〇〇万人が、ヨーロッパを後にしたのである。

　ヨーロッパ内部で、これよりもはるかに大規模な人の移動がおこった時期がある。中欧住民の実に三分の一が殺された三十年戦争（一六一八〜四八年）の終結後、中欧に限らず、あらゆる地域で再定住が必要となったのだ。一七世紀初頭から一八世紀中頃にかけて、オランダ、スウェーデンならびにスペイン中央部の都市社会では、不足する労働力を補う必要に迫られた。こうして、以下の三つの地域それぞれにおいて労働者の移動システムが生成する。北海システム、バルト海システム、およびフランス＝スペイン間システムである。[4] 一七世紀中頃までに、ヨーロッパの大部分における農村部の住民は、人口増加により従来の農地ではもはや家族を養えないという状況に直面していた。その結果、特に農民家庭の後継者以外の子どもたちは、故郷からそれほど遠く離れていないものの開墾が難しい地域へと移り住むようになった。こうして沼地が干拓され、耕作には不向きな丘陵が農地となり、山の斜面に段々畑が開かれた。ハプスブルク帝国とロマノフ王朝がムスリムのオスマン帝国の境界を押し戻した結果、かつて被追放民や逃亡者が暮らしていた地域には、カトリック系もしくは正教系のあらたな支配者たちが人口過剰地帯から移住者家族を連れて定住した。

ヨーロッパの諸都市は、すでに長いこと男女双方の移民をひきつけており、一八世紀には都市を目的地とする域内移動システムが多くみられた。とりわけオランダの都市部、ロンドン、パリ、そして地中海地方の諸都市に加えてサンクト・ペテルブルクとモスクワがそれにあたる。これらの都市を目指した移民は、特に非熟練労働力や奉公人の若い女性たちであった。手工業の熟練工や技術者は、諸都市間のきわめて長い距離をものともせずに行き来していた。大都市はいずれも、農産物、なかでも乳製品や果物、野菜の供給地となるような集中的に利用可能な農地帯を必要としていたが、これがさらに労働力を引き寄せた。こうした農地帯や都市部にわずか数年であっても仕事を探し求めてやってきた人々は、男性であれ女性であれしばしばそこに住み着き、住民の一部と化した。とりわけ絶対主義の支配者は、重商主義を掲げて港湾都市や首都のあらたな建設、あるいはその拡張を推進し、新しい手工業種や産業の創出に努めたため、専門技術を持った大量の労働者を必要としたのである。

こうした重商主義的な経済政策や生活設計を誘因とする、個人もしくは家族単位の移住が、一七世紀から一八世紀にかけての移民の大部分を構成していた。さらに信仰を異にする者たちの逃亡と追放とが、宗教に起因する大規模な難民を生み出した。この点で頻繁に引き合いに出される事例は、フランスを後にしたおよそ二五万人のユグノーだが、一七世紀末を迎える頃には、宗教的な理由による避難は目立たなくなった。とはいえメノー派[5]やロシア正教徒、（ピューリタンの）あらたな典礼に異を唱えた者たちのような比較的小さな集団の移住は、その後も続くことになった。そして宗教的な差異に由来する追放の減少を尻目に増えていったのは、政治的意見を異にする者たちの追放である。とりわけ一八・一九世紀転換期の革命の時代以降、政治的改革派および急進派は、ロンドンやパリのような遠く離れたリベラルな都市、ないしはベルギーやスイスに避難場所を求めた。

一九世紀に入ると、環大西洋的な遠距離移動とならび、ヨーロッパの大部分で同一国内における中距離、場合によっては長距離の地域間移動（たとえば季節労働者の移動）がさかんになった。人口過密地域（一九世紀初めには特にドイツ語圏の南部）からバルカン地方、ロシア帝国南部の平原地帯や北アメリカに向かう農民家族の長距離移動が同時代のジャーナリズムや学術研究で集中的に議論されたが、ヨーロッパ全体での農村・都市間移動は、はるかに大規模なものだった。新興の都市部では、一九世紀末頃になると農村下層民の新郊外都市への移住が加速すると同時に、中間層の富裕な家族の間では一年のうち一定期間を地方の別荘で過ごすのが流行となった。こうして、文化的な交流と都市・近郊間の流動性が高まったのである。

ますます増加しつつあった移民にとってばかりではなく、大量生産され始めた工業製品の販売にとってもあらたな広域交通網の形成が不可欠だった。運河や道路の建設に始まり、一八三〇年代以降になるとそこに鉄道の敷設も加わった。そのための建設労働は周辺の農村地帯の男性に雇用を提供したうえに、より長距離を移動する、さらなる移民の一大要因となったのである。大規模な建設現場では、中・近距離の地域からやってきた数百、ときには数千の人々が働いており、彼らは道路、鉄道および運河の建設区間の前進に従って移動したため、大規模建設現場は一九世紀を象徴する場所(トポス)の一つとなった。わずか数十年のうちに、ヨーロッパの鉄道網は総延長三三〇キロメートル(一八三二年)から三〇万キロメートル(一八七六年)へと拡張した。インフラの改善のためにも、またあらたな輸送路の建設のためにも、世界中で――パナマ運河であろうと、ほかの諸大陸での鉄道敷設であろうと――大量の労働力が必要とされた。これに加えて、工業労働にも変化がみられた。すなわち一八八〇年代以降、熟練労働はますます細分化された製造工程へと断片化され、その結果、少なからぬ工業セクターでは農業から移ってきた男性ばかりか女性も、手工業的な訓練や工業労働の経験がなくとも労働者として雇用されるようになった。技術革新とあらたな移民が、相互に影響をおよぼし合ったのだ。イングランド、フランス、ドイツ、ベルギー、オランダならびにスイスやオーストリアの一部地域に新産業が集中した結果、これらの産業中心地は、ヨーロッパの周縁地域、すなわちアイルランド、スカンディナヴィア、中東欧、東欧ならびに南欧、特にイタリアから労働力を呼び込むことになったのである。

一九世紀末頃になるとナショナル・アイデンティティの観念が、地域的・局地的な帰属性よりも大きな意義を持つようになった。「より高等な」もしくは「より下等な」民族、場合によっては「人種」という観念が文化的帰属による区別に取って代わった。その結果、労働力の輸入を望む国家と社会は、民族文化的、「人種的」もしくは「国民的（ナショナル）」に好ましくないとされた人々を移民から排除し始めるようになった。啓蒙とフランス革命の政治哲学は法の前の平等を最重要な前提として掲げたが、一九世紀末の国民国家は、君主制であるか民主主義的共和制であるかにかかわらず――階級と性別によって異なる――平等を、それぞれの「ナショナルな」成員（国籍保有者）にのみ保障した。労働移民たちはますます厳しさを増す国境でのパスポート検査を通過しなければならなくなり、選別・除外を目的とした特別規制を甘受せざるをえなくなったうえに、移民先の国や特定の労働市場から強制的に排除されたため、期限つき移民あるいは「外国人出稼ぎ労働者」となっていった。他方、国家の内部では、「国民（ネーション）」に帰属しないとみなされた文化集団は「マイノリティ」として劣位に位置づけられ、プロイセン・ドイツのポーランド語話者や多くの社会におけるイディッシュ[6]語話者、もしくはフランスのバスク人やブルトン[7]人のようにしばしば差別の対象となった。国家的・私的投資事業ではマイノリティの居住する境界地域は「周縁」としてなおざりにされたため、これら地域の住民は、仕事と収入を得るべくしばしば移住を強いられた。ブダペストやウィーン、もしくはサンクト・ペテルブルク、そして後には北アメリカに移住したハプスブルク帝国のスロヴァキア人がその例としてあげられる。

ナショナリズムや人種主義イデオロギー高揚の兆しに加え、マイノリティ諸集団の自決権をめぐる紛争が頭をもたげるなかで――ほかにもさまざまな理由や誘因を指摘しうる――バルカン戦争、第一次および第二次世界大戦が始まった。これらの戦争により約半世紀にわたってヨーロッパは、世界的にみても特異といっていい難民送り出し地域となった。さらに一九三〇年代にはナチ・ドイツとソ連邦が大規模な強制労働システムとそれに付随する強制移住システムを作りあげた。二〇世紀後半になって、ようやく旧植民地における脱植民地化と「国民国家」建設を背景にアフリカやアジアおよび南アメリカの一部が、世界でもっとも難民の発生が集中する文化圏となったのである。

二〇世紀の中頃から、移民たちのヨーロッパ内での目的地が変わり始めた。環大西洋的な移民と少し遅れて植民地への移民がみられなくなり、一九五〇年代後半になると、かつて西から東、その後東から西へと向かった移住の動きに代わって、地中海地方もしくはユーゴスラヴィアを含む南欧から北を目指す労働移民の南北間システムが登場した。こうしてある種のヨーロッパ（労働市場）連合が生成する。さらに一九四五年以降には、旧植民地からの移民流入が目立つようになり、とりわけフランス（アルジェリアやベトナムから）、イギリス（西インド諸島・カリブ海地域、インドおよびパキスタンから）、ポルトガル（モザンビークやアンゴラから）、そしてオランダ（当初はインドネシア、後にはスリナムからも）でこうした趨勢が顕著となった。これらの国々の政府は共通して、こうした移民をあくまで一時的な動向と捉えていたのだが、先駆者となった移民男性・女性の多くが長期的な定住を決断することになる。

最終的には二〇世紀最後の二〇～三〇年の間に、北半球と南半球のグローバルな分割に変化がおきた。南半球の社会では工業化や民主化が緩慢にしか進行せず、所得は低水準にとどまり続けていた一方で人口は急増しつつあったため、この地域の難民や労働移民たちは、ますます北半球の高度に経済発展を遂げた先進国を目指すようになった。ヨーロッパ諸国が、当初は個別に、後にはシェンゲン協定の締結により一致団結して、協定加盟国の望まぬ移民を阻むべくヨーロッパ（「要塞ヨーロッパ」）の境界線を引いてからというもの、よりよい生活を求めて入国ビザすら持たずに渡航したり、あるいは渡航先でビザが失効してからも滞在許可や就労ビザなしでとどまり、不法就労を続ける移民たちが男女を問わず増え続けていった。中立的な呼称では「記録のない者」もしくは「証明書を持たぬ者」とされるこれらの人々は、恩赦や特別な合法化措置でもないかぎり、国家の側からはしばしば「不法滞在者」とみなされ、取り扱われるようになる。

大勢の人々にとってヨーロッパへの移民は自由意志にもとづく移動だった。とはいえ、「制限された」あるいは「強制された」移民の対義語としての「自由な」移民という概念は、あくまで移動する家族や個人の意思決定の一側面にすぎない。移民を送り出す地域で農業収益を阻害し、収入機会を奪ういかんともしがたい経済的条件が、しばしば個人、家族あるいは村落共同体の全体に対して「遠方」での労働と稼得、そしてあらたな故郷を探し求めるよう強いていたからだ。ヨーロッパ全域――フランスを除く――での人口動態の変化によって、基本的にあらゆる家族が小規模な農場や賃労働では養いきれない数の子どもを育てていた。移住の決断は、それが不可避なのか否か、誰が行くべきで、誰が出発許可を得られるのかを選択可能な場合にのみ「自由」だといえる。現在でもまさに前記のような強制力が原因で、低開発国の家族は誰をヨーロッパやその他の稼得機会を見出しうる地域に送り出すべきか、決断を迫られているのである。

移民のプロセス――形態と分類、枠組とシステム

移民のプロセスは三つの局面に分かれる。一つ目は、移民という願望を抱き、具体的に移民元の地域を去る決断が下されるまでの局面である。二つ目は、選択された目的地への旅の局面――程度の差はあれ、この局面はさらに長期の滞留を含むいくつかの段階に区分しうる。そして三つ目が受け入れ社会への包含過程の局面だが、この過程もまたまったく異なる特徴を示すいくつかの時間的段階に分けられる。移動を繰り返せばこれらの局面が反復されることになるが、その場合、目的地と出発地との往来は特定のルートに沿って行われるか、もしくはさらに別の目的地へ

の移動も含めた段階的なものとなる。

移住の決断は移住元の社会でなされる。この決断は、人口動態、政治システム、階層分化、経済構造および工業化や都市化にともなう当該社会の発展水準等にそって記述できるだろうし、エスノ文化的および／もしくは宗教的な背景、社会資源へのアクセス可能性といった一般的問題はもちろん、教育機会のような具体的問題から検討することもできるだろう。潜在的に移民となる可能性を持つ人々とその家族は、いまあげたような諸条件を直接経験するのだが、それらは地域的固有性を前提としているうえに（たとえば、一九世紀に移民送り出し地域だった西南ドイツ、イングランドのランカシャー、ポルトガルのアルガルヴェ、イタリアのロンバルディアなど）、地域ごとの移民の伝統やそこから生じる情報の流れにも影響を受けていた。加えて移民の仕方に変化をもたらす情報が目的地から還流していた。社会経済的な枠組と生活条件がきわめて不自由に感じられるとき、移民が促され（押し出し要因）、集団、家族やその個々の成員はよりよい生活条件の揃った、もしくはそのように推測されるどこかほかの場所（引き付け要因）を探し求める。その際、通常であれば——強制移民（追放、強制移送、難民）を除いて——押し出し要因と引き付け要因は、比重を変えながらも相互に影響しつつ移住の決断に作用する。こうして移民たちは、何らかのかたちで神秘的に美化された「ふるさと」を捨て去ることなく、あらたな、よりよい生活機会を追い求めるのである。

移住という意思決定の理解に関して研究上の重要な前進となったのは、家族とその周辺住民の日常生活研究――移住要因となる諸々の機会喪失を具体的に感じ取り、追体験しうる領域――へのパラダイムの転換だった。このあらたなパラダイムは、マクロな次元（国家規模で効力を発揮する法、性別・年齢・世代・階級的差異の間に生じるヒエラルキー、経済的な権力構造）に規定される中間的な次元（文化・社会・経済の領域）で、ミクロな次元（家族あるいは共同体内部の相互作用という次元）を検討するという包括的な視座を提起している。潜在的移民の経験世界では、この三つの次元が互いに絡まり合いながら行為規範をつくり出しているのである。

移住の意思決定が下されるのは、地方の農村地帯か都市の工業化された環境か、はたまたサービスと消費に支えられた二〇世紀社会であるかにかかわらず、しばしば家族という関係性の内部においてである。家族の一員は家計の総所得に貢献するが、ただしその手段や程度は当該社会で支配的なジェンダー、世代間ヒエラルキーに左右される。要するに家族経済という視点からは、経済的なものと非経済的なものを結びつけることができるのである。家族は単に物質的な再生産が行われる場ではなく、食事と、衣服と、ベッドとを用立てるためだけにあるのでもない。そこでは同時に感情――子どもたちや老人もしくは援助の必要な者への世話も含めて――が再生産されている。そうしたなかである家族の持つ潜在的労働力は、社会規範に従いながら――内部ではすべてのメンバーにとって、外に向かっては共同体に対する世間体のために――最良の結果を獲得すべくそのすべてが利用されることになる。義務と稼得の役割分担に関しては、期待される成果を視野に入れつつ交渉が行われる。収入と消費のどちらを最大化するのか、女性が担うのは家事なのか、家の外での賃労働なのか、子どもたちは教育を受けるのか、あるいは早期に労働を開始するのか。ネットワーク構造と分配モデルを採用するのか、それとも個人主義的に共同体とは距離をおくのか。こうした決断へといたるプロセスは、メンバー間の格差を均すのでもなければ、民主的な性格のものでもなく、個人のライフサイクルの段階と家族のライフサイクルの局面とを反映し、ジェンダーと世代をめぐる伝統的ヒエラルキーに規定されるのである。

こうしたヒエラルキーの負荷を受けつつ、家父長制的に規定されるプロセスの帰結としての移住は、国境をまたぐこともあればその内部にとどまる場合もあるし、一人もしくは複数の家族成員の「離脱」をまねくこともありうる。ただしこの「離脱」の可能性に関しては、従来の研究が示唆してきたよりも小さかったことがわかっている。二〇世紀もだいぶ経過するまで、多くの場合、家族全体で共通の意思決定が行われていた。家族全員で移住するのか、それとも個別の成員が移住するのか。前者であればもちろん相応の手段の有無が前提条件となるが、いずれにせよ許可を受ける必要があるのか、といったことにひとたび見通しが立てば、可能性のある目的地について持ち合わせの情報を見比べねばならなかった。潜在的移民は、多くの場合、伝統的な目的地に関する唯一の情報にしか接していなかった。近隣の大都市のこと、あるいは別の大陸に存在する一部の特殊な労働市場がそれにあたる。とはいえ移民のありようはもっと複雑なのがつねで、さまざまに異なる目的地を選択肢として持ってもいたのである。

一例をあげるなら、一九世紀末北イタリア地方の農村出身の少女や若い女性たちは、近隣都市の絹織物工場に送り出されたが、若い男性は季節労働者として南フランスに向かった。他方、既婚男性はアメリカ合衆国ミズーリに移住して鉄鉱山で働き、既婚女性は故郷の家で農業労働を引き受けていた。一般的なケースでは、男性稼得者はあらたな社会で家族の渡航費と生活費をまかなえるようになると、ただちに妻と子どもを呼び寄せた。帰還した元移民や移住先の同郷者からの手紙は、特定の目的地に関する情報——たとえばミズーリの採掘所について——を提供してくれたが、その反面、北アメリカのほかの労働市場に関する情報はごくわずか、もしくは皆無であった。

従来の歴史記述が想定していた解釈によれば、移住者たちは手紙のなかでバラ色の成功譚を語るものとされてきた。しかし、そのような手紙はしばしば後追いや連鎖的な移民の引き金となり、手紙の受取人が情報を提供してくれた差出人の後を追って移住し、到着直後の寝場所や職探しへの手助けを期待したことから、差出人に誇張を思いとどまらせる一種の内的な修正作用が働いていたのである。あまりにも楽観的な描写は、この「自慢屋」にとって、手紙にひきつけられて移住してくる友人、知人、親族への手助けというコストの発生を意味したのだ。ただし、仮に情報が正確であったとしても、必ずしも移民元の社会文化的環境においてありのままに伝わるとは限らなかった。たとえば一九世紀末の農村住民にとって——正確このうえない——煌々と電気のともる駅舎や大規模な工場の描写などは、都市の豊かさや条件のよい仕事、高賃金と同義だった。その一方で彼らは、より高い生活費を払わねばならないことや、電気のないスラム街のような生活環境で暮らさねばならないことを考慮に入れていなかったのである。新古典派の国民経済学に着想を得ていた旧来の移民研究では、賃金の差異を根本的かつ最重要な押し出し・引き付け要因とみなす還元主義的方法が主流だったため、数値化できない移民の文化的・感情的側面については顧みられないか、不十分な考察しか加えられてこなかった。

旅、すなわち地理的な移動は移民たちに困難をもたらすこともあるが、同時に移住の動機づけを強化する場合もある。ここでいう困難とは、政治的に設けられた乗り越えがたい出国規制というかたちをとることもあった。そうした規制は、たとえば、兵役義務を負った者たちの出国を制限しようとする国家的関心だったり、援助の必要な家族成員が取り残されることで生じる社会的負担を回避しようという、救貧法上、自治体法上、社会福祉法上の利害関心だったり、場合によっては社会的制約として、一方の性にのみ課せられる規範やタブー（男性の同伴がない女性への旅行禁止）に起因していた。他方で、ときにはそういった制約がプロト工業化期の家内工業のように家族全体の協働に依拠し、それゆえ労働能力を持つメンバーを一人として手放すことができない家族経済システムの要請に由来することもあった。

計画された移動ルートは不安に満ちたものとなりえた。見慣れぬ土地、日常生活での耳慣れぬ言語、頭に浮かぶ危険の数々。さらに一九世紀中頃までの海をこえる旅ともなれば、新世界へと向かう船旅について懸念を抱くのは当然のことだった。加えて航海や鉄道もない時代の長距離移動に要する時間は、その間、農作業や賃労働からの収入が途絶えることを意味していた。いくら移動経費が少なくすむ場合であっても、収入がないとなれば出費はその分高くつくことになる。そもそもは目的地での最初の数週間のためにと、あるいはあらたな生活の礎にと見込んでいた貯蓄を、この期間に使い果たすか切り崩すことになったからだ。耳にしていた情報が誤っていたり、不完全だったなどというのはよくある話だった。そして最後に、国家や地域による出移民もしくは入移民規定が入国を難しくしたり、阻んだりすることもありえたが、ただしこうした規定は、移民を求める開かれた社会では、むしろその促進要因となることもあったのである。経済学者たちはこれを、移民可能性にとっての特殊費用（「機会費用」）▼9と呼んでいる。

予想される費用を視野に入れつつ、移民プロセスは段階的に進んでいく。まず地方の農村から近隣の都市へと向かうのは、その次の段階へと移る費用を賃労働によってまかなうためか、それまでと異なる都市的な生活様式に慣れるためであり、その後しばらくしてからさらに遠方の、さらに規模の大きい都市へと移り、最終的には別の国に入っていく。たとえば二〇世紀末にもまだ実践されていた旅程として、アナトリアからイスタンブール滞在を経てミュンヘンへと向かうケースや、それ以前であればランカスターからリヴァプール滞在を経てボストンへと向かうケースをあげることができる。ただし、この二つの事例と並行して、地域や国家の境界をこえる直接的な移動の事例も数多く存在し、そのような移動は、移民の募集にもとづくものや、超地域的ないしは国際的な移住ネットワークの構築後に行われた。目的地となった国が不況に見舞われた時期や、送り出し地域で従来よりも条件のよい求人がある場合には、移民の送り出し地域と受け入れ地域の結びつきは意義を減らすか、休止状態に陥ることがいまでもありうる。だがさらなる経済状態の変化があれば、移民の動機づけや可能性が高まり、再び移住の動きが広範に活発化するのである。

移民の動機づけと可能性が弱まったり、逆に強まったりするのは、かつてもいまも濃密で詳細な情報の流入や、一時期的にせよ、目的地での先着の家族や知人による支援の有無と関わっている。滞在が長期か短期かにかかわらず、一九〇〇年前後にヨーロッパから北アメリカに移住した人々の九四%は、彼らの旅程の第一段階の目的地あるいは最終目的地として親族や知人を頼った。また移民たちに当時もいまも影響をおよぼしうる要因として、さまざまな移民組織の援助をあげることができる。たとえば移民元と移民先における自助組織、両者の橋渡しをする広義の移民ネットワーク、移民元の国家制度や宗教機関がそれにあたるが、これらの組織・制度が移民の社会的負担を軽減する定期的な支援を通じて移住を促進するのである。こうした多様な要因が、およそ移住にともなう困難を軽減するのか、それともむしろ負担を増やすのか、いずれの場合にせよ、どの程度にかかわるということは、その都度の社会的コンテクストと関わってくる。受け入れ国や移住先の地域における国家政策のみならず、労働組合や教会、あるいはほかの何らかの社会構造や組織・団体が統合を後押しすることもあれば、逆に移民を周縁化したり、締め出すこともありうる。その際、移民たちの互助ネットワークが提供してきた経済的・社会的支援を見過ごすことはできない反面、それらはしばしば限定的でもあった。たとえば、とりわけ移民第二世代はいつでも親身になってくれるわけではなく、後から移住してきた知人や遠方の親族との結婚にもけっして積極的とはいえない。こうして彼らは親族的な関係に対して一定の距離をおき、新参者を締め出し、親族や知人のなかからさらに後を追ってくる者をなるべく出さないようにする可能性もあるのだ。

いまも昔もほとんどの移民たちは、その旅程において、さまざまな種類の境界をまたぐことになる。文化や言語、方言の境界、農村生活と都市生活との境界、地方の農場と都市の工場生活との間の、はたまた農村共同体、都市自治体、州・省・県、そして国家の境界。一九世紀後半にいたるまで、これらの境界のなかで国家間の境界はむしろさほど意味を持っていなかった。フランス革命の時代に発明された身分証やパスポートの類が利用されるようになったのは、もっぱら政治的動乱の時期に移民たちの身元を確認するためだった。それらはまだ、行政的な出入国管理の手段とはなっていなかったのである。それゆえ、ベルギー領内のオランダ語圏からフランス語圏に向かう移民が文化的な境界線を手に取るように感じていた一方で、ベルギー領フランス語圏からフランスへと向かう移民は政治的境界線上で何らかの変化や検査を経験することはまずなかった。国境で隔てられた空間よりも社会的な空間のほうに、仮借のない「境界」が出現しえたのである。

境界をこえ、あらたな経験へと踏み出した人々は、このことを濃密に経験することとなった。近代初期の巡礼者たちは生まれ育った社会での規範や条件を後にし、境界上での経験にさらされた一時期について書き残している。そこから読み取れるのは、一時的とはいえ彼らが慣れ親しんだ社会的コミュニケーションと精神構造の生み出す規範の外部に身をおいていたことである。こうした文化的境界を乗りこえる際にお互いの助けとなるべく、大勢の移民たちは、一九世紀もかなり経過するまで、実際の移動プロセスのさなかに――さらにその後も同様に――結束した。たとえば大西洋をこえる間、彼らは「船腹の兄妹」を自認し、手を差し伸べ合い、不安を克服しつつ、意識的に故郷の村落共同体や両親の監督なしで生きていこうとした。今日の国際的移民は飛行機で移動するため、旅の時間はごくわずかにすぎないとはいえ、いったん目的地に到着すれば、実に多様な法規という苛烈な障壁と入管行政とに身をさらさねばならない。越境は副次的な経験となり、今後もそうあり続けるのかもしれないが、同時にいくつもの書類や検査をともなうやっかいな経験にもなりうる。難民の場合、この経験は迫害からの最終的な解放ともなりうるが、有効な証明書を持たない入国者やすでに移民先で暮らしている人々にとっては、トラウマ的な経験となる可能性もあるのだ。

移民の形態と分類

移民という概念は空間的な人の移動に関連しているが、これは、国境をまたぐ場合（越境的な移民もしくはトランスナショナルな移民）もあれば、ある政治的領域や社会的・文化的空間の内部で発生する場合（内部移民）もある。またこの概念は移民という行為の決断プロセスも含意しているが、決断を下す者たちのなかには長期滞在を予定する移民だけでなく、短期滞在や滞在期間未定のまま目的地において一定期間を過ごし、労働しようと考えている者たちも含まれる。このような労働移住は、毎日あるいは週ごとの職場と自宅との往復や、観光もしくは商用目的の旅行のような短期移動とは区別される。とはいえいま述べたような移動の形態が移民へと変わる可能性もある。たとえば、休暇で繰り返し地中海地方を訪れていたドイツ人観光客が、退職してからそこに移り住むといった例をあげることができる。さらに同じ自治体内部での引っ越しのような短距離の移動とも、移民は区別される。たしかに短距離の移動も移民同様に社会空間変容の一形態といえるが、ただし――一般的には――移民という現象の一部とはみなされない。

移民を検討する際にまず必要なのは、そのプロセスと分析カテゴリーとを区別することだろう。移民のプロセスは、たとえば労働移民や植民地への入植、結婚による移民や移牧、あるいは遊牧生活（いずれも社会構造としての移民）に分類することができる。他方でこれらのプロセスを分析する方法もまた多岐にわたり、研究の枠組（たとえば経済学、法学、言語学等）に限らず、研究テーマ（家族、世代、宗教等）や受け入れ社会の反応（差別、ディアスポラ、統合、国家管理等）も多種多様である。ここでは移民の形態、枠組、システムと、移民の分類に限定して概観する。表序‐1は、もっとも一般的な移民形態のいくつかを比較しつつまとめたものである。

移民の動機づけにはつねにある程度の強制力が働いているため、移民を自発的かそうでないかという点で区別することはしばしば困難となる。ただし、たとえば移民が経済的制約という圧力を背景に、自らの意志である地域を去った状況と、貧困が差し迫った脅威となっていたために、

動機づけ	強制（例：人為的もしくは自然的な環境要因による強制）	逃亡／追放（もっぱら世界観が要因であり戦争に条件づけられる）	経済的（「よりよい生活のための移民」とも呼ばれるもの）	文化的（例：留学や引退後の移住）
距離	近距離（ローカル）	中距離（もっぱら地域越境的）	長距離（もっぱら国境越境的。コロニアルな移動もしくは大洋をこえる移動も含む）	
方向性	離郷	循環的	多様——多様な目的地への移動もしくは同一目的地への反復的移動	帰郷
滞在期間	季節的	複数年	労働可能期間	一生涯
社会経済的空間	農村／農村間（例：1500年以降の、とりわけ東欧における農地拡大）	農村／都市間（都市化。ヨーロッパ史ではもっともよく知られた移民形式）	都市／都市間	植民地（入植者、貿易業者、兵士、船乗り）
経済セクター	農業（入植者や農民）	工業（職人の遍歴を含む労働）	サービス業（奉公人、看護、清掃、兵士、船員、商人および行政官吏）	エリート（官僚、自由業および企業家）

表序－1　移民の類型

あるいはそのような予感を抱いたことにより出発を余儀なくされた、といった状況を区別することは可能である。さらに非自発的な移民の場合、これを避難ルートと目的地を選択しうる難民と、そうした選択の余地などない被追放民とに分ける必要があるだろう。前者のカテゴリーの例としてはユグノーをあげることができる。一六八五年以降カトリックへの改宗を拒んだユグノーの多くは、フランスから退去せざるをえないとの認識を抱いていたが、ジュネーヴ、イングランド、オランダもしくはプロイセンといった亡命先の選択肢を有していた。これに対して被追放民たちにはいかなる選択肢もないため、近隣の収容施設に入ることを強いられる。奴隷もまた、明らかに強制的な移民の一形態であり、たとえば西アフリカからカリブ海地域へと、あるいはコーカサス地方からコンスタンティノープルへと連れ去られた人々、同様にスターリンとヒトラーのもとで行われた追放と強制移送も強制移民に含まれる。

移住の決断そのものは世帯内部で下されるとしても、移住するのは個人という場合もあれば、家族全員あるいはその一部が移住する場合もある。さらには共通の信仰、政治的信条やエスノ文化的な型によって定義される集団（たとえば再洗礼派のような）▼10が移住する場合もある。誰が移住し、誰が残るのかについて家族で決断が下される際には、家族内の性別役割や経済状況が重きをなしたが、若い移民たちの大部分は移住に際して家族という空間とその社会的支配から離脱することになった。さらに家族以外にも数多くの社会的要因と組織が移住の決断に決定的な影響を与えていた。たとえば遍歴を強制したギルドのような職業的・社会的組織がそれにあたる。遍歴強制▼11を通じて手工業職人に課されていた移住は、家族や親族のネットワークにではなく都市の社団的な規制システムに埋め込まれており、いくつかの点でこのシステムは移民ネットワークのように機能していた。同じ時代には若い女性たちも家内労働力として――中間層の需要と情報ネットワークに規定されつつ――地域内、地域越境的あるいはトランスナショナルな移動を行っていた。個人単位だけでなく家族単位の移民も多様な適応戦略を生み出していたが、個人単位での移民が目的地での長期滞在を決断した場合、彼らは家族や集団でのそれに比べて従来のネットワークからよりはっきりと離脱することになった。

移民を分類する基準として数値化可能な移動距離は一見もっともらしくみえるが、交通手段の変化が物理的距離、移動時間、移動コストを変え、それにより、これらの要因が移民という決断におよぼす影響力もまた変容することを忘れてはならない。とはいえすでに一九世紀の季節移民にとっても、移動距離の長さはつねに障害となっていたわけではない。地域越境的および国際的な移動を繰り返していたイタリアの季節労働者（「ツバメ」）は、一年のうち一定期間を北アメリカで、続いて南アメリカで過ごし、残りの期間はイタリアで働いていた。さらに無視しえないのは、移動が国内か国外かという違いが移民元の地域次第で多様にならざるをえないということだろう。このことがはっきり見て取れるのは、たとえばロシアでの／からの移民と、ルクセンブルクでの／からの移民との比較においてである。同様のことは移民たちの移動にとって国境が持つ意味についても当てはまる。一八七一年にドイツ帝国が成立する以前のドイツ語圏では、地域越境的な南北間移動は少なくとも一ダースの国境をまたぐことを意味していた一方、植民地占有期のフランスでは、アルジェリアに向かう植民地移住はたしかにヨーロッパの「水上の境界」[12]をまたぐことを意味したが、法的には他県への国内移住に分類されていた。

こうした分類のありかたに劣らず重要なのは、移住の計画と結果との区別である。一部の移民たちは移住によってもたらされると予想した成果をみることなく、あるいはもう少しというところで世を去った。たとえば一時的な労働移民ともいえるヨーロッパの船乗り、兵士や行政官の植民地からの帰還を頻繁に妨げていたのは、熱帯地方の病による死だった。また、難民たちの帰還の思いも多くの場合実現されずに終わった。一五八五年以降アントワープの住民はスペインに追い立てられ北へ逃げたが、スペインの敗北後も彼らの帰郷の望みが果たされることはなかった。

これまでの移民研究は、長いこと長期滞在の移民を重視し、一時的な滞在についてはなおざりにしてきた。加えて移民のプロセスのなかでの移住の計画や意図の変化を十分に検討してこなかった。そもそもは季節労働もしくは一時的移住として計画されていたものが、目的地やそのほかの場で永続的な居住へと変わる可能性があった。またこれとは逆に、永続的な居住を目的とした移住計画が失敗に終わり、帰還を余儀なくされる場合もあった。こうした移民過程を実証したり、再構成することはしばしば困難をともなうか、あるいはまったく不可能である。というのも、そのような作業ではいくつもの情報を個人のレベルで関連づけていかねばならないが、利用しうるものといえば、しばしば匿名か集団的な統計資料に限られてしまうからだ。しかも仮に個人のレベルで移民プロセスの情報を関連づけることができたとしても、その解釈は必然的に難しくなる。年齢、性別、階級に特有の差異や人生の展望が存在し、異なる移民集団間の比較を困難にさせるからである。

同様に重要なのは、農村と都市の移民環境の区別である。近代のヨーロッパは、強度と速度はさまざまとはいえ、都市化プロセスの進展によって特徴づけられるだろう。このプロセスは数百年にわたって続く都市・農村間の移動を土台としており、都市における人口自然増加の影響力が加速したのはようやく一九世紀末になってからだった。都市化の規模は次第に拡大し、ルネサンス期に早々に都市化の始まった北イタリアと南ドイツから、一六・一七世紀のオランダを経て、さらに時代が下ってロンドンにまでおよんだのである（「ブルーバナナ」）[13]。その後このプロセスは、ヨーロッパ全域で、とりわけ政治と工業の中心地において同じようなテンポで展開していった。このことは、少なからぬ地域で海外の植民地拡張と連動しており、大陸ヨーロッパの移民史にもはっきりと反映されることになった。領土拡張が最初におこったのは南で、いくつかのイタリア都市が東地中海地域に海洋上の勢力圏を形成したほか、ポルトガルはアフリカ、後にはアジアにまで勢力をのばした。これに続いてスペインによる北米、中米、南米への侵入があり、その後一七世紀になるとネーデルラント連邦共和国に移民の重点が移った。たとえば、およそ一八世紀末まで「オランダ東インド会社」（「連合東インド会社」）は、ほかのすべてのヨーロッパ植民地占有国からの渡航者の合計よりも多くの男性をアジアに送り出していた。その後しばらくすると、フランス（ごく短期間）とイギリス（長期にわたって）がオランダを追い抜くことになる。そして一九世紀になると、とりわけアフリカをめぐる競争を通じて、従来とはまったく異なる植民地移住者があらわれた。

先ほどの表序−1からも見て取れるように、移民たちが就業する（ことを望む）労働分野の相違は、ヨーロッパ経済の展開を視野に入れつつ検討されねばならない。これまでのところ一六世紀以降でもっとも重要な社会経済的動向とは、一般にプロレタリア化として、すなわち人間が賃労働に従事するようになったプロセスとして記述されている。その際、いわゆる家内工業やプロト工業と呼ばれるものも賃労働セクターに組み込まれていった。都市ばかりかむしろ農村地帯において特に、ジェンダーを問わず引き続き農業に従事していた人々が織工やそのほかの職種での稼得労働を開始した。このことが長期にわたって移住に歯止めをかけていたが、一九世紀に入ると、農村家内工業と新しく登場した工場との不公平な競争が原因で農村を去る者が増え、ヨーロッパの諸都市や海の向こうのさまざまな地域を目的地に移動するようになった。プロレタリア化にさらされた第二のグループとして、一九世紀に入って次第に解放されるようになった中欧、東欧の農奴を指摘しうる。その多くがいまや――土地を持っていなかったり、小作人として働いていた限りで――労働市場に支配されるようになった。このプロレタリア化のプロセスはオランダで始まり、一九世紀から二〇世紀の大部分にかけて次第にヨーロッパ北部から南部地域へと広がっていった。移民にとって魅力的な目的地がどこになるのか、また、送り出し地域がどこになるのかは経済の動向に左右されていたのである。多様な労働市場セクターの間で発生した直近の大きな変化は、かつて農業セクターを追い抜いた工業セクターに対するサービス業のシェア拡大であり、この動向は遅くとも二〇世紀後半に観察されるようになった。

移民の枠組

近代ヨーロッパには国家によって枠づけられた、数多くの重要な社会類型が見出される。それらの社会では、それぞれ特異な可能性や限界を備えた、人の移動の枠組がいくつも構築された。こうした枠組は硬直的で不変なものではない。地理的移動の可能性は社会構造を規定する要因ともなる一方で、同時にその規模、方向性、形態はそのつど支配的な公式・非公式の社会規範、法規、価値体系から影響を受けることになる。たとえば身分制社会では、農奴が土地に縛りつけられている限り原則的に移民は困難である。これに対してリベラルな社会や資本主義社会は空間的移動の可能性を広げるか、あるいは移動を強いる。これら以外の社会類型、たとえば古典期の中華帝国などは労働移民を規制したが、その一方で入植政策を推し進めもした。

先述のように、移民プロセスはある程度までそれ自体の自律的なダイナミズムに支配されている。このことは、とりわけミクロな次元および中間的な次元において明らかとなる。こうして移民の枠組が考察されるようになったのだが、その目的は、まず自律性の程度と範囲を記述し、そのうえで枠組が生み出したさまざまな移民（入植）形態の独自性を分類することであった。その際注意しなければならないのは、歴史上の数多くの移民枠組を区別するには、各時代に特徴的な社会的・政治的コンテクストを考慮する必要があるということである。近代初期ヨーロッパ内部での移民枠組が著しい差異を示すのに対して、一九・二〇世紀のそれは、むしろ一致するようにみえる。

近代初期（一五〇〇～一八〇〇年）における多様な移民枠組

近代初期ヨーロッパにおける移民枠組は相互の競合という特徴を持っていた。そのなかでももっとも重要なものは以下の四種類である。一つ目は、小規模な共和国（特にネーデルラントとヴェネツィア）におけるリベラルな枠組。二つ目は、ほとんどの君主制領域国家における強力な移民規制。三つ目は、ヨーロッパの諸帝国（ツァーリの帝国やハプスブルク帝国）が推し進めていた特定地域への入植。四つ目は、三つ目と似てはいるが、内部での流動性がより高かったオスマン帝国の入植政策である。

㈠ネーデルラント連邦共和国およびヴェネツィア共和国におけるリベラルな移民枠組

ほかに類をみないが、一六・一七世紀に大きな成功を収めたことで強い影響力を発揮したのが、ヴェネツィアとネーデルラントのような小規模な共和国にみられた移民枠組であった。これらの地域ではすでに都市化がかなり進展しており、移民の流入に対する障壁がそれほど高くなかったという特徴をまず指摘できる。流入移民たち――完全に自らの意志によるもの――は、ヴェネツィア（ローマ・カトリック）やネーデルラント（プロテスタント）の公式の宗派に必ずしも属している必要はなかった。ユダヤやアルメニア人、ときにはムスリムでさえ歓迎されたのである。両共和国の相違は、ヴェネツィアが主に自由な流入移民たちのなかから労働力をリクルートできなかった点にある。一六世紀後半以降ヴェネツィア共和国の海軍は、とりわけガレー船に奴隷を使用したが、これ以外にもいくつかの経済セクターに奴隷労働力が投入されていた――これは一種の強制移民であり、アムステルダムではみられなかったものである。これらの共和国以外にも近代初期ヨーロッパにはポルトガルという強大な海軍国が存在したが、ポルトガルはヴェネツィアよりも大規模に奴隷輸入に依存しており、この枠組のサブ・カテゴリーとみなすことができるだろう。

㈡大部分の君主制領域国家における徹底した移民規制

一六世紀のスペイン、ポルトガルに始まり、一七世紀に入って強大さを増した君主制領域国家は、住民を重要な経済要因と捉え、同一の信仰を共有させ、その移住を規制する必要があると考えていた。マジョリティの信仰や宗教に帰属しない者たちには、強制的な改宗か移住くらいしか選択肢が残されていなかった。そのような例としては一四九四年以降のスペイン、ヘンリ八世在位期（一五〇九~四七年）のイングランド、ルター派に属するスカンディナヴィア、ドイツ地域の無数の領邦（一五五五年のアウクスブルクの和議以降）および一六八五年（ナントの勅令が廃止された年）

以降のフランスのような、反宗教改革の影響下にあったすべての国々をあげることができる。

ここにあげた君主制領域国家群はいずれも身分制秩序を土台にしており、移民の制限や都市化の遅滞という共通の特徴を持っていた。他方、熟練の手工業者や何らかの専門家および入植者を除けば、流入移民は、彼らが社会的コストを発生させたり、公的な秩序への脅威と認識されない限り短期的な滞在者として扱われた。重商主義の時代には、限られた集団だけがその時々の支配者の保護下にまねき入れられ、特権を付与された。こうした集団は、たとえば兵役を免除され、生活基盤を築く間は納税も免除された。またユグノーの場合のように[14]独自の文化機関、特に宗教機関に権利が与えられることも珍しくなかった。君主制領域国家の住民たちに共通していたのは君主の臣民としての身分だけであり、均一の文化や言語の共有を求められることはなかった。そこにもたらされた「異」文化は、移民集団が君主への忠誠を示す限り、あらたな環境のなかで生き続けることが可能だったのである。

㈢帝国による入植の促進

エルベ川以東のヨーロッパでは、長い間農奴制（体僕制）[15]が支配的だったことから、しばしば移民の可能性は限定的だったと考えられている。中欧では一八〇〇年前後まで、ロシアでは一八六一年まで維持された農奴制が農村人口の流動性を制限したのは確かだが、とはいえけっして移民を阻害したわけではなかった。たとえば農奴はしばしば逃亡したため、事実上ほとんどのコサック[16]はこうした逃亡農奴の子孫だった。あるいは大土地所有者が農奴を隷属関係から解放することもあれば、彼らを売却することもあった一方で、労働力が必要な場合にはほかの大土地所有者の農奴を徴募することもあった。ロシアの大部分で農奴たちは、領主の許可があれば賃労働に従事することができた。ただしそうして稼いだ賃金の一部は、領主に納めねばならなかった。さらに移住の発生に関して見過ごすことができないのは、ツァーリのヨーロッパ全域への呼びかけであろう。特に一七六二・六三年にエカテリーナ二世が行った、ロシア帝国南部の新領土への入植の徴募は重要である。この呼びかけに対しては、ドイツ語圏およびほかの中欧、南欧地域からも大勢の人々が応じ、移民したのである。

(四)オスマン帝国の入植政策と高い内部流動性

オスマン帝国の移民枠組とその文化的相互作用の構造は、ヨーロッパという文脈においては一つの特殊な事例をなしている。帝国のユーラシア部分——バルカン半島、ハンガリー、ロシア南部の平原地帯、小アジア、地中海東部および南部の地域——は、ひとまとまりの移民空間を形成していた。上級行政官僚の複雑な社会構成は、エリートたちの自発的もしくは非自発的な移動の産物であった。キリスト教徒の家庭に生まれた子どもがムスリム的な躾のもとで育ち、高度な教育を受けて、古くからいるギリシア系のファナリオティス(コンスタンティノープルのギリシア人地区に住むギリシア正教徒の特権階級)とともにエリート官僚層を形成していた。スルタンや高位の国家官僚の妻たちは、チェルケス地方や北アフリカをはじめ、さまざまな地域でしばしば幼少時に奴隷として強制的に徴発され、その後質の高い教育を受けた者たちだった。こうして束ねられた公僕エリートたちは、「オスマン語（Osmanlica）」という人工言語を使用したため、トルコ語も含めて特定の民族言語がヘゲモニーを握ったり、優勢な地位に就くことがなかったのである。

これ以外にもオスマン帝国には、経済的・宗教的に動機づけられた多様な移民を見出せる。経済発展の手段として公権力は強制移住（sürgün）を実行した。必要と考えられた場所に都市や農村出身の労働力を投入したのである。その際公権力は、移住者に確実な経済的基盤を与え、そうすることで彼らの親族や知人が自発的に後を追うよう誘導した。さらに、いわゆるミレット制▼17が宗派集団の自治を保証したので、非イスラム系の宗教共同体でもごくわずかな特別税の支払いを除けば、いかなる差別的待遇にさらされることもなかった。オスマン帝国支配下での強制移住を通じて南東欧ではムスリム人口が増大した。バルカン半島から黒海地方までの一帯をめぐるハプスブルク帝国、ロマノフ朝およびオスマン帝国の対立という事情から、ムスリムの小農たちがボスニアに入植していたが、後にオスマン帝国の衰退とともにムスリムの入植者や遊牧民たちはハプスブルクやロシア領となった地域を去った。その後あらたな支配層はスラブ語圏およびドイツ語圏から入植者を募ったのである。

一九世紀の間にヨーロッパの多種多様な地域は徐々に融合し、時期は異なりながらも、巨大な帝国もしくは国民国家へと変貌した。西欧、南西欧、北欧では、一人の君主、一個の王朝に対する忠誠があらたに登場した単一の国民国家に対する忠誠に取って代わられるか、少なくとも後者への忠誠の要求によって補完されるようになった。イギリスにせよフランスにせよ、国民国家の形成は、一九世紀のナショナルな歴史記述が主張したような明確な特徴を持つ均質な文化を基礎にしていたのではない。とりわけベルギーやスイスの例が示しているように、多様性は維持されていたのである。これに対して中欧、東欧、中東欧および南東欧では、ホーエンツォレルン家、ハプスブルク家そしてロマノフ家の大帝国は、（一八八〇年代以降のロシア化政策やゲルマン化政策にもかかわらず）多民族国家であり続け、第一次世界大戦中に崩壊するまでこの状態が保たれた。他方ヨーロッパという空間全体では、エリートたちが活発に越境と移動を繰り返していた。貴族はヨーロッパという枠組で姻戚関係を結んでいたし、知識人は共通語（リンガ・フランカ）――ラテン語、ドイツ語、フランス語――を使って意思疎通していた。信仰に条件づけられた近代初期の移民が姿を消すと間もなく革命の時代が訪れ、政治亡命の歴史が始まった――およそ三万人にのぼる政治難民がオランダから（一七八七年）、そしてほぼ同数が数年後に革命フランスから避難したのである。▼18

政治亡命は一九世紀における貴族政体の民主化運動を検討する際に大きな意味を持つ。革命の時代が過ぎ去ってからは、ヨーロッパの君主制諸国で参政権の欠如がますます内部の反対勢力を増大させた。保守的な政府は改革派や革命家たちを追放の身に追いやったが、革命が成功した場合には旧体制の支持者たちが逃亡を余儀なくされた。住民はもはや宗教的信条によって分類されることはなくなり、「誤った」信仰ゆえに国を追い出されることもなかったが、今度はむしろ政治的信条が帰属や排除の基準となったのである。とはいえ信仰や宗教的帰属が集団の構成にとって意味を持たなくなったわけではなかった。一九世紀末にドイツ帝国のポーランド人たちはカトリックであることを理由に差別されたし、イギリスのアイルランド人たちも一九世紀の大量移住が始まって以降、同様の差別にさらされた。

　都市市民層の形成に加えて、あらゆる市民の同権というフランス革命に端を発する理念と、民族文化にもとづく団結というロマン主義的観念の相互作用を通じて、東欧を除くヨーロッパ全域で国民国家イデオロギーが興隆した。この動向は、一九世紀中頃以降になるとロシア帝国やオスマン帝国にも浸透し、移民のありかたに広範な影響をおよぼすことになった。その際特に見過ごすことができないのは、国民的同質化の抱える矛盾である。これは、たとえばスペインやフランスのバスク人のように、少なからぬ集団を「マイノリティ」へと変えた反面、ロシアのドイツ系諸集団のような「在外ドイツ人」を引き続きドイツ国民の一部とみなすことを意味した。国家と国民（ネーション）概念との結合はそれ自体のなかに矛盾を抱え込んでいたが、そのことは、国家がすべての市民に対して法の前の平等を説いた一方で、国民（ネーション）においては一個の集団にのみ文化的特権が認められたことに見て取れる。

　ある君主制領域国家の内部で、異なるエスノ文化的背景を持つ複数の集団のなかから、ほとんどの場合、最大数を誇る集団をヘゲモニー集団として選び出し、「これこそ」が国民なのだと称揚すること。そして、その集団に国家機構ばかりかしばしば同時に経済的成功への手段をも特権的に与えること。これは、文化的な同質化を意味すると同時に、えてして文化的、場合によっては経済的な抑圧でもあった。一例をあげるなら、歴史的に多様な文化の併存したハンガリーでマジャール文化を特権的に国民文化としたことは、スロヴァキア人やその他の文化的民族集団の冷遇をまねくことになった。こうして法の前の平等の確立には、文化的不平等の強要と、権力構造における不平等な地位が前提となっていたのである。領邦国家では当たり前のように行われていた、もともと現地に暮らしていた、あるいは移住してきた民族集団の特殊な法的・文化的地位をめぐるやりとりは、国民国家の誕生とともに終わりを告げたのだ。ただし国民国家イデオロギーが価値を獲得しつつあったとはいえ、一八五〇年から一九一四年の期間にはまだ広範な移民の自由を見出すことができた。

二〇世紀のリベラルな福祉国家における移民枠組

第一次世界大戦は古典的な国民国家にとっても、帝国にとっても、越境的な移動可能性に関して長いこと維持されていた、一九世紀的な自由放任主義（レッセ・フェール）の終焉を意味した。あらたな移民枠組が構築されることになったのだが、その特徴は、国家による政治、社会、経済への広範かつ強力な介入にあった。ただしこうした政策は、すでに一八八〇年代以来多くの国々、なかでもドイツ帝国で顕著だった。二度にわたる世界大戦が終わるたびに数多くの新国民国家が誕生し、無数のあらたな境界が生成したが、それにより、少なからぬ域内移住が国境をこえた移民となった一方で、多くのトランスナショナルな移動は完全に禁止された。あらたな国民国家がいわゆる「異民族」を追放する場合、あるいは変更された境界の外で暮らしていてもいぜんとして自国民に帰属し続けるとされた人々に対して新国家への帰還を強いる場合、それは、ある種の難民製造機関へと変貌した。こうして二〇世紀前半のヨーロッパは世界最大の難民発生地域となる。二度の世界大戦の時代、権威主義体制は労働力需要をカバーすべく、男性にも女性にも移動を強制した。とりわけ第二次世界大戦期には大規模な強制労働システムがつくり上げられ、ナチ・ドイツにより移送された数百万の人間が殺されたのである。

とはいえ、二〇世紀の移民の歴史は、戦争と暴力の帰結、もしくはそれらの付随現象にのみ限定されるわけではない。福祉国家の登場があらたな移民モデルの展開に影響をおよぼした。第一次世界大戦以降——いくつかの国々、たとえばプロイセン・ドイツではそれよりも早い段階で——、労働市場、経済および社会の広範な領域に大規模な国家介入が行われるようになった。それにともない、国家の移民管理の範囲も広がっていった。福祉国家の介入は、社会的な平等の促進を通じて国民の忠誠を調達・強化することにより一種の統合作用を発揮した。しかし、他方でこの介入政策は、一般的には国籍を基準にして受け入れるに値する者を選別するようになった。こうしたナショナルな枠組のもとでは、移民の流入は、自国民の統合に努めていた福祉国家の恩恵を脅かしかねないと認識されたのである。

こうして両世界大戦間期には移民受け入れが制限され、特定分野の労働市場から外国人労働力の締め出しが行われたが、選別はそれだけにとどまらなかった。パスポートとビザ取得の義務は、一八六〇年前後にはほとんどのヨーロッパ諸国で廃止されていたのだが、移民の流入を管理し、労働許可の交付を規制し、難民受け入れを制限し、外国人を効率的に監視すべく再導入されることになる。その一方で、あらたな移民枠組には、外国人労働力の積極的なリクルートという特徴を見出すこともできる。ただしこれは、たとえば一九二〇年代のフランスやドイツでみられたように、国家機関と国家間協定を通じて行われた。ここでも前述のように、外国人への滞在許可の付与は限定的にすぎなかった。そのうえ国家は移民の長期滞在に対してますます厳格に対応するようになり、特定の移民集団の同化能力をますます疑問視するようになっていったのである。

一九五〇年代から六〇年代にかけて、この新しい移民枠組はさらなる変化をみせた。国際的な難民条約（一九五一年のジュネーヴ条約）や、移民先国家での強固な難民保護メカニズムの確立、また福祉国家的発想に埋め込まれた平等原則の広まりによって、難民の枠組に構造的な革新がもたらされた。しかし、外国からの移民に対して確固たる在留権や社会的権利を提供することは、国家が政策を通じた移民規制能力を大幅に失うという結果をまねいた――これが、「リベラル・パラドクス」（ジェームズ・ホリフィールド）[19]と呼ばれているものである。

一九五〇年代中頃から七〇年代の間には、「ガストアルバイター」[20]の流入によって特徴づけられるあらたな枠組が構築された。移民はポルトガルからトルコにまたがる南欧全域から流入した。西欧、中欧、北欧の受け入れ社会では、移民たちは社会保障システムには統合されていったが、政治システムにコミットする権利は得られなかった。それゆえこれらの移民は、受け入れ国の定住者というよりも、居住者と呼ぶほうがふさわしいだろう（「市民（citizen）」ではなく「居留民（denizen）」）。東欧の社会主義諸国は西側諸国の発展からは切り離されており、移民についても独自の状況を呈していた。唯一ユーゴスラヴィアだけが、多民族社会主義国家として西側諸国への労働目的の移民を許容していたのである。

「ガストアルバイター」の流入が、ある意味、第二次世界大戦以前のヨーロッパ内部での労働移民の継続、あるいは多様化として理解できるのに対して、かつての植民地からポルトガル、フランス、ベルギー、イギリス、オランダへの、一時的だが大規模な移民は新しい現象だった。こうした移民たちは――彼らの流入や統合に関する人種差別的な言説の存在にもかかわらず――、「ガストアルバイター」とは異なり、通常は、以前の宗主国の国籍を獲得したのである。

一九七〇年代に入ると、それまで西欧や中欧への亡命者を輩出した地域は、次第に東欧諸国から「第三世界」の国々へと移り変わっていった。難民を生み出す地域は当初ラテンアメリカだったが、その後、東地中海地域の諸社会、そしてアジアやアフリカの一部へと変わっていった。従来のヨーロッパ内部の送り出し地域はたしかに目立たなくなったが、それでも――一九九〇年代の南東欧、特に旧ユーゴスラヴィアのように――存在しなくなったわけではなかった。西欧、中欧、北欧を目指す亡命者の数が、一九七〇年代に入ってから増加し始めた要因は、一九七三年のオイルショック後に、それまでの移民募集国が移民の制限（募集停止）に踏み切ったことが大きかった。その後、西欧、中欧、北欧諸国は移民の流入を拒み続けたため、移民たちに残された可能性は、家族との合流か、厳格に運用されていた亡命・難民制度だけとなる。それに加えて世界的に拡大していた経済格差、ポスト・コロニアルな紛争の数々、そして、「第三世界」における軍事的・政治的紛争は、本質的には東西両システムの対立の産物でもあったのだが、潜在的に保護を求めて亡命する人々の数を増やす効果を発揮した。

とはいえ、経済的、軍事的、政治的に不安定なアフリカ、近東およびアジアの諸地域が生み出した難民たちのほとんどは、ヨーロッパに向かおうとはせず、それぞれの紛争地域にとどまった。ヨーロッパに向かった難民の大部分については、「後方連関」[▼21]という概念を用いて説明できるだろう。すなわち、ヨーロッパ諸大国による世界中の地域への経済的、軍事的、政治的介入が、移民をひきおこすか、あるいは彼らの目的地をヨーロッパへと変更させたのである。このような移動モデルについては多くの事例が存在する。たとえば、ベトナムやラテンアメリカからアメリカ合衆国への難民、フランス語を母語とするベトナム人および北・西アフリカ出身者のフランスへの難民、イングランドへと向かったアイルランド人やタミル人がそれにあたる。これに加えてもっと小規模な移動もあり、前記の国々では、多かれ少なかれ偶然に同郷者の共同体が形成された。その後こうした移動は、連鎖的な移民や移民ネットワークのダイナミズムを通じてかなり活発化する。ヨーロッパでの移民状況を第二次世界大戦の前後で比較してみるなら、西欧にやってきた移民たちの出身地域には著しい変化がみられたが、総体的には、移民につながる政治的・経済的背景や受け入れ社会での基本的な統合モデルは変わらなかったのである。

二〇世紀末におけるあらたな枠組の生成?

一九五〇年代以来、超国家的な制度（ＥＣ／ＥＵや国連等）は、ますます国内・国際政治への影響力を強めてきた。しかしこのことは、短期的にも中期的にも、移民管理と統合促進をめぐる国民国家のポテンシャルを奪い去りはしなかった。ＥＣ／ＥＵの枠組では、一九八〇年代に入って初めて統一的な移民政策を策定しようとする努力が払われるようになり、国民国家の権限がヨーロッパ委員会に移管された結果、根本的な転換がもたらされた。画期的だったのはシェンゲン協定である。この協定はＥＵ域内での移動を自由化した一方で、外部からの移民流入からこの地域を保護し、「要塞ヨーロッパ」の構築を試みたものだ。この転換に「鉄のカーテン」の開放と、西欧、中欧、北欧および南欧を目指す亡命者・難民の劇的な増加が重なったのである。こうした大規模な転換は、あるいは、あらたな移民枠組への移行期が訪れていることを示唆しているのかもしれない。

移住システム

移住システムとは、経験的に検証可能な、地理的および経済的基準によって定義された空間からの人々の移動のことである。彼らは絶えず流入する情報によりすでに周知となった目的地へと、比較的長い時間をかけて移動する。移住システムにはローカルなもの（農村から近隣都市への移住）から地域的なもの（「北海システム」）、もしくは大陸的規模や、場合によっては大陸間という規模（環大西洋経済圏での移動）まで実にさまざまな規模がありうる。移住システムに備わる規範、規制や法制度、さらには移動手段や移動類型をめぐる議論は、ある特定の期間における移民枠組の性格を規定する。その際、政治体制や経済発展の構造が重要な意義を持つのである。

移住システムは出身地域と目的地域の継続的な相互作用を通じて構築される。つまりこのシステムは、不均衡な経済あるいは社会発展の産物なのである。このことがもっともよく理解できる事例は、一六世紀から一七世紀初めにかけての三つのシステム、すなわちオスマン帝国、ヴェネツィア、イベリア半島・アメリカ間の移住システムだろう。一五二六～一六九九年にヨーロッパでの版図を最大にしたオスマン帝国では、その内部で、移住システムが構築された。一時期、オスマン帝国と競合していた商業帝国ヴェネツィアは、周辺地域から大量の人々を引き寄せ、自らの海洋・植民事業の推進を図った。一方、これとは性格を異にするシステムを有していたのが、スペインとポルトガルである。すなわち一六世紀に両国の外部、とりわけ王権が占有するアメリカの植民地に向かうようになったシステムである。これら三種のシステムはいずれも三十年戦争の影響を受けずにすんだ。この戦争を直接経験した地域では、最大で人口の三分の一が失われたため、一六四八年以降になるとヨーロッパ内部で大規模な再入植の動きがみられるようになった。

一七世紀になると、ヨーロッパではあらたに三つの移住システムがフランス・スペイン間、北海、およびバルト海に展開した。これら三つの地域システムは、男女の労働力および自立的な生産者に移動を促し、西に向かっては独立を果たし都市的な性格の強かったオランダへ、南に向かってはスペインへ、そして北東に向かってはポーランドとスウェーデンに送り込んだ。これらのシステムでは、生産と再生産の領域が互いに密接に絡み合うようになった。というのもよりよい労働機会は、何よりも婚姻にとってよりよい条件となったからである。経済的・政治的条件が変化したため、一七五〇年以降、西欧と南欧の都市を目指すもっと小規模なシステムが多数生成した。同時期にはオランダを中心とした北海システムも併存していた。加えて二つの新しい入植移住システムが、農村地帯に過剰人口を抱えていた中欧の諸地域をヨーロッパ南部およびロシア南部の入植地域と結びつけた。そこは、かつてオスマン帝国がハプスブルク帝国とツァーリの帝国に割譲した地域だった。

ナポレオン戦争が終わり、一八一四・一五年のウィーン会議によって王朝的な性格の色濃い統治体制が復活するとともに、移住システムは再び変容した。東へと向かう移動が減った一方で、環大西洋的な農村・農村間、および農村・都市間移民が増加し、一九世紀末頃になるとヨーロッパ・大西洋移住システムが構築されたのである。一九世紀後半の移動は主に以下の三種類に分けることができる。すなわち、①イギリス、フランス、オランダからアジア、アフリカ、カリブ海地域の植民地への移住。②主に労働者階級の北西ヨーロッパから北アメリカへの移住。そして③相対的に際立った特徴に乏しい、南欧もしくは南東欧から南アメリカへと向かった農民、手工業者、小商人および労働者の移住である。このヨーロッパ・大西洋移住システムは、一九一四～四五年の間に停滞した反面、戦争を引き金とする前記の目的地への難民が大量に生み出された。「ガストアルバイター」によるヨーロッパ内部の南北間労働移民システムがこれに取って代わったのは、一九五〇年代以降になってからのことである。

社会への適応

一九九〇年代になると移民の定住と適応の問題に対する学問的関心が高まった。そうした研究の大部分は個別の移民集団の歴史に注目した反面、異文化との接触による文化変容プロセスの包括的検討をなおざりにしてきた。さらに研究実践の面でいえば、あらゆる研究が移民の第一世代のみか、せいぜい第二世代までを対象としていた。これらの研究では、しばしば考察対象とされた集団の特異な性質（「他者性」）が強調され、とりわけ統合の失敗を示唆するような側面が前景化されるのに対して、長期にわたる漸進的・日常的な適応過程としての統合という捉え方は重視されてこなかった。その結果私たちは、同化プロセスの停滞ないしは同化プロセスによる疎外が明白な集団に関しては、比較的多くの知見を得ている。重要な例としては一六世紀以降のユダヤ移民に関する研究の蓄積をあげることができるだろう。この宗教的マイノリティへの関心は大きく、それゆえ個別のユダヤ移民集団を対象とした出版物の数は、ほかのすべての移民集団に関する出版物の総数とほとんど変わらないほどである。これらの研究では、通常、特にこの集団の「異質性」が現地住民との比較において強調される。ただし少数ながら、マイノリティとマジョリティの間の構造的類似性を検証したものもあり、こうした研究からは孤立したマイノリティ集団においてさえ進む同化傾向が明らかにされている。

エスニックな差異と統合をめぐる問題を重視するのは、なにも歴史学による移民研究にのみ限られているわけではない。社会科学もまた現代の移民を研究する際に同様の側面を焦点化する。このことは、「エスニシティ」と「ディアスポラ」がキーワードになってきたことからも明らかである。たしかにこれらの概念は受け入れ社会への適応状況を分析するにあたって無視できない重要性を持つのだが、そこには同時に落とし穴もある。当該の集団が硬直的に映り、偏見が固定化されてしまう一方で、緩慢かつ徐々に遂行される同化のプロセスが視野の外にこぼれ落ちてしまうのだ。移民と統合とは、政治的、経済的、社会的かつ文化的な、長期にわたる包括的プロセスの一部である――このように捉えることは、過去および現在の空間的な人の移動に関心を寄せる研究においていままで以上に重要になってきている。

移民の適応プロセスがすでに長いことヨーロッパ史の一部となっているのを考慮するなら、移住直後の統合の第一段階、ならびにエスニシティの側面にばかり関心が集中してきたのはなおさら意外に思われる。フランス国外のユグノー、イングランドやオランダのドイツ人、あるいはフランスに暮らすイタリア人やスペイン人などはごく一部の例にすぎないが、彼らはもはや独自の「エスニック」集団を形成することはない。そして、もしもナチの恐怖政治がなかったならば、遅くとも一八世紀に始まったヨーロッパのユダヤの同化プロセスは、とっくの昔に完結していたことだろう。二〇世紀にはポーランド、スロヴェニア、イタリア出身の炭鉱労働者が、ドイツ、ベルギー、フランスにおいて相互に比較可能な適応プロセスを経験することになった。第二次世界大戦後のヨーロッパにおける男女の移民たちは、受け入れ社会で暮らし始めて二、三世代を経たにすぎないが、彼らの間にもまた、似たような文化変容プロセスの第一段階を見て取ることができる。一九四〇～五〇年代にかけてヨーロッパを目指し、旧植民地からやってきた移民の子孫の多くは、近年、少なからず自らの祖先の文化に強い関心を抱くようになってはいるものの、一般的には同化したといっていいだろう。かつて南欧、南東欧からやってきた「ガストアルバイター」（イタリア人、スペイン人、ユーゴスラヴィア人、ギリシア人）の子どもや孫は、同じように近いうち完全に受け入れ社会の一部となるだろう。ただし直近の流入者たち、すなわちモロッコやトルコ、ヨーロッパ東部、中東部および南東部からの移住者に関しては、事情が異なる。そのなかには引揚者（アウスジードラー）や[22]、ヨーロッパの外から多様な背景を持ってやってくる庇護申請者も含まれる。

　世代をまたいだ同化プロセスを理解するためには以下の二つの先入観を避ける必要がある。①一枚岩の受け入れ社会に単線的で無条件の適応が行われる、とする発想。そして②移民集団には特異かつ不変の文化的・民俗的特徴が備わっておりこの点を注視しなければならない、とする発想である。後者の切り口は、一九二〇年代以降ロバート・エズラ・パーク[23]のもとでシカゴ学派社会学が展開してきた同化パラダイムへの反動として捉えられるだろう。パークと彼の同僚たちは、流入移民（この時代にアメリカ合衆国にやってきた人々の大部分は東欧、中欧、南欧、南東欧の出身だった）が腰を落ち着けた先で、単線的な同化プロセスを経験し、アメリカ社会の「るつぼ」のなかで次第に故郷の文化と伝統を喪失していくのを大前提とした。また、移民も受け入れ社会もともに静態的に捉える傾向があった。移民たちが自らの伝統、価値観、理想をすべて過去のものとするなら、受け入れ社会の均質性を維持し続けることが可能だというのである。シカゴ学派社会学は、ほとんどの移民たちが原始的な農村社会からやってくると考えており、その集団主義は賞賛すべきアメリカの個人主義にとって障害以外の何物でもないと考えたのだ。パークによれば、同化プロセスでは流入移民たち自身がイニシアティヴを発揮すべきであると同時に、彼らの「過去の思い出は消去」されるべきだった。パークがこのような主張を掲げたのは、彼らの文化や伝統がアメリカ的民主主義にそぐわないと考えたからだが、これに対して彼の同僚たちは、とりわけ移民の第一世代にとっては出身地の言語と伝統を保持し、自助組織のネットワークを構築することは受け入れ国での新しい生活基盤の確立をむしろ後押しする、と認識していた。

二〇世紀の間にシカゴ学派の同化理論はよりきめ細かく、多彩なニュアンスに富むパラダイムに取って代わられていったが、それらを要約するなら次のようになるだろう。すなわち、ほとんどの流入移民たちはあらたな価値観や慣習をけっして無条件で受け入れるわけではない。むしろ彼らはエスニックな機関や制度のネットワークを張りめぐらせ、積極的に文化変容のプロセスを構築し、受け入れ側の住民たちについて独自のイメージをつくり出す。そして自らを排除や故郷喪失のプロセスの犠牲者としてみなすことはまずない。そうではなくて、移民とその子どもたちは多様なアイデンティティを組み合わせ、状況に応じて使い分けていくのである。もちろん到着したばかりの人々は少なからず自身を移民マイノリティやエスニック・マイノリティとして捉えるのではあるが、それと同時に、受け入れ社会の一部だと感じる場合もある。なぜならいずれかのジェンダー、階級、宗教共同体、もしくは政治的党派への帰属を通じて、その土地の住民と多かれ少なかれ密接に結びつくからだ。

このようなきめ細かな視座は、「エスニシティ」と「象徴的エスニシティ」との区別にも反映されている。「エスニシティ」という概念は、民族的出自を同じくする者どうしの結婚、居住空間の隔離、独自のアソシエーション体系の確立、そして移民たちの特殊な需要を満たすための固有の経済的事業といったある集団の自己中心性を含意する。これは、大勢の移民第一世代および一部の第二世代に観察されうる事態である。これに対して「象徴的エスニシティ」という概念は、もっと後の世代の特徴を捉えており、彼らが祖先の移民と統合の歴史を意識的に強調する一方で、そのような再認識がもっぱら民俗的な側面に限られ、結婚のありかたも含めた日常生活や社会的行為に関しては広範な同化傾向が支配的であることを示唆している。

ただし、現実に経験されたエスニシティと象徴的エスニシティとの区別もまた、さまざまな点で同化プロセスの単線的な進行を前提にしている。実際には明らかな同化の兆候があったにもかかわらず、第二世代において初めて特定の集団への帰属を強調し、受け入れ社会からの隔離傾向を示す移民たちの例が存在する。受け入れ社会における諸条件の悪化――差別の増加から追放にいたるまで――がその背景となりうる。周知の事例としては一九世紀の反セム主義[24]やナチの追放・絶滅政策などがあるが、これらの政策はユダヤの間に対抗的な集団形成の高まりをもたらした。あるいは、ナショナリズムを要因とする出身国の影響力増大も、両世界大戦間期のポーランド人炭鉱労働者や一九五〇年代のモロッコ人、トルコ人移民の場合にみられたように、適応プロセスに影響をおよぼすのである。

要するに、同化または文化変容によって必ずしも移民というプロセスが完結するわけではないのである。有名な例の一つは、数百年にわたって受け入れ諸国にレッテルを貼られ、さまざまな規制により締め出され、隔離され続けた集団、シンティとロマ（「ジプシー」）だろう。同様に、移民たちの労働市場へのアクセスを制限することもエスニシティにそった隔離を後押しする。そして最後に、短期的な滞在を計画していた移民たちの場合は、短期的であるがゆえになおのこと出身地域との結びつきが維持され、それだけ強固な隔離傾向を示すのである。これは自ら選択した孤立化の事例といえるだろう。たとえば、すき間産業の自営業者――アイスクリームを販売するイタリア人や中国人のレストラン経営者など――や行商人にそうした例を見出すことができる。ある集団が数世代にわたって隔離されたまま過ごしてきた場合、彼らは「逗留メンタリティ（sojourner mentality)」、すなわち暫定的生活の感覚を長期にわたって持ち続ける可能性があるのだ。

受け入れ社会を一枚岩と捉えるシカゴ学派の発想も同じように批判の対象となっている。というのも、国家の構造や労働組合、教会、政党といった社会集団や組織はそれ自体すでに多様であり、移民という行為にも、移民する人々に対しても、それぞれ異なった反応をみせる。国民国家はあらゆる均質性からほど遠く多様なのだ。シカゴ学派の前述のような発想に対する批判は多面的かつ広範にわたるが、とはいえ同化や文化変容という概念そのものはいぜんとして有効である。このことをもっともよく示しているのが、同化をプロセスとして捉える長期的視座に立ち、複数世代を対象とする移民研究の認識だろう。それによると同化とは両面的な社会的プロセスである。このプロセスのなかである移民集団は受け入れ社会の重要な特徴、とりわけ言語を受け入れる。そして集団の成員たちは自集団の外部で結婚し(族外結婚)、外に向かって社会的接触を展開していく(統合)。こうして生成するのは社会的下層の地位を共有する均質な人々の集団ではない。いま述べたような過程を通じて、移民の子孫たちは自らを異質な存在と受け止めることなく、また受け入れ社会の側からそのように捉えられることもなくなっていく。たしかに移民たちの間で保持され続ける特殊な文化的伝統や漠然とした民族的出自の感覚といったものもありはするが、これらが第一世代の経験した経済的な劣位というかたちで構造的かつ徹底的に突きつけられることはない。

適応のプロセスは移民のみならず受け入れ社会にも変化を迫る――ただしその変化は、既存の権力構造やそこにもともと住んでいる住民が多数派であるといった事情により、移民集団と比較すれば小規模にとどまる。受け入れ社会の変化のプロセスはもっぱらきわめて緩慢に進行し、さらに新しくもたらされた要素はほとんど目立たないために、在来の住民たちはそうした変化の要因が少なからず外国に由来することを意識しない。こうして自らのナショナルな文化の均質性という神話が、あたかも不変であり続けるかのようにみえてしまうのだ。このことは言語にとどまらず、経済的ならびに文化的な影響全般に当てはまる。

以上のような適応プロセスの捉え方は「エスニック化」という概念で括ることができる。これは、受け入れ社会の伝統や生活習慣と、移民集団の社会・文化モデルとの相互作用をよりよく理解するための概念である。この相互作用のプロセスは移民が定住する地域の環境次第で著しく異なる。小都市への適応プロセスは大都市へのそれと同じではないし、サービス業がさかんな都市への適応は、中間層向けの消費財産業がさかんな都市、もしくは重工業に特化した都市へのそれとは異なる。もちろん、いずれの場合にも移民たちが持ち込む「文化の手荷物」の影響力は顕著だが、受け入れ社会への適応の性格は経済的、社会的、政治的、文化的な基本条件によって変わる。さらに「エスニック化」のモデルは、適応の行われる（経済的、政治的、社会的、宗教的な）位相によっても異なるうえに、およそ事例ごとに進行のテンポも違う非均質的なものである。加えてさまざまな移民枠組間、もしくは国家間の比較が示唆しているように、「エスニック化」の条件はローカルなレベルばかりかナショナルなレベルでも異なってくるのである。

同化のモデルが拡張、修正されるなかでさまざまな概念が取り入れられてきた。それらは複数の世代をまたいだプロセスの特定の側面や段階を記述するために利用されるもので、接近、適合、順応、調節、編入、文化変容などが含まれる。こうした概念を用いることで、世代間の差異、労働や居住といった領域での差異、さらにはエスニシティ間の結婚や交友関係のような人間関係の差異に加え、受け入れ社会側の経済的、社会的、イデオロギー的、文化的な基本条件に由来する差異が明らかにされた。ほとんどの移民たちが長期的な視野を持って適応していくが、ただしこの過程は不可避的に生じるわけではなく、一方ではある社会の受け入れ用意の程度と、他方ではその社会構造とに左右される。特に問題となるのは、いかなるカテゴリー（階級、性、宗教、エスニシティ）にそって人々――移民であるかどうかにかかわらず――の差異が構築されていくのかという点だ。適応プロセスがどのように進むのか、そして既存の同化モデルにどこまで当てはめうるのかは、すでに述べたように、その都度支配的な移民枠組に左右される。

近代初期の西欧では出身地やエスニシティよりも、宗教、階級および性別のほうがある人間の社会的立場にとって決定的に重要であった。信仰を共有する者たちの統合は、それゆえ、ユダヤのような異教徒の統合に比べてはるかに迅速に進んだ。ただし長期的にみれば、階級や性別は宗教よりも重要だったといえるだろう。というのも支配的な社会集団への適応は、階級と性別にもとづいて行われたからだ。他方、出身地も重要でないわけではなかったがあくまで一時的な問題だった。ローカルな構造への移住者の受け入れと権利の付与には時間がかかったが、暗黙の了解として実践されていた、「出生地主義」（ある国の領域内に生まれたことを根拠に市民権が得られること）により、通常、第二世代ともなれば——階級と性別次第ではあるが——ほかの現地住民と変わらない公平な機会を得られ、同じ制約を受けるようになったのである。

これに対してオスマン帝国領以外の東欧社会では、階級（非自由民に対する自由民）もしくは土地所有と、エスニシティ・言語にそったはるかに強力な区別が存在した。特にハプスブルク帝国ではドイツ語を話すエリートとスラブ語を話すマジョリティとの間の差異が顕著であり、都市ではこの区分は空間的な隔離としてもあらわれていた。さらに程度の差はあれ、受け入れ社会の文化が閉鎖的ではなかったことから、そこでは「適応」は同一空間に併存する、まったく異なった複数の文化に向けて実践されることになった。オスマン帝国のミレット制はこれとは異なり、宗教的帰属にそって構造化されていた。この制度のもとでは各宗教集団がある程度まで独自の規則を打ち立て、独自の制度的構造をつくり出していくことができたのである。

一九世紀に入って国民国家群が生成し、南東欧でオスマン帝国領が縮小するにつれ、（いわゆる）出自と国民的帰属とが重きをなすようになった。ハプスブルクの広大な帝国でも、諸文化の混交するプロイセン東部諸州でも、そしてツァーリの帝国の西部地域でも、同一の出自、言語および領域の共有によってほかと区別され、精確に定義可能な「民族／国民（Volk）」に属している、という観念が広がっていったのである。相異なる複数の集団を、多かれ少なかれ相互にはっきりと境界づけようとしたこの「国民（ネーション）」意識は、多くの場合ナショナリズムという発想へと展開し、人種主義的要素をも包含し始めるようになった。こうして生成した空間では、帝国による支配とさまざまな「国民性（ナショナリティ）」との対立は無数の武力紛争の背景となり、第一次世界大戦の勃発と一九一八年以降の国家創設へとつながることになった。

すでに「長い一九世紀」末の西欧では、外国からの「他者」の移住と適応はますます人種主義とナショナリズムにまつわる言葉で語られるようになっていた。君主制国家による自由放任（レッセ・フェール）政策のもとでは、外国からやってきた移民の受け入れと統合のための法的な障害などといったものはほぼ存在しなかった。国籍は相変わらず臣民身分以上の何かを意味することなどなかった。異質な文化の人間を自らのネーションから締め出そうする傾向は当初それほど目立つものではなかった。とはいえドイツとフランスでは、広範な世論を巻き込みつつ、国籍法のあらたな方針と、「出生地主義」か「血統主義」かという基本的な方向性の問題が国会で議論されていた。しかしこの時点ではまだ、移民たちの日常生活にあらたな規定がおよぼす影響はきわめて限られていた。

状況が変わり始めたのは、すでに述べたように、第一次世界大戦がきっかけだった。この戦争の結果、国民と移住者との間に従来よりもはるかに鮮明な境界線が引き直されたのだ。こうして移民は厳しく規制され、厳格な管理の対象となったばかりか、移住者たちの「同化能力」に対する国家の関心が高まることになった。このことは、一八八〇年代以降「ルール・ポーランド人」[25]に対して実施されたプロイセンの政策に見て取れるように、エスノ文化的「マイノリティ」の要求する自己決定権への懸念が背景にあったといえるだろう。ただしこうした関心や介入の背景に、移民集団のなかには文化的に過度に異質で遅れており、それが「人種的」無能性の結果であるとする理解があった可能性も否めない。あらたな排他的思考においては同化など不可能以外の何ものでもなかった。植民地出身の肌の色が異なる移民たち、「ジプシー」、中国人もしくはユダヤの移住者は、これ以降、多くの国々で問題視されるようになる。

さらにヨーロッパ内部の移民、もしくは国家領域外への入植の場合、出身地の国家は他国に暮らす「わが国」の移民の問題について主に移民団体を通じて介入し始めた。有名な例としてはドイツ帝国の試みをあげることができるだろう。ドイツ帝国は「祖国を離れたドイツ民族」を組織し、活発に活動させるべく、特に現地のドイツ語学校の手を借りたり、「在外ドイツ人」の協会や政党への――こうした組織がナショナリズムに満ちたプログラムを掲げている限りで――（秘密の）財政支援を行った。両世界大戦間期にはポーランドとイタリアも両国からフランス、ドイツに向かった大勢の移住者と少数ながらベルギーとオランダに移り住んだ者たちに対して、このようなかたちでの影響力行使を試みていた。こうしてみると、今日、たとえばトルコやモロッコが行っている国外の同胞マイノリティ向け政策は、しばしば主張されているほど目新しいものではないのである。

東欧、中東欧、南欧では、第一次世界大戦後の政治状況は異なる様相を呈していた。旧帝国の解体は新しい巨大権力ソヴィエト連邦と、一群の国民国家の生成をもたらした。「ソヴィエト人」というプロパガンダが流布していたものの、ロシアには多様な言語、民族、宗教が存在しており、

「ナショナリティの問題」はけっして解決済みではなかった。こうして「ナショナリティ」は、ボリシェヴィキとその妥協を知らない代弁者スターリンにとって内政の中心的課題となった。ソヴィエト社会主義共和国連邦は階級なき社会という自己理解を提示したものの、ツァーリの帝国ですでに一般的となっていたエスニシティにもとづく分類システムと類似のものがあらたな社会にも引き継がれ、強化された。このような方法により貴重な文化的相違を保護することができると主張されたのである。その結果、数百万――おそらくは数千万――にのぼる人々のナショナリティが、国家にとって脅威とみなされ、ソ連邦内部での強制移送の対象とされ、場合によっては死に追いやられた。（ユダヤも含む）「ナショナリティ」というカテゴリーの持つ意義は、現在でもソヴィエト社会主義共和国連邦の後継国家のパスポートをみれば一目瞭然だろう。そこにはパスポート所有者の国籍だけでなく、ナショナリティも明記されているのだ。ほかの東欧国家でも、（「人種的」および民族的ステレオタイプと混同された）ナショナリティはいぜんとして重要視されるのが一般的であり、一九九〇年代の南東欧でのナショナル・マイノリティをめぐる紛争（たとえばルーマニアのハンガリー人やその逆の場合）でも強調されたのである。

最後に、二一世紀初頭の段階であらたな移民枠組が立ちあらわれつつあるのか否か、これが移民たちの適応過程にあらたな動向をもたらすのか、という問いに手短に答えておきたい。多くの研究者は、国民国家がその力を弱めているがゆえに、移民には世代をまたいで維持されるような、トランスナショナルな出自共同体をつくり出す余地が生まれるだろうと主張している。また、特に二〇世紀後半の交通とコミュニケーションの革命（飛行機やインターネットなど）が他国に暮らしながらも文化的背景を共有する移民や、移民元の社会に暮らす人々のやりとりの可能性を大幅に押し広げたことの重要性が指摘されている。その結果、従来かなり単線的に描かれてきた同化モデルも、昨今の重層的な適応モデルも、有効性を失うだろうといわれている。これら北米の事例にもとづいて構築されたモデルが、近い将来のヨーロッパにとって現実的なシナリオであり続けるかどうかは断言できない。しかし、西欧で生活するポストコロニアルな移民、および「ガストアルバイター」の第二、第三世代をみる限り、昨今少なからぬ国々で広がりをみせている排外主義にもかかわらず、多種多様な領域で、はっきりと、力強い統合化傾向を確認しうる。

▼註

▼1　「離散」を意味する語で、元来はバビロン捕囚後のユダヤが故郷パレスチナ以外の各地に散らばった状況を指したが、現在ではより広く特定の人間集団の離散状態について用いられている。

▼2　アフリカ大陸のサハラ砂漠以南の地域。

▼3　バントゥー語系諸民族は、およそカメルーン、コンゴ民主共和国、ウガンダ、ケニア以南に広く分布する言語集団で、スワヒリ語やズールー語など六〇〇以上の言語を含む。

▼4　本章七二頁およびドイツの章（第1章）一一九頁を参照。

▼5　一六世紀ネーデルラントで、メノー・シモンズが創設したプロテスタントの一宗派。徹底した無抵抗主義が教

義の特徴。

▼6 中世ドイツ語からヘブライ語やスラブ語などの影響を受けつつ派生した言語。東欧、中欧のユダヤが日常生活、文学・教育に用いた。表記にはヘブライ文字を使用する。

▼7 現フランス・ブルターニュ地方のケルト系民族。

▼8 協定に加盟するヨーロッパ諸国間での自由な国境越えを認める協定。

▼9 複数の選択肢のうち、次善の選択肢から得られる効用を最善の選択肢に対する機会費用と呼ぶ。たとえば、国外への移民か国内での出稼ぎかという選択を迫られ移民を選んだ場合、出稼ぎから得られたはずの効用が機会費用である。

▼10 ツヴィングリの教義をさらに急進化させたプロテスタントの一宗派。幼児洗礼を否定し、信仰告白を行った者にのみ洗礼を施した。国家権力の干渉に否定的だったため、宗教改革期にはカトリックのみならずプロテスタントからも弾圧された。

▼11 ドイツの章一一一頁を参照。

▼12 地中海および大西洋のこと。

▼13 ヨーロッパでも特に経済発展の顕著だった地域のこと。イングランド北西部からロンドン、アムステルダム、ルール工業地帯、ストラスブールなどを通り、北イタリアまでを含む。

▼14 ドイツの章一〇七頁を参照。

▼15 農民の人格的隷属に依拠した中世以来の領主制の一類型。隷属農民は賦役労働を義務づけられ、移住を制限されていた。

▼16 農奴制を逃れてロシアの東南辺境に移住した農民。

▼17 スルタンへの貢納と引き換えに、非ムスリム系の宗教・宗派集団に対しても法的自治を認めた制度。オスマン帝国の宗教的多様性を生み出す基盤となった。

▼18 門閥市民と結んだオランダ総督ウィレム五世に対して、中央集権化と民主化を求めた愛国党（パトリオッテン）が革命的情勢をつ

くり出したが、プロイセンの派兵により弾圧された。このとき愛国党員がフランスに亡命したことを指す。

▼19 アメリカ・サザンメソジスト大学の移民研究者。

▼20 ドイツの章一三八頁を参照。

▼21 ある産業の生産量変化が、関連産業の派生需要を生み出すという連関効果を説明するための経済学用語。

▼22 Aussiedler. ドイツ出身者でドイツ国外から再びドイツへ移住した人々。

▼23 アメリカ・シカゴ大学の都市社会学者。

▼24 広義の反ユダヤ主義のなかでも特に、一九世紀以降の優生学や人種衛生学に依拠した人種論的な反ユダヤ主義思想のこと。

▼25 ドイツの章一一九頁を参照。

訳者解説

ドイツ語圏における移民史研究の歴史

東風谷太一

二〇〇二年にオスナブリュック大学の「移民・異文化学研究所（ＩＭＩＳ：Institut für Migrationsforschung und Interkulturelle Studien）」が設立一〇周年を記念して論集を刊行している。[1] その序文を執筆したＫ・バーデは、「移動の歴史は人類の歴史と同じだけの長さを持つ」として、私たちホモ・サピエンスが移動を繰り返しつつ「世界中に散らばった」動物、すなわち「ホモ・ミグランツ（Homo migrants）」にほかならないと指摘している。

バーデのいうとおり、私たちは、文字資料はおろか言語を獲得する以前から、地上ばかりか時に凍てついた海の上をもわたって地球上のさまざまな地域に生活の拠点を広げてきた。現在でも、就学や就職、ビジネスや療養、結婚や引退など人生のさまざまな局面において、何らかのかたちで生活拠点の移動を経験したことがある、というのはごく当たり前の経験に属するだろう。言葉を換えるなら、人類の歴史から任意にどの部分を切り取ってみても、そこに「移住」や「移民」というプロセスを見出すことは可能だろう。

その一方でバーデは、これほど普遍的といっていい人間の営為について、「歴史的視点からする研究」はことドイツ語圏に関してはかなり「若い」学問領域だとも述べている。移民について、おそらくドイツ語圏で最初の専門的研究機関であるIMISの設立が一九九一年だという事実は、バーデの指摘を端的に裏づけてくれる。[2] とはいえバーデ自身も補足しているように、実際には、移民あるいは移動する人々を対象とした学問の系譜はもう少し前の時代、一八世紀にまでさかのぼることができる。

一八世紀に大量現象としての移動する人々に興味を示したのは、いわゆる啓蒙絶対主義の統治術を理論的に支えた官房学[3]や国家学だった。むろん背景には、「人口」への関心がある。移民(史)研究は人口の学として出発したのだ。

その後「移民の世紀」と呼ばれる一九世紀に旧大陸から新大陸への移動が活発化すると、人口動態への関心は移動、労働市場というテーマと結びつき、とりわけ第二帝政下で社会政策学会などの著名な研究組織によって積極的に研究が進められた。すでに序章でも言及があり、この後の各章でも詳しくみていくように、一八八〇年から一八九三年の間に総計一八〇万人、多い年には約二〇万人がドイツ帝国を後にした一方で、第一次世界大戦前夜のドイツはロシア領ポーランド、イタリア、オランダなどからやってきた一二〇万人の「外国人移動労働者」を抱え(対人口比一・

八パーセント。二〇一九年日本では二・三パーセント）、アメリカ合衆国に次ぐ「移民国家」でもあった。人口と国力を同一視しつつ、国民（ネーション）への帰属を雇用や社会保障のみならず安全保障と結びつけて捉える近代国民国家にとって、こうした移民の「管理」は避けて通れない問題だった。つまり、人口学を起点とする「移民史研究」という営みは、近代国民国家という特殊ヨーロッパ的な制度の要請にこたえるかたちで、国民（ネーション）の物語の語り手だった歴史学と人口管理という生政治的関心が交錯する地点にその権威を確立したといえるだろう。

ヴァイマル期に入ると、人口学／移民（史）研究は方法と課題のそれぞれにおいて新たな局面を迎える。前者に関しては、第一次世界大戦後の混乱期に刷新を余儀なくされた労働市場政策を背景に、急速に深化した労働市場研究から刺激を受けた。後者に関しては、出生率の低下が深刻な問題として意識されるようになる。出生率低下は「若者なき民族」にとっての「死活問題」と位置づけられ、すでに一九世紀の時点で人口学と深く切り結んでいた社会ダーウィニズム、生物学および人種衛生学の影響が前景化していく。これ以降ドイツ語圏の人口学／移民（史）研究は、「血と土」のイデオロギーに支えられたナチ・ドイツによる「生存圏」のプロパガンダに人的かつ制度的な貢献を果たすことになる。ここに、学史上の断絶が準備されたのである。

なるほどナチへの協力を拒んだ人口学／移民（史）研究者がいたのも事実だが、亡命を通じて生き延びた者たちはほかの学問領域とは異なり戦後も帰国を望まなかった。ナチへの協力という負の遺産と人的な断絶を抱えたうえに、さらに移民（史）研究は、戦後旧西ドイツで主流だった政治史からも、旧東ドイツで採用されたマルクス主義的な経済決定論からも「重箱の隅」とみなされるという事情を背負い込むことになる。こうして一九六〇年代にはスカンディナヴィアやアメリカの社会科学が統計学的な手法を含む移民（史）研究の刷新を図るなかで、ドイツ語圏の移民（史）研究は、「無人の荒野」となったのである。

さて、D・ヘルダーを筆頭にバーデやJ・オルトマーらがこの「無人の荒野」に本格的に足を踏み入れるようになったのは一九八〇年代のことである。背景には、ナチ期との時間的な距離が生まれると同時にナチ・ドイツと戦争責任に関して公共の議論が積み重ねられてきたこと、歴史学の内部では社会史、ジェンダー史、日常史、文化史といった新たな潮流が研究の地平を押し広げたこと、そしてドイツ語圏の社会が、本書でも重ねて言及されることになるガストアルバイターの受け入れと定住に象徴される実質的な「移民受け入れ社会」へと移行したことなどがあげられる。

再出発した移民（史）研究は、初発の段階からその土台であった人口動態、移動、労働市場研究を引き継ぎつつも、一九九〇年代に脚光を浴びるようになったディアスポラ研究や主に社会学にけん引されたトランスナショナルな移民ネットワークとアイデンティティ構築の研究に影響を受けた。その結果研究手法の面でも、対象となる時空間スケールの面でも、領域横断性を強く意識したものとなる。

これは、かつて「人種」の境界線確定を担った学問から、物理的、社会文化的、政治的、経済的、法的に境界領域を生きる人々の声なき声を可視化するための、それ自身境界領域的な学問への転換の要請だった。また、冷戦終結後に急速な深化をみせるグローバル化への対応という現実からの要請も無視できない要因である。

以上のような問題意識のもといち早く移民史研究に取り組んできたバーデは、二〇〇二年の論集のなかで三つの課題をあげている。①研究対象の空間的枠組の拡張と分析概念の精緻化。②移民に対して公的機関や同時代の観察者が付与する他者規定と、移民自身によるときに戦略的、ときにナイーブな自己規定をどのように選り分け、記述すべきか。③西洋社会をモデルにした分析枠組を相対化すること、である。

①の課題は③と密接に関わる。一九九〇年代以降、EUの創設や新自由主義的な経済政策により、西欧・中欧では「脱国民化（De-Natinonalisierung）」が進行した。こうした地域を対象に構築された分析モデルは、しかし、同時期に「国民化」や「再国民化（Re-Nationalisierung）」が顕著だった地域（旧ソ連邦から独立したばかりの東欧諸国など）、「エスノ・ナショナリズム」の昂進した地域（旧ユーゴスラヴィアや東ティモールなど）、そして「失敗国家」と呼ばれた地域（スーダン、ソマリア、アフガニスタンなど）にはそのまま適用できない。さらに、そもそも人類に普遍的な現象としての「移民」研究が、西欧・中欧にのみ限定されるべきではないというバーデの指摘は自明ですらある。

また②で言及された他者規定と自己規定の絡まり合い、つまり移民・難民のアイデンティティは、資料と記述それぞれの次元で移民（史）研究にとってもっとも重要かつ解決の難しい問題の一つといえるだろう。すでに序章でも歴史的な資料が「しばしば匿名か集団的な統計資料に限られてしまう」（五四頁）点が指摘されていた。こうした限界を乗りこえる資料としては、公的ないしは学術的な聞き取り調査や日記、手紙、自伝といった「エゴ・ドキュメント」を指摘しうる。移民・難民のアイデンティティを読み解くにあたって、これらの資料は貴重な情報源となりうるだろう。

ただし、そこで語られる「自己」をめぐる語りを無批判に「事実」として扱うことができないのはいうまでもない。たとえば聞き取り調査で語られた移民・難民の「自己」は、受け入れ国・地域による「他者規定」――言語、信仰、生活習慣などが受け入れ国・地域のマジョリティにとって異質すぎる（ようにみえる）ため、相互理解を通じた「統合」は不可能であり、えてして雇用や治安の不安定化要因となる――を意図的に回避しようとした結果を映し出しているものかもしれない。とはいえその一方で、他者規定のレッテルをはがしてみれば、そこには不変で一貫した移民・難民の「自己規定」がみえてくるとの想定にもまた無理がある。両者は相互に影響をおよぼしあう一つのプロセスであり、またそこで不断に生成するアイデンティティは変化することもあれば維持されることもある。

こうして資料の次元では、誰がいかなる意図のもとで作成したのかという意味での批判的な「選り分け」が要請される一方で、記述の次元では、明確には分離しえない「他者規定」と「自己規定」との相互作用のダイナミクスの分析が求められるだろう。さらに移民・難民が国境や地域をこえる以前の生活と完全に断絶するのはむしろまれなのだから、移民・難民のアイデンティティの記述には、移民元の社会での階層性やジェンダー規範の影響の刻印というトランスナショナルな視点も必要となってくる。

以上のような課題を克服するべく、バーデは、①移動を「社会的プロセス」として捉え、量と様態および構造の観点から調査する。②そのうえでそれらを信仰、社会階層、ジェンダーといった統合および同化プロセスの差異を生み出す諸要因にそって可能な限り分類する。③こうして明らかにされた移動の行動様式を、送り出し地域と受け入れ地域双方の人口史、経済史、社会史、文化史に位置づけることを提案している。

二〇〇二年の論集への寄稿論文が、中世から二〇世紀末までの環大西洋世界を対象に、法、宗教、奴隷貿易、戦争といった多様な視点から「ホモ・ミグランツ」の歴史を論じていることには、バーデの指摘した課題をこの時期の移民史研究者たちが共有していたことが見て取れる。さらにこうした問題意識と分析対象・方法論は、本書の原著『ヨーロッパの移民』をも貫いていることは明らかである。

ところで、原著が出版されたのは二〇〇七年のことだが、この時点で本書「序章」の筆者たちは、移民・難民の歴史を振り返りつつ、西欧に暮らす彼ら・彼女らと受け入れ社会の双方の歩み寄りが進み、「昨今少なからぬ国々で広がりをみせている排外主義にもかかわらず、多種多様な領域で、はっきりと、力強い統合化傾向」を示している、とやや楽観的な評価を下している。しかし、二〇二一年初頭から振り返ってみれば、この間、移民・難民をめぐる環境はドラスティックに変化したようにみえる。

二〇一五年の「欧州移民（難民）危機」に際して、ドイツ・オーストリア国境では出入国管理が一時的に復活し、ハンガリー・セルビア国境でフェンスや鉄条網が敷設されたことは、「要塞ヨーロッパ」の内部にも依然として国境という名の境界線が残っていることを浮かび上がらせ、移民・難民問題の難しさをあらためて突きつけた。ドイツ語圏では移民・定住の許可はますます高度な専門知識や職業技能を持つ者に限定されるようになり、難民認定の基準も厳しくなる傾向をみせている。そしていま、世界中がポスト・コロナ社会という未知の領域に足を踏み入れつつある。

移民史研究は、今後新たな社会的現実のもたらす課題に直面し、おそらく従来の概念や研究視座の再検討を迫られることになるだろう。だが、ポスト・コロナ社会を生きる私たちは、これまでの移民史研究が境界線のありかたを見つめ直し、境界領域に生きる他者への想像力を育む重要性を再確認させるとともに、その際、批判的な歴史記述という視点が有効であることを身をもって示してきたのを忘れてはならないだろう。

▼註

▼1 K. Bade/ J. Oltmer/ H.-J. Wenzel (Hrsg.), Migration in der europäischen Geschichte seit dem späten Mittelalter, Themenheft des Instituts für Migrationsforschung und Interkulturelle Studien der Universität Osnabrück, Nr. 20, Osnabrück 2002. これ以降の記述は、もっぱら同論集に依拠している。

▼2 人文社会科学領域を幅広く見渡すなら、現代ドイツ語圏（紙幅の都合上ここではルクセンブルクとリヒテンシュタインは除く）で移民研究をいち早く推進してきたのはスイスだろう。チューリヒ大学の社会学者H－J・ホフマン＝ノヴォトニー（故人）がすでに一九六〇年代末の段階で「外国人労働者社会学」と称して移民研究に着手し、一九七八年以降は国際社会学会内に設置された移民研究委員会の委員長を務めている。一九八〇年代末には連邦政府の委託により、同じくチューリヒ大学の政治学者U・クレティが難民受け入れに関するスイス国民の意識調査を行っている。一九九五年にはヌシャテル大学に「スイス移民・人口研究フォーラム（Swiss Forum for Migration and Population）」が設立され、現在はベルン大学の社会人類学研究所が移民研究を重点課題に掲げるなど専門的な研究機関は増えている。オーストリアでは一九九〇年代半ばにウィーンの「オーストリア科学アカデミー都市・地域研究所（Das Institut für Stadt- und Regionalforschung der Österreichischen Akademie für Wissenschaften）」が移民を研究テーマに取り上げた。現在はドナウ大学クレムスの「移民、統合、治安研究センター（Das Zentrum für Migration, Integration und Sicherheit）」やザルツブルク大学の「移民・移動研究グループ（Studiengruppe Migration und Mobilität der Paris-Lodron-Universität Salzburg）」を中心に精力的な研究が進められている。ドイツではブレーメン大学のD・ヘルダーにより「労働移民研究プロジェクト」が組織されたのが一九八〇年のことである。一九九一年のIMIS設立後は一九九三年にバンベルク大学の「移民研究のためのヨーロッパフォーラム（Europäisches Forum für Migrationsstudien）」、一九九六年にロシュトクの「マックスプランク人口研究所（Max-Planck-Institut für demographische Forschung）」など移民研究の拠点が数多く設置され、現在はベルリン、トリア、ボンなどにも移民研

究の専門機関が存在する。なお二〇〇四年にはEUによる資金援助のもとでヨーロッパ規模での学際的な移民研究ネットワーク「ヨーロッパにおける国際移民、統合および社会的紐帯（IMISCOE：International Migration, Integration and Social Cohesion in Europe)」が組織された。現時点でこのネットワークにはヨーロッパ全域から五九の研究機関が参加している。

▼3 Kameralistik の訳語で国庫学とも。行政学、財政学、経済理論など多岐にわたる領域を包括した統治論の体系である。

I

ドイツ
流動的な境界と移動する人々

Deutschland

第1章　ドイツにおける移民の歴史

クラウス・J・バーデ／ヨッヘン・オルトマー
増谷英樹／前田直子 訳

近代初期以降のドイツ語圏の移民の問題は、平和的な越境運動ないし間文化的運動だけにとどまらない。それは同時に、攻撃的な越境、国境をこえた逃亡、さらには国境内での、あるいは第二次世界大戦時の、ドイツ国境の暴力的拡大によるヨーロッパ諸地域からのマイノリティの追放を内包している。ドイツの歴史においては、人間が国境をこえて動いただけではなく、国境が人間をこえて動いたし、マイノリティがマジョリティになり、マジョリティがマイノリティになったり、国民が自らの国で「外国人」になったりした。

現代における日常的な短距離の移住をさしあたり除くとして、近代初期から二一世紀初めまでのドイツへの、あるいはドイツからのさまざまな移民現象を概観してみると、そこには一〇〇年単位のはっきりした趨勢が見出される。例をあげるなら、特に近代初期の宗派難民ないし信仰上の理由にもとづく被追放民の受け入れ、一九世紀初期までの東欧、東中欧、南東欧への伝統的移住運動および大西洋をこえる大量移民などである。それに続いて長期にわたる移動方向の転換があり、二〇世紀後半から二一世紀初めまでのさまざまに異なるドイツへの移民があった。ドイツ語圏の歴史において、移民の受け入れと送り出しのどちらかだけが行われることはほとんどなく、たいていの場合、両者が同時に観察され、ただその方向性において時期による大きな意味の相違があったのであり、それとともに統合の問題や展望が異なっていたのである。

領域と境界

本章が問題とする時期のドイツは、数世紀にわたり流動的な国境を持った地域であった。近代初期の旧帝国の諸国家が一八七一年のドイツ国民国家へと変化していく過程をみるのか、それともこの国民国家が歩んだ波乱の歴史、特に二〇世紀にほかの諸国家、諸民族に壊滅的な被害を与えた歴史をみるのか。はたまた両世界大戦の結果、明らかに縮小したドイツ語圏という空間をみようとするのかによって、境界はまったく異なるのである。

上部の政治的統一体としての、一八〇六年以前の旧ドイツ帝国や一八一五~六六年の数十年間の「ドイツ連邦」は、確固とした国境を持った国家ではなかった。それらはむしろ、強度に異なる自治権を持った数多くの領域の集まりにすぎなかった。こうした旧帝国内の領域の一部は、それぞれ異なった速度と範囲においてではあるが、三十年戦争の後に次第に確かな機構を備えた

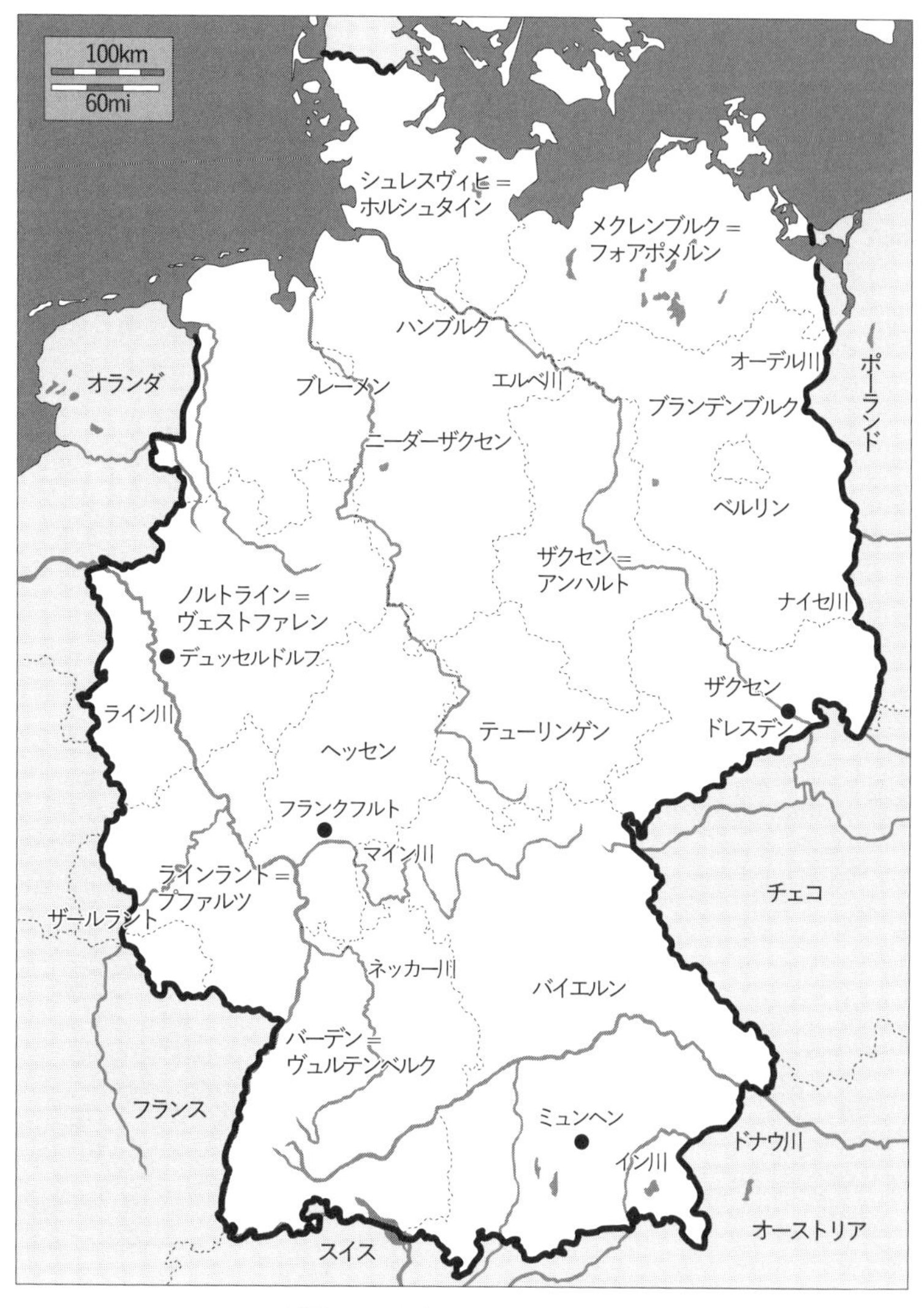

地図 1-1　現在のドイツ連邦共和国

明確な国境が定められることはまれであった。しかしそうした領域においても、いまだ効力を持っていた封建的諸関係からなる支配の錯綜した重なり、複雑な王朝関係、庇護従属関係などがあった。統一的なドイツ語圏も、本章の対象とする時代の初め頃にはまだ明確なものではなかった。一つには、非常に異なった数多くのドイツ語の方言があったため、領域の境界をこえた言語理解は難しく、場合によっては不可能だったこと。第二に、旧帝国の領域をはるかにこえて広がっていた境界領域や混合領域が存在し、そこではドイツ語のさまざまな変種がほかのヨーロッパ言語と混交していた。いわゆる標準ドイツ語なるものは、近代になってきわめてゆっくりとつくられていったのである。

一八一四・一五年のウィーン会議の結果、より明確な領域境界線が引かれた。しかし、諸国家同盟という「ドイツ連邦」の特殊な構造があったので、中心となる領域の錯綜した重なり合いが相変わらず残存した。オーストリアとプロイセンの国家領域の一部はドイツ連邦の外部にあり、イギリス、オランダ、デンマークなどのヨーロッパ諸国は同君連合によってドイツの領域と結びつき、ドイツ連邦の一部を構成していた。一八七〇・七一年のドイツ帝国の成立によって、ようやく中央ヨーロッパの国民国家の国境が確定された。帝国は、南西のエルザス・ロートリンゲン（アルザス・ロレーヌ）から北東のバルト海沿岸のメーメル領域まで、北は南ユトラントから南はアルプスにまで広がっていた。しかしそれは、スイスやオーストリアに加え、南東欧、東中欧、東欧にまたがる広大なドイツ語圏を含んではいなかった。逆に帝国は、多くの文化的・言語的マイノリティ、特にポーランド系、デンマーク系、エルザス・ロートリンゲン系のグループを含んでいた。その数は、第一次世界大戦の後の領土割譲によって縮小した。帝国東部ではポーゼン、西プロイセン、東シュレージエン、メーメル領域、西部ではエルザス・ロートリンゲン、オイペン・マルメディなど、北部ではトゥナーなどが失われた。東部地域では、第二次世界大戦後にさらなる領土の喪失があった。東プロイセン、東ポメルン、東ブランデンブルク、ポーゼン、西プロイセン、シュレージエンなどである。残ったドイツ領は、一九四九年以降は二つのドイツとなり、それは一九九〇年に再統一された。

一七・一八世紀の人口増加政策下の流入と統合

三十年戦争（一六一八～四八）の直接、間接の影響により、戦争後のドイツ帝国の領域では大量の人口減少がおこった。その規模は、三十年戦争前の人口、一五〇〇万～一七〇〇万人の約三分の一にもおよんだとされる。一六五〇年頃には人口は一〇〇〇万～一二〇〇万人、つまり一五二〇年頃の水準にまで戻ったが、しかしながらその地域的な相違は著しいものがあった。戦闘行為や戦争による伝染病（特にペスト）、飢饉、逃亡、追放は、都市よりも農村の住民、後背地よりも国境地域の住民に大きな影響を与えた。陸上交通網、河港、および戦略上重要な地域における人口の喪失は、部分的には戦争前の五〇パーセント以上に達した。悲惨な影響を受け荒廃した地域は、北東から南西へ、ポメルン、メクレンブルクからブランデンブルク、テューリンゲン、ヘッセンヽフランケンヽプファルツヽヴュルテンベルクヽシュヴァーベンをこえてエルザスにおよんだ。

　甚大な被害を受けたこうした地域は、およそ二世代にわたり中欧の移民の流入地域となった。それらの地域は、戦争の被害を受けなかった地域や人口過剰地域からの移民にとっては、さまざまに異なる統合条件を持った経済的な吸引力のある地域であった。三十年戦争後の領土再編は、同時に、領主たちの重商主義的な移民政策の展開をもたらした。その中心には、就業と納税が可能な「臣民」をできるだけ多く集める政策があった。それゆえ、戦争により特に大きな打撃を被った地域の領主たちの中心的政策は「人口増加」であった。彼らは移民送り出し地域へ募集員を派遣し、移住に際して特権や好条件を保証した（滞在期間の自由、土地の無償提供、個人的地位の優遇や所有権の保証、建築木材や薪の供給など）。

　移民と統合の主要な枠組となっていたのは宗派だった。宗派の問題で逃避した移民だけでなく、もっぱら経済的問題による移民にとってもこのことは共通していた。また、地域的流動性と社会的流動性は連動していた。というのは、三十年戦争後の移民運動は、人口過剰地帯からやってきた移民にとっては、社会的上昇の重要な触媒であったからである。

　三十年戦争中にひどく荒廃したドイツ地域における移民の概観は、量の面では大勢を占めるさまざまな形態の近距離移住を無視したとしても、戦後の地域内ないし間地域的な移民の典型を示すことになるであろう。エルザスとバーデンは、部分的にはフランドル地域やワロン地域も含むが、主にスイスからの多数の入植者の目的地となった。スイス人移民はヴュルテンベルクにおいても、フォアアールベルク、バイエルン、ティロール出身者とともに多数を占めていた。オーストリア諸地域からの信仰による避難民（プロテスタント、特にルター派）はフランケンとシュヴァーベンへの移民となった。それはザクセン、オーバーラウジッツにも当てはまるが、両地域はハプスブルク領の再カトリック化から逃れた数千におよぶボヘミアのプロテスタント難民の避難所であった。その大多数が織工だったボヘミアからのあらたな移民たちは、マルク・ブランデンブルクにも住みついた。しかし、そこにおいてより重要であったのは、改革派のオランダ人、スイス人、そして一六八〇年代からはユグノーの農民の新入植者集団の移住であった。同宗派のブランデンブルクの支配家系が、彼らに関心を示したのである。

しかし、近代初期ドイツでは、ユグノーはブランデンブルク領をこえて経済的・文化的・政治的にもっとも重要で、広範囲な移民を形成した。一六八五年、フランスにおいてナントの勅令（一五九八年）が廃止されると、二〇万〜三〇万人のユグノーがフランスを去ったが、そのうち三万〜四万人がドイツ地域、特にマイン川の北に移民した。そのうち三分の一がブランデンブルク＝プロイセンに移民し、そこはもっとも重要な移民先国家となった。大きな差をつけて、ヘッセン＝カッセル、ヴェルフ大公領とハンザ諸都市がそれに続く。ユグノー移民の四分の一以下がドイツの南部、特にプファルツ、ヴュルテンベルク、アンスバッハ、バイロイトにとどまった。ユグノーの集団移住が行われたのはドイツだけであるが、こうしたことが可能になったのは地方領主の主権のおかげだった。たとえば、カッセル・ノイシュタットと（ヘッセン＝カッセルの）カールスハーフェン、（ヘッセン＝ホンブルクの）フリードリヒスドルフ、（バイロイトの）クリスティアン＝エアラングなどである。重商主義政策の要素としての人口増加政策と、宗派を同じくする避難民の受け入れおよび統合という宗派政策との結びつきに関する主要な資料は、先述のような特権を与えた勅令のほかに、一六八五年一〇月のブランデンブルク領主フリードリヒ・ヴィルヘルムのポツダム勅令である。

ブランデンブルク＝プロイセンにおけるユグノーの受け入れ地としてもっとも重要であったのは、戦争によって人口減少が大きかった地域であった。それはノイルッピーン・ラントおよびポツダムの周辺、特にウカーマルクであった。ルッピーン・ラントは三十年戦争により約六〇〜七〇パーセントの住民減少をみたが、ウカーマルクの場合はさらに多く、戦前の人口の九〇パーセントを失っていた。一方で移民目的地となった都市はもっぱらベルリンであり、そこでは一七〇〇年の時点で五人に一人がユグノーの出自となり、彼らの一部はその経済的・文化的功績により「移入された代理市民」とみなされ、ベルリンがヨーロッパの大都市に発展するにあたってもっとも重要な役割を担ったとされる。しかしながら、一七世紀以降プロイセンの経済的な発展全体においてユグノーが果たした役割を、過大評価してはならないだろう。彼らの経済活動は、もっぱら奢侈品の生産や、拡大された王宮の需要に応えるものだったからである。

こうした移民のなかで、成功した企業家や商人はごく少数に限られており、ユグノーのなかでも支配的だったのは、中下層の人々であった。しかし、彼らもその特別な能力や技能ゆえに、たとえばマニュファクチュアや農業において必要とされ、いくつかの部門においては一種の特殊宗派的な要因にもとづく技能伝達者になったといえる。もちろん、特権の付与や競争の誘発を背景によそ者と地元住民の摩擦は日常的に生じていたが、移民の受け入れを通じて、人口増加、技術革新、そして「勤勉さ」の涵養を目指していた当局の姿勢が、よそ者の統合を後押ししたのは確かである。

一八世紀においてもブランデンブルク゠プロイセンは、ドイツのもっとも重要な移民国家であり続けた。受け入れの中心地域はマルク・ブランデンブルクと東プロイセンおよびシュレージエン（一七四〇年以降）であった。一六四〇年と一七八六年の間にブランデンブルク゠プロイセンはおよそ五〇万人の移民を引き受けている。その際重要であったのは、ユグノーの流入が一段落した後の、戦争により荒廃した地域に対する二つの大規模な入植政策である。一つは、一八世紀の初めのペストやその他の伝染病の流行によりひどく荒廃した東プロイセンであり、もう一つは、国王フリードリヒ・ヴィルヘルム一世（在位一七一三～四〇年）と国王フリードリヒ二世（在位一七四〇～八六年）の統治下であらたに獲得された、オーデル川、ネッツ川、ヴァルテ川の湿地帯の大規模な開発である。一七三一・三二年に故郷を追われ、フリードリヒ・ヴィルヘルム一世により東プロイセンへの入植に正式にまねかれたサルツブルクのプロテスタントもそのなかに含まれる。全体として約二万人のサルツブルクからの移民のうち、圧倒的多数が、好条件を提示され東プロイセンに入植した。より小さなグループの数々は、ドイツやオランダのほかのプロテスタント地域や北アメリカのイギリス植民地ジョージア（エベニーザー・新エベニーザー植民地）に向かった。

こうした入植地へと向かう長距離の移動とならんで、近代初期ドイツの移民現象には、数多くの近距離移民が含まれていた。彼らの大部分はもっぱら家族経済のありかたに起因する移民だったが、特に結婚や奉公をきっかけとした移動というライフサイクルに規定された移民と位置づけられる。また、住民の死亡率が出生率よりも高い諸都市への移動も、たいていは近隣地域からのものだった。教養を身につけることを目的とした学生の移動など特殊なタイプを例外として、農村から都市へ、都市から都市へと移動したのは、もっぱら特殊な技能を身につけた人々であった。ドイツ地域の兵士たちは、その一部だけが当該領主の臣民からリクルートされた。たとえば一八世紀中頃のプロイセン軍には、特にハンガリー、イタリア、オランダ、スイスから、あるいはほかのドイツ諸邦から集まった非プロイセンの兵士たちが多数を占めていた。その一方で、ドイツ以外の諸国の陸軍兵士や海兵のなかにも、同じようにドイツの兵士たちが混じっていた。オランダ陸軍、植民地兵団および海軍は、高い比率でドイツの兵士を雇っていた。ドイツ地域出身の兵士たちは、さらにフランスやスペイン、イギリス軍の指揮下でも戦っていた。たとえば、一七七〇年代に北アメリカ植民地の独立戦争に動員されたイギリス国王の兵士約三万人の半分以上は、ドイツ帝国内のヘッセン地域からやってきていた。もう半分は、ブラウンシュヴァイク、アンスバッハ＝バイロイト、アンハルト＝ツェルプストとヴァルデックの出身者たちであった。

頻繁に移動が要請されたのは、さらに水夫や船員、芸術家や工芸家、楽士、曲芸師、芸人などの労働市場である。これより規模は小さいが、行政官、教師、修道士、世俗牧師、聖職者なども同様だった。加えて、仕事内容に起因する移民の形態も数多くみられた。手工業や商業では、出身地域と職種の特性という二つの要因が絡み合いながら、技能の習得過程を兼ねた越境的な移民ネットワークを形成していた。このことは、近代初期のドイツ地域では、たとえばリッペン出身のレンガ工、イタリア出身の煙突掃除夫や錫職人、および彼らの移動目的地から見て取れる。また、こうした仕事内容に規定される移動パターンは商業にも見出しうる。たとえば一八・一九世紀の北欧、西欧、中欧において「テッデン」と呼ばれたミュンスターラント出身の行商人である。さらにギルド規約により「遍歴強制」を課されていた近代初期の古き手工業の職人たちは、さまざまな遍歴習慣を有していたが、一九世紀に入るとそのような習慣は次第にみられなくなった。多かれ少なかれ厳格であったギルド規約の目的は、遍歴を通じた手工業技術の習得を課すだけでなく、次第に過剰となっていった手工業者数をうけ、地域の労働市場を調整することにあった。

一八・一九世紀における大陸内および海外移民

三十年戦争後の二世紀間にドイツの人口は急速に成長した。三十年戦争による膨大な住民喪失は、約二世代後の一七〇〇年頃にはほぼ回復した。こうして一八世紀は急速な人口拡大、その開始時に比較して五〇パーセントの上昇をみたのである。推定では、後のドイツ帝国領において一七〇〇年から一八〇〇年の間に人口は一五〇〇万人から二三〇〇万人に成長したといわれる。しかし同様の成長は、一八〇〇年から一八五〇年の半世紀にも（三五〇〇万人に成長）、さらに一八五〇年から一九〇〇年の半世紀の間にもおこった（五六〇〇万人に成長）。

こうした急速な人口増加には、移民流入はほんの少ししか関与していない。むしろその逆に、三十年戦争の終結から一八世紀中頃までの一〇〇年間を特徴づけていた人口増加政策による移民受け入れは、次第に大陸規模、さらには海外への送り出しへと変化していった。その際一八世紀の中頃から一八三〇年代までは、東欧ないし南欧への移民が、その後一九世紀後半にいたるまでは、大西洋をまたいだもっぱらアメリカ合衆国への移民が支配的であった。

一七世紀および一八世紀にすでに人口の急増がみられ、領邦政府の重商主義的な出国禁止政策にもかかわらず、住民の流出を阻止できなかった南ドイツ地域の移民にとっては、南東欧ないしロシア南部が重要な目的地となった。七年戦争の終結後、一七六三〜七〇年と一七八二〜八八年の「シュヴァーベン人の行列」[1]によって、おそらくは七万人のドイツ語を話す農民と手工業者が、フランケン、バーデン、ヴュルテンベルク、前部オーストリア領（エルザス、ブライスガウ、フォアアールベルクなど）、ルクセンブルク、ロートリンゲン、さらに南東欧のドナウ川流域の重要な入植地バトシュカ、バナート（ドナウ・シュヴァーベン）およびジーベンビュルゲン（トランシルヴァニア）へと移動していった。その一方で、同時期には別の移民運動が、ツァーリの帝国があらたに領有することになったヴォルガ川下流域、ならびに「新ロシア」と呼ばれた黒海北部の地域を目指していた。「シュヴァーベン人の行列」の場合と同様にヴォルガ川流域と新ロシアでも、特権と優遇措置が入植地の開発・維持を目論む支配者の人口増加政策の要であった。

しかしながらその際、三十年戦争後の移民運動の明確な構成要素であった宗派は、もはや何の役割も果たさなかった。領邦君主たちは、長い戦争により居住者が減少した地域やひどく荒廃した地域に、それぞれ異なる宗派に属し、さまざまな地域的・社会的出自の入植者を募集し、入植させた。このときに、望まれ、募集されたのは特に中央ヨーロッパからの入植者であり、彼らは高度な農業ないし手工業技術を有していた。また、入植者の側でも招聘特権を期待していた。たとえば一七六二・六三年の女帝エカテリーナの招聘状は、無償の土地、資金貸与、権利面での優遇、数年にわたる免税、兵役免除を約束していた。一七六三年以降の数年に、特にプファルツからやってきた二万五〇〇〇人のドイツ人入植者が、ヴォルガ川下流域に入植した。その後の数十年にさらに別のグループが続き、特に西プロイセン出身のメノナイト[2]が、主として一七八〇年代後半と一七九〇年代に黒海北部に移住した。さらなるメノナイトのグループと南西ドイツのピエティスト[3]たちが、一九世紀の最初の二〇年にこれに続いた。

ドイツ語圏から東欧、東中欧、南東欧へ入植した移民の数は、一六八〇年から一八〇〇年までに約七四万人と見積もられている。これに対して北アメリカへの海外移民はこの時期にはまだ一七万人とはるかに少なかったが、その出身地はなお東方、南東に向かった人々と一致していた。すなわち、バーデン、ヴュルテンベルク、プファルツ、エルザス・ロートリンゲンなどであった。

一八世紀末から一九世紀初めにかけて、ヴュルテンベルクからの移民はその三分の二が東欧、南東欧を目指した一方で、バーデンからの移民はすでにその大半がアメリカ合衆国に渡ったということは、海の向こうに広がる新世界の魅力が強まっていただけではなく、移民が交通インフラや地理といった条件に左右されることを示していた。ライン川の船舶航路がバーデンの住民に北部の海港への結びつきを提供していたのに対し、ヴュルテンベルクの住民はむしろ、大陸の東西移動のためのドナウ航路を利用していたのである。ここでは、交通・地理という条件が宗派的帰属よりも重要な役割を果たしていた。移民たちの帰属宗派からすれば、プロテスタントのヴュルテンベルク住民は北アメリカへ、カトリックのバーデン住民はむしろ東欧や南東欧へと導かれるはずであった。

ドイツ人の北アメリカ移民の主要目的港は、一八世紀にはフィラデルフィアに限られていた。入植の拠点は、さしあたりペンシルヴェニアであり、一八世紀の間に次第に西部メリーランド、ノースカロライナ、ヴァージニアに移っていった。海外移民が特にさかんだった年は、一七〇九年、一七四九～五二年、一七五七年、一七五九年と一七八二年であった。ペンシルヴェニアは宗教的異端（クエーカー▼4、ピエティスト、メノナイト、タンカー▼5、シュヴェンクフェルダー▼6、ヘルンフートなど▼7）の主要目的地となった。彼らの移民は組織された集団移民であり、共同居住地を形成した。しかし全体としてみれば、一八世紀にはすでに経済的ないし社会的動機による、集団ないし家族単位での移民が優勢であった。一七七五年頃には、北アメリカのイギリス植民地には二二万五〇〇〇人のドイツ出身者が住んでいたといわれるが、それは同植民地の全人口の八・六パーセントであった。ペンシルヴェニアの住民の三分の一がドイツ出身であり、メリーランドでは一二パーセント、ニュージャージーでは九パーセントで、ニューヨークは八パーセントであった。

ヨーロッパ大陸内での東欧、南東欧への流れは一八三〇年代以降大きく後退し、一九世紀の中頃以降には急速に大衆運動の様相を呈するようになった大西洋をこえる移民の陰に隠れてしまった。同世紀後半には、移民の約九〇パーセントがアメリカ合衆国へと向かった。それに次いで重要な海外の目的地は、大きな差を隔ててカナダ、ブラジル、アルゼンチンおよびオーストラリアだった。一八一六〜一九一四年の間に、約五五〇万人のドイツ人がアメリカに移民し、それ以降さらに二〇〇万人以上が続いた。一九世紀のドイツ人移民が毎年一〇〇万人をこえる水準に達したのは一八四五〜五七年と一八六四〜七三

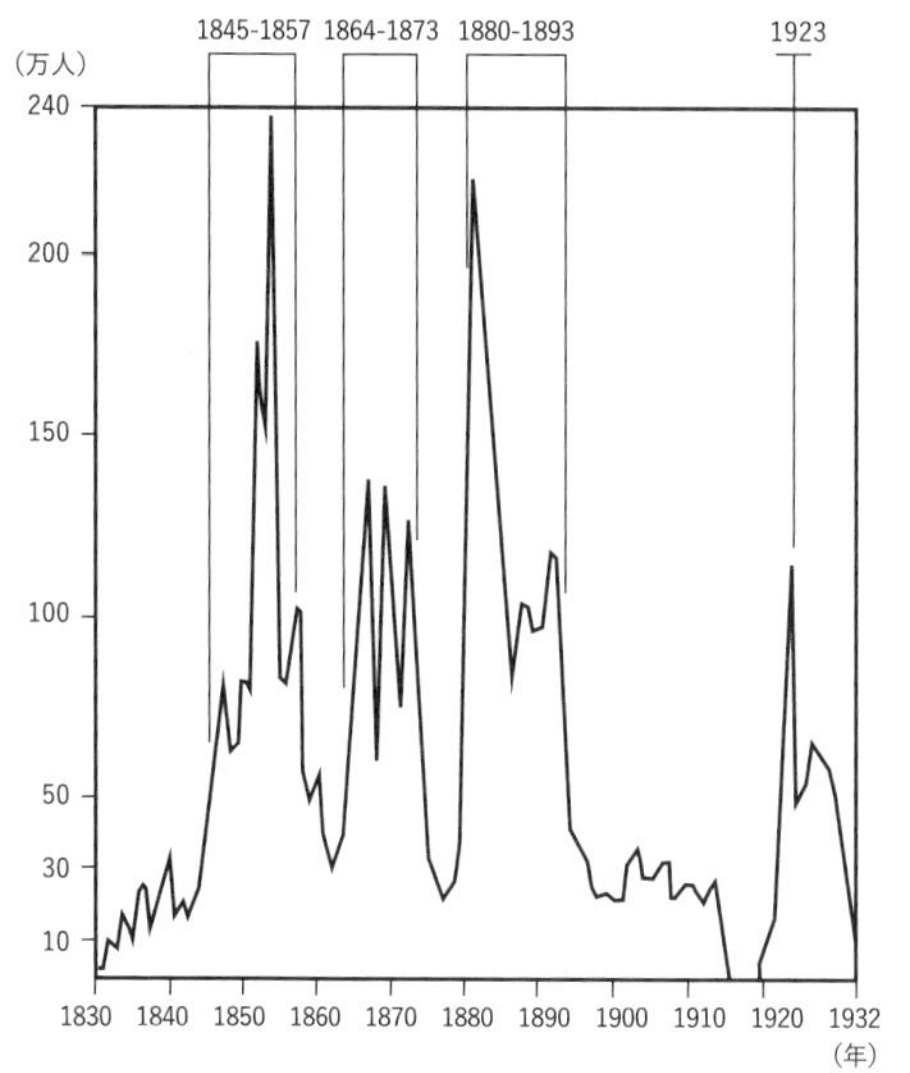

図 1-1　1830–1932 年のドイツ人の海外移民運動の位相

年であり、最後の波は一八八〇～九三年、この時期には再び一八〇万人を数えた（図1－1参照）。アメリカにおけるドイツ生まれの住民は一八二〇～六〇年に約三〇パーセントで、アイルランド人に次いで二番目に多く、さらに一八六一～九〇年にはもっとも多い移民集団となったのである。

一九世紀における大西洋越えの大量移民を支えたもっとも重要な原動力の一つは、農業社会から産業社会への移行期におけるドイツの人口増大と、労働力需要の不均衡にあった。この不均衡は、地域的に大きな違いをもって生じた。それに加えて、この時期の移民現象はただちに独自の大きなダイナミズムを生み出した。それは、間大西洋の移民ネットワーク上に広がり、親族、知人、出身共同体を通じて結びついた情報システムであり、ヨーロッパの出身地と海外の目的地を結びつけた。特に移民出身地の親族・知人関係に浸透した「移民の手紙」が重要である。移民は連鎖運動として始まり、一定程度、独自の展開をみせつつやがて確固たる海外移民の伝統となり、旧世界と新世界の特定の地域どうし、さらには自治体どうしを結びつけた。たとえばオスナブリュックのメレは、ミズーリ州の「ニュー・メレ」と結びつくといったようにである。

海外移民を数多く送り出していた複数の主要地域が、大西洋をまたいだ移民現象に組み込まれていった時期にはずれが認められた。ドイツ南西部でこの現象が始まったのは早く、その背景には、土地の分割相続制度による小規模もしくは極小規模の農業経営の拡大という文化的要因があった。一九世紀中頃までは、たしかに南西ドイツからの移民が大勢を占めたが、ドイツ全体の移民運動をみると、西および北西ドイツ出身者の割合が増えていく。これらの地域からの移民は、もっぱら下層農民層や農業小作人（たとえばホイアーリングやケッター）、小手工業者などであった。一九世紀を通じて、南西および北西ドイツ出身の移民は大きな割合を占め続けた一方で、同世紀後半にはドイツ人移民の出身地は徐々に北東部の農業地域へとその重心を移す。こうして、一八八〇〜九三年にかけての最後の移住の波で大部分を占めたのは、（単独相続が行われていた地域の）長男以外の男子および日雇い、奉公人といった下層農民層だった。別の視点からみても、この時期には海外移民の構造は大きく変わっていた。家族単位での農業移民はみられなくなり、もっぱら都市の二次ないし三次産業に就業する個人単位での移民に席を譲るようになったのである。

ドイツ人の大量移民の急速な減少とはうらはらに、一八九〇年代初めになると、東欧、東中欧、南東欧、南欧から北アメリカへの大量移民が始まった。アメリカでは、彼らは西欧、中欧、北欧からの「古典的」移民との対比で、侮蔑的に「新移民」と呼ばれた。東欧、東中欧、南東欧からの移民の大部分は、ドイツを経由国としていた。一八九〇年代初め以降ドイツ人の海外移民が減少するにつれて、ハンザ諸都市の大西洋航路にとっては、この「通過移民」はますます重要となった。彼らは、さまざまな国際航路間での激しい奪い合いの対象となっていたのである。一八九四〜一九一〇年には、ドイツの港湾を利用した海外移民のなかで、ドイツ人は一一パーセント強（三八万九〇七人）にすぎなかった反面、外国人は八九パーセント（二七五万二二五六人）であった。一八八〇年から第一次世界大戦までに、ロシア（特にロシア領ポーランド）およびオーストリア＝ハンガリーから五〇〇〇万人以上の移民がドイツ帝国の港湾への道を通過していった。こうした通過移民のなかで、ドイツにとどまったのは数千人にすぎなかった。しかもその多くが一時的な滞在だった。というのも、伝染病の予防を建前とする厳しい「通過移民コントロール」があり、プロイセン・ドイツはそれによって特にポーランド人とユダヤを帝国から排除しようとしたからである。

一九世紀末から第一次世界大戦の終わりまでの外国人雇用と厳格な統合政策

一八九〇年代の初め以降、ドイツの拡大しつつある潜在労働力人口は、工業化の最盛期に急成長した労働力需要に吸収されていった。一八九〇年代の中頃に始まった経済成長は、二度の短い不況期（一九〇〇〜〇二年、一九〇七・〇八年）をこえて、第一次世界大戦の前夜まで維持されたのである。海外移民の主要受け入れ国であったアメリカの吸引力は、移民送り出し国の労働市場における雇用機会の拡大を背景に後退していった。ドイツからの海外移民は、一八九〇年代初めから第一次世界大戦まで低い水準にとどまり、国内での農村生活から都市生活へ、農業から産業労働への移動へと方向転換していった。また、世紀転換期ドイツでの国家間移民の動向にも、注目に値する大きな変化がみられた。大西洋をまたいだドイツ人の長期的な移住が減った一方で、ヨーロッパ内の外国人によるドイツへの短期的な移動が増えたことにより、ドイツ帝国は、アメリカに次いで世界で二番目の移民受け入れ国に転換したのである。

こうした流れのなかで、ルール地方、エムス川流域の工業地帯は強力な吸引力を発揮し、ドイツ国内に限っても、とりわけ「ルール・ポーランド人」や「ルール・マズール人」[9]たちの遠隔移動の要因となった。一七世紀から一九世紀初め頃までの北西ヨーロッパ沿岸地域には伝統的な季節労働システムが存在し、北西ドイツで毎年「オランダ参り」と呼ばれたドイツ人労働者たちの移動を促していた。しかし、この「北海システム」は解体し、それまでの移動の向きは部分的に正反対に転換する。すなわち、オランダ人の「プロイセン参り」が北西ドイツからの「オランダ参り」に取って代わり、その多くが移住者となったのである。第一次世界大戦前夜には、彼らはドイツ帝国への数多くの外国人労働移民のなかで、ポーランド人やイタリア人とならんで最大規模の民族集団を構成した。

一八九〇年代に入ると外国人雇用はドイツ、特にプロイセンで社会現象となった。一九一四年には、「外国人労働移民」は一二〇万人に達し、最高値を記録した。その大部分はプロイセンで働いていた。帝国内の「ドイツ参り」の四分の三から五分の四は、「プロイセン参り」だったのである。もっとも重要なグループは、プロイセンで農業に従事したロシア領中央ポーランド出身のポーランド人だったが、部分的にはオーストリア＝ハンガリー領ガリツィア出身者やイタリア人で、彼らは特にレンガ製造、坑内掘りや露天掘りの鉱山、ないしは工業生産に携わっていた。

プロイセンにおいては、「労働移民問題」をめぐって経済的利害と政治的利害が交錯していた。労働市場の追加・代替需要を「安価で従順」な外国人労働力で埋めようという経済的利害は、プロイセン東部への主にポーランド人の流入を阻止しようとする政治的利害と対立していた。この反ポーランド的な「プロイセン防衛政策」を規定していたのは——そこに含まれるさまざまな人種的・民族的偏見についてここでは詳述しないが——、プロイセン、ロシア、オーストリア＝ハンガリー帝国に暮らすポーランド人たちの、ポーランド国民国家の創設という革命的夢想に神経を尖らせていたプロイセン国家の猜疑心だった。このような安全保障政策の結果、一八八五年には、プロイセンの国境地域ですでに数年来あるいは数十年来生活し、働いていた外国籍ポーランド人[10]が大量に追放され、続いてドイツへの入国を禁じられたのである。

プロイセン東部の著しい「人的欠乏[11]」をうけて、一八八〇年代末以降、反ポーランド安全保障政策の戦略は変更せずに、経済の要請を満たす必要が生じた。そのためには、東方の外国から流入してくる労働力を移民に転化させずに、国境を行き来する季節移動の枠内に収めること、その際特に、外国籍ポーランド人を厳しく監視することが重要視された。こうしてできあがったのが、一八九〇年代にプロイセンで練り上げられ、一九〇七年に施行された厳格な外国人管理システムで、これは「移動許可」の取得を義務づけ、「(移動)待機期間」とされた冬期には「強制退去」を求めるものだった。

毎年更新が必要な期限つきの労働許可および滞在許可の申請を強いる「移動許可」制度は、外国人管理の強化を意味していた。しばしば国境地帯あるいは国境をこえてやってくる外国籍ポーランド人の不法労働移民(彼らの暮らすロシア領・中央ポーランドでは、労働力の海外移動は禁じられていた)は、春には歓迎され喜んで受け入れられた。国境付近への移動もしくはドイツ側への越境はいずれも非合法であり、ロシア当局は彼らの移動を阻止しようとしたが、首尾よく到達した人々が、ドイツ側で妨害されることはなかった。プロイセン東部の農業労働市場は、ますますそれらの移民労働に依存するようになっていたため、国境警備にあたるドイツ側の当局は、彼らの移動を妨げることのないよう繰り返し通達を受けていたのである。とはいえ、外国籍ポーランド人の労働者は移民となることはできず、「外国人の出稼ぎ労働者」の地位にとどまった。それゆえ彼らは、クリスマス前には国外追放や強制送還によって、プロイセン領を去り、出身地に戻らねばならなかった。少なからぬ者がドイツ領内の雇用者の支援や、プロイセンの反ポーランド安全保障政策に加担していなかった隣国――ベルリンはこれを受け入れるようしきりに圧力をかけていたが――へと一時的に退避することで「強制送還」を免れたのである。

海外移民も大陸内移民も、途切れた第一次世界大戦中でさえ、ドイツにおける外国人労働力は決定的な代替機能を果たした。労働力不足は、一九一四～一八年のドイツの戦時経済にとって重要な懸案の一つであった。特に三つの産業部門において労働力需要が高まった。軍需産業、鉱山、そして農業である。こうした労働力需要を埋め合わせる方策は、国内労働市場の限られた供給能力に妨げられていた。そのため戦争が進展するとともに、（専門的な）労働力の不足は急速に深刻化し、企業や当局の労働力確保に対して国内の潜在労働力では足らず、最終的には外国人労働力の強制雇用を次第に増やしていくことを余儀なくされた。

戦争が始まってからも、相変わらずかなりの数の男女の外国人労働力がドイツ国内に残っており、彼らは自らの意志により戦時経済下のドイツで働いていたが、次第に強制労働や強制雇用が増え、外国人雇用の中心になっていった。外国人労働力の大部分は、ドイツ国外の出身だった。戦争の終結に際して少なくとも二五〇万人、つまり戦前の全被用者のほぼ一〇分の一、または一九一八年の全被用者の七分の一が外国人であった。そして、彼らのうちの一五〇万人以上が戦争捕虜であった。捕虜ではない文民の外国人労働力は、約一〇〇万人がドイツの戦争経済で働いていた。ドイツの市民および軍当局は、彼らを戦争捕虜とは異なり、一括りにして扱うことはなかったが、その大部分は「敵性外国人」のグループに入れられていた。それは、特に一九一八年の戦争の終焉時に約五〇万〜六〇万人いた外国籍ポーランド人労働者に適用された。すでに戦争以前の段階でロシア領出身のポーランド人に対して厳しかった政策は、戦争の開始とともにさらに抑圧的になった。戦争以前には彼らは、「プロイセン防衛政策」により定住はおろか移民手続きの申請すら禁じられていたが、いまやこの政策は逆転し、帝国全体にわたって帰国禁止を強いられたのである。ドイツと同盟を結んでいたオーストリア＝ハンガリー帝国のガリツィア出身のポーランド人、ルテニア人は、ウィーンからの強い抗議にもかかわらず、開戦当初は帰国を制限された。こうした措置がとられたのは、農業における平時体制から戦争経済への転換を容易にするためであった。

こうしてポーランド人は、事実上の強制労働を課されることになった。彼らは、自らの滞在地と雇用を自由に選択できなかったのである。ポーランドやベルギーでドイツ軍に占領された地域は、一九一五・一六年以降ドイツの労働力徴募政策の対象とされた。ポーランドがもっぱら農業労働力の徴募地域となった一方で、ベルギーでは特に軍需産業の労働力が集められた。しかし、このような政策に対して自らの「自由意志」で応募した者の数は、望ましいないし必要とみなされた水準をはるかに下回ったので、ドイツ当局は、次第に強制的手段を採用していった。

戦争による過剰な負担と連合軍による通商封鎖の成功によって、第一次世界大戦期のドイツの戦争経済にとって、外国人の雇用は次第に不可欠なものとなっていった。労働市場の国際化の促進なしには、もはやドイツは戦争を長引かせることができなかったであろう。さらに第一次世界大戦は、人間の強制的な大量移動という観点からみて、軍事面に限らず、第二次世界大戦時のドイツおよびドイツ占領下のヨーロッパにおける、ナチ戦争経済の「外国人動員」を展望しうるような、一つの由々しき「学習過程」となった。

戦間期と第二次世界大戦における逃亡と強制移動

第一次世界大戦は、極端なナショナリズムをともなって少数民族の排除とよそ者敵視を拡大・促進した。外国人雇用と外国人政策のさらなる展開に関して、第一次世界大戦は、それが経済、社会、そしてまた移民現象においても、国家の介入力を明らかに強めたという点でペースメーカーとしての役割を果たした。ヴァイマル共和国の外国人雇用に関しては、帝国ドイツから続く民族的議論にもとづいた反ポーランド的「防衛政策」が相変わらず維持され、その基本方針であった。ドイツの移民政策は、ヴァイマル共和国においても、在外ポーランド人労働力の受け入れという経済的配慮がいぜんとして前面に出ていたが、永住の阻止も移民政策の主眼であり続けた。第一次世界大戦後のドイツ領におけるポーランド人マイノリティの大幅な減少にもかかわらず、プロイセン東部の「ポーランド人化」という人種・民族的恐怖は、相変わらず反ポーランド「防衛政策」の土台を形成していた。ヴァイマル共和国も、ポーランド人労働力の国内への流入はドイツの内的および外的安全だけでなく経済・労働市場に関しても、ドイツの社会・文化にとって脅威であると考える点に変わりはなかったのである。

同時に、外国人雇用にとっての労働市場政策の重要性も増した。経済恐慌に脅かされたヴァイマル共和国における議論の規定要素ないし主要なテーマとして、いまや「国民労働市場の保護」というスローガンが、工業と農業における「人員不足」という従来の決まり文句に取って代わることになった。第一次世界大戦の推進した近代化と結びつきつつ、ヴァイマル共和国にとっては労働市場の監視、雇用斡旋、失業保険を組み合わせた包括的な労働行政の構築と拡充が、労働市場および社会政策の近代化のためのもっとも重要な領域となった。近代的労働行政の広範な展開が、労働市場を重視した外国人政策の前提となった。緊迫した状況下にあったドイツの労働市場では、外国人政策の前提として、労働市場では明確に「自国民優先」が図られ、外国人労働力はその代替・補完機能としてのみ捉えられるべきとされた。このような原則は、すでに戦前の段階で進展していた労働者運動の要求にも合致しており、労働組合や労働者運動を基盤とする諸政党があらたに権力を握ったことから、ヴァイマル共和国時代の初期に貫徹することが可能となった。そのため、たとえば外国人は、ドイツ人の労働者に適用される賃金協約の条件下でのみ働くことができた。これは賃金引き下げを防ぐためであった。経済的および人的な戦時体制の解除による移行期の後、一九二〇年以降こうした方針にそって、外国人雇用は、ますます独立した利用手段として整理され、運用されていった。

厳しい経済的条件と保護主義的な移住管理の影響下に、ドイツにおける外国人雇用は戦前に比べ大幅に減少していった。一九二〇年代には国内の外国人労働力は二〇万人と三〇万人の間を前後し、一九三〇年代の経済恐慌の時期には約一〇万人にまで減少した。一九三三年のナチ政権の成立以降にドイツの再軍備のテンポが増すと、数年のうちに再び労働力不足が労働市場政策の中心テーマとなった。しかしながら、ドイツの工業および農業における外国人労働力の数は、一九三八・三九年までに四三万六〇〇〇人にしか達しなかったことには、主として経済、為替政策、ならびに政治イデオロギー的背景があった。すなわち、労働力不足が深刻化しつつあったにもかかわらず、ナチ政権の移民政策が厳格であり続けたことによる。というのも、軍備増強による帝国の為替状況のひっ迫が、外国人労働力の雇用を難しくしていた一方で、ナチの急進的な民族主義的および人種主義的世界観からみると、外国人雇用は、特にその出自が東方の外国からの比率が高いことにより、「外国人過多」の危険およびドイツ人住民の純血への脅威と結びついていたからである。

ドイツは、戦間期においても相変わらず出入国の両面で移民国家であり続けた。戦争中の出国に関する障害（海外移民の受け入れ国の大部分が、戦争ではドイツの敵対側についていたので、さしあたりドイツ人の移民を受け入れなかった）がなくなった後には、戦前に比べて移民は大いに増加した。ヴァイマル共和国からの移民が最高潮に達したのは、危機の年、一九二三年で、年間一一万五〇〇〇人を記録したが、それは最後に移民の送り出しが活発化した一八八〇〜九三年以来の数であった。ヴァイマル共和国最初の数年における海外移民の増加と同時に、大陸内での移住や労働移民も増えた。特に戦争中に中立であったオランダは、数万のドイツ人移民の主要な目的地となった。そのなかに多く含まれていた若い女性たちは、サービス業、特に私的な家事労働に仕事を見出していた。

第一次世界大戦の終焉とその後継国家の建設が試みられた戦間期には、強制移民（逃亡、移住、追放）が重要な意味を持った。講和条約による政治情勢の変化は、ヨーロッパで約一〇〇〇万人の人々に自らの意志に反して国境をこえることを強いた。ドイツもまたそうした動きに強く影響された。一九二〇年代の中頃までに、およそ一〇〇万人が、失った領土から移住してきた。こうした流入者の大部分は、ヴァイマル共和国が対応策を講じなければならない状況下におかれていた。そのうえそれは、一九一八〜二三年という、経済的・社会的・政治的大危機によって特徴づけられた戦後すぐの時代だったのである。

エルザス・ロートリンゲンからだけでも、一五万人の人々が「残った帝国」内にやってきた。

さらにかつての植民地からの流入者が一万六〇〇〇人に達した。それよりもさらに大幅に多かったのは、ヴェルサイユ条約によってポーランドに割譲された帝国東部地域からの流入者であった。一九二五年の中頃までに国家統計局は、ポーランド西部領土から八五万人の「国境地帯被追放民」を記録した。それに加えて、一九一七年と一九二一・二二年の間の紛争や戦後の混乱により、かつてのロシア領からドイツ帝国へとやってきた約一二万人の「ドイツ系の人々」がいた。ただし、その約半数は（ドイツをこえて）さらに海外へと向かう道をたどった一方で、数千人は再びポーランドないしソ連邦へと戻っていった。最終的には約一五〇万人の人々が、内戦や革命により、かつてのロシア帝国から逃れてきたと考えられるが、彼らが「ドイツ系」であるか確認することは難しかった。ヴァイマル共和国は、さしあたりそうした避難運動の主要な目的地であった。おそらくは多すぎる見積もりであろうが、一九二二・二三年には約六〇万人のロシア系難民がドイツ領内に滞在し、一九二三年にはベルリンだけで三六万人を受け入れていたとされる。

しかし、ただちにさらなる目的地への再移民運動がおこった。一九二三年以降、避難地ドイツのロシア系難民の数は次第に減少し、一九二五年には一五万人に、一九三三年には一〇万人となった。最初は「ロシア人のベルリン」が、ヨーロッパ規模でのロシア人移民の中心となり、重要な文化的・政治的機能を果たしていたが、一九二〇年代に大部分がドイツから出国したことにより、「ロシア人のパリ」がその役割を受け継ぎ、それは一九四〇年のドイツ軍の侵攻まで続いた。フランス、特にパリとそこに直接接する諸県では、フランス政府が次第に積極的な移民導入政策を推進し、フランス経済が労働力を必要としていたので、ロシア人移民の重要な目的地になったのである。とはいえ、ロシア人移民の中心地は大西洋をこえてさらに西へと移動する。北アメリカ、特に「ロシア人のニューヨーク」は、故郷ロシアから段階的に遠く離れた最終目的地として、ますます多くのロシア人移民をひきつけるようになった。第二次世界大戦は、最終的にロシア人移民の中心地をアメリカ、その政治的・文化的重心をニューヨークに移行させた。一九二三年以降にドイツのロシア人難民の数が減っていった要因は、住居と労働市場の問題だけではない。それに加えて、全体としてきわめて硬直的なドイツの統合政策があった。それはロシア人難民のドイツ滞在に何ら関心を持たず、それゆえ彼らに統合のための法的・経済的援助を与えることもなかった。

東欧、東中欧、南東欧からのユダヤ移民に対するヴァイマル共和国の移民および統合政策は、さらに抑圧的であった。東欧、東中欧、南東欧で進行しつつあった国家形成の過程で、深刻な経済的・社会的・政治的危機を背景に、ユダヤに対するポグロムおよびその他の暴力的不法行為が発生していた。多くのユダヤが、しばしば不法なかたちで、一般には閉ざされていた西への国境をこえようと逃げ道を探していた。一九二一年までに、東欧、東中欧、南東欧から約七万人のユダヤが亡命を求めてドイツにやってきた。国境閉鎖を乗りこえてきた人々は、当初プロイセン亡命を認定された。しかし、プロイセン同様、ドイツのほかの地域においても、一九一九〜二三年に反セム主義的な暴力が急増した。東欧、東中欧、南東欧からのユダヤに対するむき出しの暴力

（路上の暴動、襲撃、誘拐）が行使され、反ユダヤ政策が全国でも州レベルでも強化された。バイエルンでは州政府の公的な反セム主義が、一九二三年に外国人ユダヤに対する強制収容と追放措置にまで広がった。こうしてプロイセンにおいても、一九一九年にはまだ寛容であった亡命認定が、次第に制限されるようになっていった。反セム主義の暴力、次第に抑圧的となり統合などはなから念頭にない難民政策、そしてヴァイマル共和国の初期における経済状況のひっ迫による再移民（さらに別の目的地を目指す移民）が原因で、第一次世界大戦中と戦争直後の時期に明らかに増大していた東欧、東中欧、南東欧出身のユダヤの数は、再度急激に減少していった。

ロシアからの難民や東欧からのユダヤ難民と同じような再移民の過程は、一九三三年以降のナチ・ドイツからの移民にもみられ、その数は全体で約五〇万人にのぼる。それらの人々は、政権への政治的反対者に加えて、政権が反対者とみなした者、特にナチズムの人種イデオロギーにもとづいて、法の保護を奪われ、よそ者として蔑まれ、ますます迫害されるようになった人々である。とりわけユダヤの人々がこれに該当し、約二八万人が亡命した。こうして、世界中で八〇以上の国々がドイツからの亡命者を受け入れることになった。

第二次世界大戦は、前例がないほどの多数の強制移民を生み出した。それは全体的には、ナチの「第三帝国」の拡大および縮小の結果として生じたものである。大戦中と戦争直後の強制移民は、さまざまな重複をともないながらも、総じて四つの異なる主要なタイプに区別できる。①戦争の直接的結果として、戦闘地域ならびに軍の進出地域から避難ないし疎開した難民。②戦争中に追放されたり、強制的に拘束された人々。つまり、特にドイツの戦争経済に利用された強制労働者、戦争捕虜ならびに自国ないし外国の一般市民たちで、移住させられるか抑留された人々。③戦争直後の「ディスプレイスド・パーソンズ」[12]（以下DPs）。そして、④一九四五年五月八日の戦争終結後にドイツ第三帝国の旧東方領土および東欧、東中欧、南東欧のドイツ人入植地域からの「被追放民」である。

第二次世界大戦の間、ドイツはヨーロッパの大量強制移民の推進力であり、その中心であった。ドイツが第二次世界大戦をほとんど六年間にわたり遂行できたのは、ドイツが戦争をもっぱら略奪・捕獲戦争として計画し、遂行したからである。ドイツと同盟を結んだ諸国家、ないしは一九三八年以降にドイツが獲得あるいは占領した国々や地域は、農業・工業生産、さらにその原料や人員をドイツの戦争経済に提供する責務を負わされた。戦争が進むにつれ、奪った金品や人員の戦争遂行のための重要性はますます大きくなっていった。一九四四年一〇月にはドイツの外国人労働者の数はほとんど八〇〇万人を数え、そのなかには約六〇〇万人の一般市民とほぼ二〇〇万人の戦争捕虜がいた。彼らの出身国は、二〇以上にのぼった。一九四四年に登録されていたほぼ八〇〇万人の外国人労働者のなかでは、ソ連邦出身者がその三分の一以上（二八〇万人）を占めた。これ以外には一七〇万人がポーランドから、一二〇万人がフランスから連れてこられ、さらに一〇万単位でイタリア、オランダ、ベルギー、チェコスロヴァキア、ユーゴスラヴィアからやってきていた。

就業者全体における割合をみてみると、ドイツ経済に占める外国人強制労働者の重要性が確認できる。一九四四年八月時点での外国人労働力は、全就業者のおよそ四分の一を占め、彼らはすべての経済部門、あらゆる経営規模の産業に分布していた。いくつかの経済部門や企業においては、その重要性は特に高かった。たとえば農業では、一九四四年に強制労働に従事する外国人の割合は四六パーセントに達していた。さらには鉱業においては三四パーセントであった。高度に特殊な保安部門や戦争政策上重要な部門、たとえば武器産業においても、外国人の強制労働が利用されていた。非熟練労働が大部分を占める多くの企業では、就業者の五分の四が外国出身であった。外国人労働力の平均年齢は二〇〜二四歳で、その三分の一が女性、これらの女性の大部分が二〇歳以下であった。

第二次世界大戦中のドイツの戦争経済は、その略奪経済という構想ゆえに最初から外国人強制労働と不可分であった。すでに一九四一年の段階で、軍需産業は外国人なしでは計画目標を実現できなかった可能性があり、農業においては一九四〇年時点でそうした状況が現実のものとなっていた。大規模な外国人労働力に依存した強制労働システムという形態において、ナチの「外国人動員」は歴史上比類なきものである。

あらたに征服した東方の「生存圏」でのナチの政策は、永続的な支配体制の構築と厳格に人種的な基準にもとづき、民族や住民グループを序列化した「ドイツ的」秩序の確立を追求した。そうした人種的「世界秩序」の確立にとって本質的に重要な要素は、自称「生存圏の足りぬ民族」

たる「アーリア」住民に有利なように、もともとの住民全体を移住させ、追い立て、強制移送する計画とその広範な実行であった。その被害を受けたのは、約九〇〇万人にのぼる。一九三九〜四四年に一〇〇万人のドイツ系の人々が、帝国の国境外の南東欧、中欧、東欧の居住地から「帝国へ帰還」するよう呼びかけられ、強要された。第三帝国が征服し、直接併合した地域に彼らを移住させるためであった。

こうした「民族ドイツ人」の移住の前提には、つねにポーランド人、チェコ人、ユダヤの旧住民の追放があり、それは一九三九・四〇年に大規模に始められ、民族絶滅という結果をもたらした。一九四〇・四一年にはおよそ一二〇万人のポーランド人とユダヤがかつてのポーランド、いまや第三帝国に組み入れられた「帝国大管区」であるヴァルテラントとダンツィヒ・西プロイセンから追放され、そこに「民族ドイツ人」があらたに移住させられた。これら一連の政策はしばしば同時期に行われたので、新住民と被追放民の集団が出くわしたこともあった。しかし、このようなできごとは、序の口にすぎなかった。というのも、ナチの計画では、この地域の旧住民数一〇二〇万人のうち「ドイツ化可能」と認められたのは一七〇万人にすぎず、七八〇万人のポーランド人と七〇万人のユダヤが追放の対象とされたからである。

ナチの人種ヒエラルキーにおいては、ユダヤないしは「ユダヤとされた人々」は、「生存圏」に加わる権利をまったく持たない住民グループであった。彼らはドイツの絶滅政策によってもっとも大きな被害を受けた。一九四一年一〇月の出国禁止の時点で、ドイツにはなお約一六万人のユダヤが住んでいた。このとき、親衛隊[13]はユダヤをポーランドへ追放する計画を最終決定したのだが、これは大部分の者にとっては死への強制移民を意味していた。ポーランドにも総数三〇〇万人のユダヤが住んでおり、彼らは親衛隊の「地域秩序」と絶滅政策の対象とされた。彼らのうち二七〇万人が絶滅政策の犠牲となり、絶滅収容所における産業的大量殺戮の被害者となった。ポーランドおよびドイツのユダヤの運命は、ただちにヨーロッパのすべての国々のユダヤ住民にも降りかかった。ソ連邦二二〇万人、ハンガリー五五万人、ルーマニア二〇万人、チェコスロヴァキア一四万人、オランダ一〇万人、フランス七万六〇〇〇人、ユーゴスラヴィア六万人、ギリシア六万人、そしてベルギーの二万八〇〇〇人が同じ運命をたどったのである。

第二次世界大戦後の逃亡と追放

(一)ディスプレイスド・パーソンズ(DPs)[14]

戦争終結後、一〇〇〇万人から一二〇〇万人いたDPsのうち、大部分を占めていたのがナチの労働収容所、強制収容所、絶滅収容所を生き延びた戦争被害者であった。彼らの出自はおよそ二〇カ国にわたり、言語は三五種類以上にのぼった。彼らは四カ国の連合国占領軍の直接の管轄下におかれ、占領軍の認可を受けた国際援助組織の庇護下にあった。占領軍政府と援助組織の当初の目標は、このDPsをできるだけ迅速に集め、それぞれの故郷へと帰還させることであった。しかしそれが成功したのは、一九四五年五月のドイツ降伏後の最初の四カ月間、人数にして五〇〇万人強のＤＰｓのみであった。ＤＰｓの大多数は自ら、連合国が彼らのために編成した、数多くの輸送手段を利用した。その際、ソ連邦の国籍を持つＤＰｓも、西側連合軍とソ連邦との取り決めに従って強制的に本国に送還された。しかし、ソ連邦ではＤＰｓは「ナチへの協力者」とみなされ、収容所に入れられて弾圧されるか「再教育処置」を受けさせられることを、なかでも将校はしばしば死刑をも覚悟しなければならず、そのことから、少なからぬ者が移送よりも自殺を選んだ。西側当局はそのことを認識していたにもかかわらず、強制送還は行われた。

その送還者の数は一九四五年秋以降、次第に減っていった。一九四五年末にはまだおよそ一七〇万人のＤＰｓが三つの西側占領地区に残っていたが、一九四六年の本国送還者の数は、約五〇万人にとどまった。一九四六年四月に創設された「国際難民機関（ＩＲＯ）」の出国計画は、多数のＤＰｓにあらたな展望をもたらした。その結果、ドイツにとどまった者は彼らのうちほんの少数で、その多くは歳をとりすぎていたり、病気で労働不能とみなされ、出国計画の対象外とされた人たちであった。一九五〇年に西側連合国がＤＰｓに対する責任をドイツ連邦共和国（以下、旧西ドイツ）政府に委譲したとき、彼らのうち一五万人がなお旧西ドイツ国内にとどまっていた。そのうちの約三分の一がまだ収容所で生活していた。一九五一年四月二五日の「故郷なき外国人の法的地位に関する法」[15]によって、旧西ドイツ国内ではＤＰｓに法的地位が与えられた。この法律はたしかに、彼らに広範な領域でドイツ国民としての法的地位を認めていた。しかし、ドイツ人難民や被追放民[16]とまったく同等な地位を保証してくれるものではなかった。同法は損害賠償の請求権を定めていなかったのである。そのことにより、またその後、ドイツの行政と司法が補償を厳密に行ったこともあって、多くの「故郷なき外国人」がナチ独裁の時代に被った被害に対して、何らの補償も受けることができないという事態に陥った。

統合過程におけるＤＰｓに対するドイツ住民の態度は、戦争直後には忌避、偏見、侮蔑、さらには妬みに支配されていた。つまり、東方出身者に対する「劣等人種」というナチの蔑称が引き続き影響力を与えていたことに加え、解放されたかつての強制労働者たちの暴力行為や略奪の噂が一般化し、恐怖をまき散らしていた。他方、ＤＰｓは相変わらず連合軍の庇護下にある特権保有者として、ドイツの警察の管轄から外れており、海外に移住するチャンスを持っていた。それは、ドイツ人に対してはわずかな例外を除いて、当初認められていなかったことであった。戦後のドイツ社会においては、ＤＰｓはあくまで占領問題とみなされ、ナチ支配の犠牲者としての彼らの運命は、長い間無視され、排除されていたのである。

㈡疎開者

戦争直後のドイツには多数の移民グループがいた。そのなかにおいて、ＤＰｓは比較的多数派のグループの一つにすぎなかった。後に四カ国に分割統治される領域では、ドイツの諸都市を狙った連合軍の絨毯爆撃を逃れて、農村地域に避難や疎開をさせられた人たちがおよそ一〇〇〇万人いた。これら「疎開者」たちのなかには、数年後にようやく一時しのぎの住居を離れ、故郷に戻ることができた者が少なくなかった。一九四七年にも、四つの占領地区にはなお、およそ四〇〇万人の疎開者がいた。旧西ドイツの成立後は、彼らの帰還はとりわけ市町村や州が解決すべき問題として扱われ、もっぱら都市の住宅供給問題とみなされた。そのことによって、疎開者問題は、難民および被追放民の受け入れと統合に比べて、下位に位置づけられた。

(三) 難民・被追放民

ナチ時代に拡大されたドイツ帝国の東方領域の「帝国ドイツ人」[17]および東欧、東中欧、南東欧のドイツ人入植地の「民族ドイツ人」の約一八〇〇万人のうち約一四〇〇万人が、戦争の最終局面で西方に逃亡するか、終戦後に強制送還ないし追放された。一九五〇年の国勢調査のデータは、こうした一〇〇〇万人単位の逃亡の動きと追放の実態を明らかにしてくれる。それによれば、全体として一二五〇万人弱の難民と被追放民が、いまやポーランドやソ連邦領となったかつてのドイツ帝国東方領域および「民族ドイツ人」の入植地から、旧西ドイツとドイツ民主共和国(以下、旧東ドイツ)に到着している。さらに五〇万人がオーストリアとほかの諸国に居住し、おそらく約三〇〇万人がソ連邦に強制送還された。数十万人が逃亡や追放、強制送還を生き延びることができなかった。

一九五〇年における旧西ドイツと旧東ドイツの一二五〇万人の難民・被追放民のうち、最多数がかつてのドイツ帝国領域であるオーデル・ナイセ川の東部からやってきており、それは七〇〇万人弱にのぼった。それに次ぐグループは、三〇〇万人弱のチェコスロヴァキアからの難民・被追放民である。さらに一四〇万人が戦前のポーランド領から、三〇万人が一九三九年まで国際連盟の支配下にあった自由都市ダンツィヒから、三〇万人弱がユーゴスラヴィアから、二〇万人がハンガリーから、一三万人がルーマニアからやってきた。

ドイツの四つの占領地区に対して、難民・被追放民が均等に割り当てられることはなかった。農村地域は、特に空襲でひどく破壊された都市部や工業地域のような人口密集地域よりもずっと多くの人々を受け入れなければならなかった。農村部や農村の小都市のほうが、居住環境と食料供給の可能性がはるかによかったからである。全体として、ドイツ西部よりも東部がより多くの人々を受け入れ、西部の三つの占領地区のなかでも、西方よりも東寄りの地域のほうがより多くの人々を引き受けねばならなかった。一九四七年末には、全人口における難民・被追放民の割合は、ソ連占領地区で二四・三パーセントにのぼった。それに対して、アメリカ占領地区は一七・七パーセントで、一四・五パーセントのイギリス占領地区とともに少ない割合にとどまった。フランス占領地区は、占領当局が難民・被追放民を受け入れることを拒否したため、その数はさらに少なく、約一パーセントにすぎなかった。

大規模な破壊を被り、縮小され、人口過剰となった戦後ドイツでこうした大量の移民を引き受け統合することは、多くの同時代の人々にとって、ほとんど解決不可能な問題のように思えた。ともかくも、戦争後には四〇〇万以上の建物が全壊ないし半壊しており、その数は戦前の全戸数の五分の一以上に相当していたのである。それに加え、食料・物資の供給問題もあった。一九五〇年代初めからの「経済の奇蹟」[18]による継続的な好景気を迎えて初めて、難民・被追放民ならびに一九四九年から一九六一年の壁建設[19]までに旧東ドイツからやってきた、少なくとも二七〇万人の移民の経済的・社会的統合が、根本的に改善されたのである。同時に、彼ら自身も全体として有能な潜在労働力となり、「経済の奇蹟」に大いに貢献した。もっともその際、最初のうちは、むしろ通常の移民過程にみられる下層化現象もはっきりとみられた。つまり、難民・被追放民たちは、さしあたりはもっぱら、実際の能力に比べて地位の低い職種に採用され、それに応じた低い収入しか得られなかった。彼らの多くに昇進の可能性がもたらされたのは、特に一九六〇年代に入って労働市場が拡大し、労働市場のもっとも低い地位を占めることになる外国人労働力が移入されてからであった。

旧西ドイツにおける外国人雇用と事実上の入移民

外国貿易の大幅な拡大にともない、旧西ドイツの労働市場は大規模な拡張を果たした。これは、戦争の混乱期を経て生じた経済ブームの原因であり、また結果でもあるのだが、同時に南欧からの何百万人にもおよぶ男女の労働移民（「ガストアルバイター」[20]）募集の背景となった。当初は、旧東ドイツからの大量の移住があり、それが旧西ドイツの労働市場の需要を補っていた。しかしながらこの流入は、一九六一年、壁の建設により突然途絶えてしまった。旧東ドイツからの労働力の流入を断ち切ったこの一九六一年の壁の建設から、「新規募集停止（Anwerbestopp）」の原因となった一九七三年の経済危機までの間、外国人雇用の数は最高記録を更新し続け、その就業人口は約五五万人から約二六〇万人に増えた。一九五〇年代の終わりから一九七三年の「新規募集停止」まで、約一四〇〇万人の外国人労働力がドイツにやってきて、そのうち約一一〇〇万人が再び帰っていった。残りの者はドイツにとどまり、家族を呼び寄せた。

一九五五年にイタリア、一九六〇年にスペインおよびギリシアと結んだ最初の募集協定に続いて、同様の協定がトルコ（一九六一年）、モロッコ（一九六三年）、ポルトガル（一九六四年）、チュニジア（一九六五年）、そして一九六八年にはさらにユーゴスラヴィアと締結された。これらの協定のうち、二つの北アフリカ国家との協定は十分に機能しなかった。もっとも多くの労働者がやってきたのは、最初はイタリア、スペイン、ギリシアであった。その割合は一九七〇年代には低下し、他方で一九六〇年代の終わりからはユーゴスラヴィア、そして特にトルコからの割合が増大した。旧西ドイツの住民数における外国人の割合は、一九六〇年の一・二パーセントから、一九七〇年の四・九パーセントを経て、一九八〇年には七・二パーセントに達し、八〇年代にはほぼその水準を維持した。一九八〇年には外国人の約三三パーセントがトルコの国籍保有者であり、それに続いてユーゴスラヴィア人が一四パーセント、イタリア人が一三・九パーセントであった。被用者の全体数における外国人の割合は、一九八〇年にはほぼ一〇パーセントであったが、その後緩やかに減少し、ほぼ八パーセントの水準に落ち着いている。

やがて公的な用語ではなくむしろ世間一般に定着した「ガストアルバイター」という用語は、もっぱら工業生産を中心とする分野で、非熟練ないし低熟練の労働に従事する者という職業上の社会的ランクづけを意味するようになった。「ガストアルバイター」は、一九七〇年代には旧西ドイツの外国人労働者の約四分の三を占めていた（一九七四年約七七パーセント、一九七九年七四パーセント）。一九六六・六七年の一時的な不景気があったにせよ、全体としては安定した経済成長のなかで、「ガストアルバイター」は変動する潜在労働力としての役割を果たしていた。彼らは労働市場における需要と供給のバランスをとり、さしあたりは労働市場の側から、また後には購買力の面からも、さらなる経済成長を後押しした。

好況と危機を繰り返す経済のなかで、外国人雇用が景気の調整弁として利用された結果、外国人被用者はドイツ人よりも社会的・職業的に下層に位置づけられることになった。それは、一九六六・六七年の「経済の奇蹟」以降最初の景気低迷、ならびに一九七三年の「オイルショック」の際に明確になった。オイルショックは経済成長の限界を認識させ、募集停止をひきおこし、それによって募集時代ないし「ガストアルバイター時代」は終焉を迎えたのであった。一九六六・六七年の不況の結果、旧西ドイツにおける外国人雇用は約三〇パーセント減少し、一三〇万人から九〇万人（一九六八年一月）になった。その割合は再び上昇したが、一九七三年から七七年にはまたもや約二九パーセント減少した。それは特に景気動向に強く影響を受ける分野において明確であった。たとえば建設業界では、ドイツ人の建設労働者の数が、一九七三〜七六年に一五パーセント減少したのに対し、外国人労働者の減少は四一パーセントにも達したのであった。

一九七三年の「新規募集停止」により外国人被用者の数はたしかに減少した。しかし、「新規募集停止」はまた、外国人労働者に国境をこえて移動することを思いとどまらせた。というのは、それ以来、外国人労働者の自由意志による一時帰国は、不本意な永遠の別れを意味する可能性があったからだ。労働契約を終わらせて一時的に故国に帰った外国人労働者には、通常、もはやあらたに労働移民として認可を受けるチャンスはなかったのである。その結果、労働法や社会制度による保障の少ない「新規の」外国人労働者は減少し、他方で、ドイツにとどまり、家族を呼び寄せる外国人労働者の数は増加することとなった。[21] そして、時の経過とともに、滞在権に関しての彼らの地位は確実なものになっていった。長期滞在権を持った「ガストアルバイター」から、事実上の移民となっていったのである。実際、外国人被用者の数は、一九七三年の二六〇万人から一九七七年には約一八〇万人に、さらに一九八九年までに約一六〇万人に減少したが、外国人居住者の数は、一九七三年（三九七万人）ならびに一九七九年（四一四万人）に約四〇〇万人を数え、その後一九八九年までに四九〇万人弱（七・三パーセント）に増加した（表1-1参照）。

ドイツにおける外国人家族の大部分はすでに一九七〇年代後半から、社会的な矛盾のなかで生活していた。すなわち、彼らは、移民受け入れ国ではない国で移民状態にあったのである。この問題は政治的決定のプロセスでは無視され、行政においてはタブー視された。しかしながら、旧西ドイツの「移民受け入れ国ではない」という防御的な自己規定[22]は、一九八〇年代の初め以降、自己弁護のための建前としてすら次第に機能しなくなっていった。そうした傾向を後押ししたのは、現実には行政上の実践が権利と法に従って統合を目指す方向へと転換しているという事実であった。問題が生じた場合には、裁判所の判決もこうした実践を後押しした。外国人の滞在権、労働権および社会権に関して国が担うべき義務は、政治的なご都合主義の観点から無視できるようなものではなかったのである。滞在期間が長くなればそれだけ、移民してきた外国人住民の福祉国家ないし国のさまざまなサービスの履行義務に対する請求権は強くなっていった。しかし、

年	人数（100 以下は省略）	全人口に対する割合（%）
1961	686,200	1.2
1967	1,806,700	3.1
1970	2,976,500	4.9
1973	3,966,200	6.4
1974	4,127,400	6.7
1976	3,948,300	6.4
1979	4,143,800	6.7
1980	4,453,300	7.2
1982	4,666,900	7.6
1984	4,363,600	7.1
1988	4,489,100	7.3
1989	4,845,900	7.7
1990	5,342,500	8.4
1992	6,495,800	8.0
1995	7,173,900	8.8
1997	7,365,800	9.0
2001	7,318,600	8.9
2003	7,334,800	8.9
2005	7,289,100	8.9

表 1-1　旧西ドイツおよび統一ドイツにおける外国人（出典：Daten und Fakten zur Ausländersituation, hg.v.d. Beauftragen der Bundesregierung für Ausländerfragen, 18. Aufl., Bonn 1999, S. 19; Statistisches Bundesamt, Wiesbaden）

移民と統合の問題を扱った包括的な草案の作成は時機を失してしまい、それが出されるまでには二〇〇一年の「独立委員会・移民[23]」の報告書と二〇〇二〜〇三年の移民法をめぐる議論を待たねばならなかった。[24]

旧東ドイツのローテーションシステムにおける外国人労働者雇用

旧東ドイツにもわずかではあったが、国家間協定にもとづく外国人労働者がいた。それら「外国人就労者（Ausländische Werktätige）」は、もっぱらベトナムとモザンビーク出身であった。外国人被用者は旧東ドイツでは公的には語られないか、職業訓練のためにやってきたのだと軽視された。もっとも、実際に職業訓練のためにやってきたのは、とりわけ初期の頃、一部の人たちのみであった。期限つきの契約で壁に取り囲まれた国に迎え入れられたそれら外国人のためには、たしかに「お世話（Betreuung）」が用意されていた。しかしそれは、厳重に管理された、権威主義的なものであった。実際には外国人たちは専用の共同宿舎が割り当てられ、社会的にも隔離されていたのだった。個人的に誰かと連絡をとる場合には、許可と報告の義務があった。

一九八九年に約一九万人だった旧東ドイツの外国人のうち、圧倒的に多かったのは、旧東ドイツ企業で雇用された人たちのグループ（九万三五六八人）であった（表1-2参照）。そのうち、ベトナム出身の約五万九〇〇〇人とモザンビーク出身の約一万五〇〇〇人は、一九八九年の東西ドイツ統一の前夜にもなお働いていた。旧東ドイツの外国人労働者はたいてい、旧西ドイツの「ガストアルバイター」同様、ドイツ人労働者からもっとも軽視されている分野、すなわち生産分野に従事していた。そのうえ彼らは、たとえば、四分の三がシフト制であるなど、非常に厳しい労働条件下で働いていた。

移民の問題は、外国人雇用との関連でいえば、まれに「外国人就労者」と旧東ドイツ市民との結婚というケースの際に生じただけであった。というのは、国家間の協定にもとづいて期限つきでやってきていた外国人は、契約期間が終わると出身国に帰らなければならなかったからだ。この厳しいローテーションシステムのなかでは、家族の呼び寄せはおこらなかった。旧東ドイツの外国人労働者は男女とも単身でやってきた。国家間協定でも、とりわけ若く、独身の労働者が対象となっていた。家族形成に関しては露骨に不利な規定もあった。たとえば、妊娠をした場合に

年	人数
1966	約 3,500
1967	14,000
1969	14,134
1971	14,800
1974	18,680
1979	20,567
1980	26,006
1984	29,000
1986	61,000
1988	87,793
1989	93,568

表 1-2　国家間協定にもとづく旧東ドイツの外国人被用者（出典 : Sandra Gruner-Domić, Beschäftigung statt Ausbildung. Ausländische Arbeiter und Arbeiterinnen in der DDR (1961–1989), in Motte/Ohlinger/Oswald(Hg.), 50 Jahre Bundesrepublik-50 Jahre Einwanderung, S. 215–240, hier S. 224）

は堕胎や国外追放を強いられた。東西統一の直前になってようやく、この規定は緩和された。それ以来、たとえばベトナム人女性は例外的に、企業が同意する限りにおいて、旧東ドイツで子どもを産んでもよいとされた。ただし、子どもが生まれて六週間で、女性は子どもを保育所に入れて仕事を開始するか、出国しなければならなかった。

外国人労働者と職業訓練生の滞在中の労働および生活条件は、ほとんどの分野について二国間の協定と特別な「基本要綱」に規定されていた。実際、彼らの生活において、何らかのかたちでの規制や管理がなされていない分野は存在しなかった。一九七九年六月二八日の旧東ドイツの外国人法とそれに付随する外国人条令は、外国人住民の旧東ドイツ滞在中の法的地位と滞在に関する原則を規定していた。しかしながら、そこに規定された法的な枠組は非常に大雑把なものだった。出身国との間で外国人の権利の問題に関する個別の協定が存在しない限り、国籍に関わることを除いて、旧東ドイツ市民と同じ権利が外国人労働者にも認められていた一方で、旧東ドイツの滞在許可はいつでも、理由なく、時間的・空間的に制限され、拒否され、剝奪されるか無効を言い渡すことができると定められていた。

さらに、外国人労働者の移動と規律に関する措置があった。たとえば、通常彼らの旧東ドイツでの滞在期間は企業に拘束されており、外国人労働者側の契約解除の権利は大幅に制限されていた。家族との別居手当の支払いを制限ないし停止するとの脅しは、「労働規律の強化」に役立った。たとえば、この「別居手当」は一九七三年以降ポーランドの労働者に支払われており、日割りで計算されていた。一度の無断欠勤でこの手当は五〇パーセントに引き下げられ、二度の無断欠勤で完全にカットされた。国家間協定にはさらに、総所得額から出身国政府の取り分を送金するかどうか、またはいくら送金するか、所得のうちどのくらいを労働者にすぐに支払い、どのくらいを帰国後に支払うかなど、グループに応じたさまざまな決まりがあった。

旧東ドイツに住み、働いている外国人とその問題についての公の議論は、国の側からは徹底して封じ込まれており、公式な文書や契約書などはすべて、一九八九年秋の東西統一まで外に出ることはなかった。こうした理由により、旧東ドイツに住む外国人のためのロビー団体は、教会などの例外を除いて、東西統一まで存在しなかった。外国人労働者と職業訓練生は、企業内の労働組合活動以外、外国人政策の問題において共同発言権も共同決定の可能性も持たなかった。外国人労働者の独自の利益代表は存在しなかった。全体として、旧東ドイツでは、「外国人就労者」への社会統合はほとんどなされなかったし、彼らはむしろ国の指示によって社会的に隔離されていたのである。

統一ドイツにおける移民と統合▼25

「鉄のカーテン」の開放、かつての東側諸国の政治システムの転換、そして一九八九〜九〇年の旧東ドイツの終焉によって、ヨーロッパとドイツにおける移民の類型は変化した。統一されたドイツはあらためて、東から西への移民の目的地およびその中心地となった。それは特に、庇護申請者、引揚者(アウスジードラー)▼26割当ユダヤ難民の流入において明確になった。

㈠庇護申請者

第二次世界大戦後、旧西ドイツの基本法に規定された庇護権▼27は、庇護を請求する権利を有すると考えるすべての者に対して、その申請の可否が決定されるまで安全な滞在を保証していた。そうした権利に対し、世界中の難民たちが次第に多くの請求を行うようになると、まずは認定が制限されるようになった。そして、鉄のカーテンの開放の過程で申請数が爆発的に増加すると、ついに一九九三年の「庇護権妥協▼28」によって基本法自体が制限されるようになった。旧東ドイツにおいても庇護権は存在したが、それは申請者の主体的な権利としてではなく、庇護を認定する国家の権利としてであった。そのため、庇護申請数は旧西ドイツのそれと比べるまでもないほどに少なかった。

旧西ドイツにおいては、一九八八年に庇護申請数のグラフの曲線が一〇万人をこえた。その数は、ヨーロッパでいくつもの革命がおきた一九八九年に一二万人にのぼり、一九九〇年の統一ドイツにおいては一九万人に達した。さらに一九九一年には二五万六〇〇〇人強に、一九九二年にはついに四四万人弱にのぼった(表1‐3参照)。その後、東欧、東中欧、南東欧における危機の高まりと、いわゆる「第三世界」からの貧困難民に対する防衛策によって、流入する庇護申請者の割合は完全に入れ替わった。つまり、一九八六年には庇護申請の約七四・八パーセントがなお

「第三世界」からやってきていたが、一九九三年には七二・一パーセントがヨーロッパ、特に東欧、東中欧、南東欧からの者たちとなった。そしてそのことが、一九九三年の庇護に関する基本法改正（第一六条a項）の背景となった。その後は、「迫害のない」国々からの者や、ドイツをまさに隙間なく囲っている「安全な第三国」から入国した者には、もはや庇護認定のチャンスはなくなった。南東欧の戦争ないし内戦の終結後、庇護申請者の大部分は、再び「第三世界」からの者たちとなった。一九九〇年代の末以降、年間の庇護申請数はさしあたり全体として減少傾向をたどり、一九八八年から九七年の間にこえていた一〇万人を再び下回った。世界的な難民の移動を背景としてその数が再び目にみえて増加したのは、最近のことである。

年	申請数
1972	5,289
1976	11,123
1978	33,136
1980	107,818
1982	37,423
1984	35,278
1986	99,650
1987	57,379
1988	103,076
1989	121,315
1990	193,063
1991	256,112
1992	438,191
1993	322,599
1994	127,210
1997	104,353
1998	98,644
2000	78,564
2002	71,127
2003	50,563
2006	21,029
2009	27,649
2011	45,741
2013	109,580

表 1-3　旧西ドイツおよび統一ドイツにおける庇護申請数（出典：Ausländische Bevölkerung in Deutschland, hg,v, Statistischen Bundesamt, Wiesbaden 2001, S. 113; Bundesamt für Migration und Flüchtlinge）

㈡引揚者（アウスジードラー）

庇護申請者の流入とならんで、一九八〇年代の終わりおよび一九九〇年代の初めには、特に旧西ドイツおよび統一ドイツにおける「引揚者」の数が急増した。「引揚者」の流入は、数世代をこえての一種の「帰還」である。彼らの祖先は、一部は数世代前に、一部は数世紀前に、「ジーベンビュルゲンのザクセン人」の場合にはさらに旧く中世後期にドイツから移住していった人々であった。「引揚者」と認定された人々は、戦争の結果生じる権利という考え方にそい、すべての権利と義務をともなうドイツ国籍の請求権を持った。それにより、一九八〇年代の終わりまで、つまり冷戦の終結にいたるまで、引揚者の受け入れは非常に寛容であった。旧西ドイツは、一九五三年の「連邦被追放民難民法」を法的基盤として、東欧、東中欧、南欧出身のドイツ系の人々を「引揚者」として受け入れ、彼らにドイツ国籍を与え、彼らの統合を促進する義務を課されていたのである。「鉄のカーテン」をこえることに成功したドイツ系の人々は、「鉄のカーテン」の向こう側で迫害されていたとみなされ、容易に連邦共和国に受け入れられた。

東欧、東中欧、南欧出身のドイツ系の人々は、同地域の国々からの組織的な追放の後も旧西ドイツへと継続的にやってきており、その結果、難民と被追放民、および労働移民の流入に次ぐ、三番目に大きい移民の動きを形成した。旧「東ドイツ」においても引揚者の流入があったが、それはもっぱら家族の引き合わせと理解され、比較的少数であった。

一九五〇年から二〇一四年までに四五〇万人以上の引揚者が旧「西ドイツ」と統一ドイツに流

入した。そのうちの圧倒的多数（約三〇〇万人）が一九八七年以降に、ソ連邦の「グラスノスチ」[29]と「ペレストロイカ」[30]、ならびに「鉄のカーテン」の開放にもとづいてやってきた人たちであった。引揚者の流入は、一九八八年に二〇万人の大台を少しこえ、一九九〇年の終わりまでには四〇万人弱に達した。そして一九九一年には、申請者数は多かったものの、流入数は二〇万人を少しこえる程度に急減し、一九九五年まで同様な水準を保っていた。それ以降、その数は再び急激に減少する（二〇〇二年九万一四一六人、二〇〇五年三万五五二二人、二〇〇六年七七四七人、二〇一三年二四二七人、表1－4参照）。

一九五〇～八七年の間、旧西ドイツにおける引揚者の主要な出身地はポーランドであり、全引揚者（八四万八〇〇〇人）の六二パーセントがポーランドからやってきていた。それに比べ、まだ

年	流入数（人）
1986	42,788
1987	78,523
1988	202,673
1989	377,055
1990	397,073
1991	221,995
1992	230,565
1993	218,888
1995	217,898
1996	177,751
1998	103,080
2002	91,416
2005	35,522
2006	7,747
2013	2,427

表 1-4　引揚者の流入数
（出典：Bundesministerium des Innern）

厳格な出国統制を行っていたソ連邦からは、ほんの八パーセント（一一万人）にすぎなかった。ポーランドに次いで第二位の地位を占めていたのは、一五パーセント（二〇万六〇〇〇人）のルーマニアであり、それはソ連邦を明らかに上回っていた。しかし、「鉄のカーテン」が開かれると、ソ連邦とその後継国家から大量流出がおこり、あっという間にポーランドやルーマニアを上回った。一九九〇年までにその割合は三七・三パーセントに増え、一九九一年には六六・四パーセントにのぼった。独立国家共同体（CIS）の諸国からの引揚者の流入は、一九九二年に八四・八パーセント、一九九三年には九四・七パーセント、一九九六年には九六・八パーセントにもなった。一九九六年に受け入れられた一七万七七五一人の引揚者のうち、旧ソ連邦の出身者だけで一七万二一八一人を占めた。それに反比例して、ポーランドおよびルーマニア出身の引揚者の割合は急速に減少した。一九九四年と一九九六年にはルーマニア出身の引揚者は二・六パーセントと二・四パーセント、ポーランドからは一・一パーセントないし〇・六パーセントにすぎなかった。

こうした出身地域の変化は、ルーマニアにおいて流出する可能性のある引揚者が減少したことや、潜在的に何倍も多くの引揚者を抱えていたCIS諸国からの雪崩のような流出だけが原因なのではなかった。それは、一九九〇年以降における承認手続きの変化の影響を受けていた。ポーランドやルーマニア、その他の強制移住を強いられた地域からの引揚者は、CISからの引揚者よりも不利だったのだ。すなわち、一九九三年一月一日以降、前者が承認申請を行う場合には、申請者ドイツ民族への帰属を理由に申請時まで「追放圧力」や不利益を被り続けていたことを、申請者自身が詳細に証明しければならなかった。それに対して、後者のＣＩＳ諸国からの申請者たちは、「反証的に」受け入れられた。つまり、反対証明が出されない限り、彼らには「追放圧力」が認められたのである。これらすべては、一九九三年の「戦争帰結清算法」[31]が「庇護権妥協」との関連のなかでもたらした、引揚者の流入と統合に関する重大な変更の一部であった。「庇護権妥協」は、実際には包括的な移民妥協（Migrationskompromiss）だったのである。[32]これ以降、申請資格者は一九九三年以前に生まれた「後期引揚者」のみが増えている。それに加え、一九九〇年初め以降には統合政策が制限された。[33]それによって、引揚者ないし後期引揚者の状況は、次第にほかの移民集団のそれに近くなっていった。それにもかかわらず、彼らは相変わらず、ドイツにおける移民のなかでは特権的な地位にあった。

㈢ユダヤ難民

旧ソ連邦の後継国家からのユダヤの流入は、まだ比較的新しい現象である。その前史は、旧東ドイツが瀕死状態だった頃、すなわち一九八九年一一月初めのドイツ社会主義統一党（ＳＥＤ）政権の崩壊と一九九〇年一〇月三日の旧西ドイツとの統一までの間にあった。この東欧革命から統一までの期間には、たとえば旧東ドイツでは外国人地方選挙権が導入されたりしたが（統一後に廃止された）、その間の一九九〇年には、反シオニズム的なＳＥＤドクトリンに叛旗を翻した旧東ドイツ人民議会[34]のいくつかの議員団が、共同の声明のなかで、「迫害を受けたユダヤに対して、旧東ドイツにおいて庇護を認める」用意があることを表明した。それは旧東ドイツの内閣委員会でも一九九〇年七月に承認され、その結果、一九九一年四月半ばまでに、ソ連邦からのユダヤ移民五〇〇〇人弱が、旧東ドイツ領内への受け入れを申請した。それ以前には、最初のユダヤ移民八五三五人が、一九九〇年四月以降、まだ存在していた旧東ドイツに入国していた。こうして、「鉄のカーテン」の開放から二〇〇五年末まで、全体として二〇万人以上のユダヤがソ連邦・CIS諸国からドイツに流入した。

もはや国家によるものではないが、それに代わるCIS諸国のまさに日常的なさまざまな反ユダヤ主義の存在により、二〇〇四年末までは彼らは分担難民[35]として扱われた。つまり彼らは集団的に認められた地位を与えられ、庇護認定者の地位に近い者として扱われたのである。二〇〇五年一月一日の移民法の発効以降、CISからのユダヤ移民の受け入れにはあらたな規定が課せられた。すなわち、証明しなければならないのは、ユダヤの出自だけではなくなったのである。彼らは出自の証明に加えて、ドイツ移住後に独自に生計を確保できるという証拠書類の提出が必要となった。さらに、ドイツ語の基本知識の証明、およびいずれかのユダヤ教団にメンバーとして受け入れてもらえることの証明がされなければならなかった。こうして、二〇〇六年以降、ポジティヴな「統合予測」[36]が受け入れ決定の前提となっていった。これらの制限にもかかわらずCIS諸国からのユダヤは、その後も優先的にホロコーストの故郷に受け入れられた。これは、自らのもっとも暗い歴史の一幕に対する、ドイツ人たちの返答なのである。ただしそれは、旧東ドイツのイニシアティヴを統一ドイツに移行することをめぐって激しい攻防が繰り広げられた後、非常に戸惑いがちに出された返答であった。そうした背景と、またメディアにおけるきわめて同情的な報道にもかかわらず、ドイツ人と東欧からのユダヤ移民たちとの出会いには、相変わらず大きな不安が残っている。

それに加えて、移民自身のアイデンティティの問題もある。彼らはユダヤとして出国し、ユダヤとしてドイツに受け入れられた。全員にはとうていおよばない人数だが、それでも約八万人が、二〇〇五年に再び約一〇万五〇〇〇人の成員を数えるようになったユダヤ教団に参加し、教団から支援を受けている。彼らの大部分はその出身社会では、宗教的・文化的意味合いにおいてもはやユダヤとしてのアイデンティティを持っていなかったにもかかわらず、である。というのも、多くのユダヤ教団は、一方では反シオニズム的な、他方ではしばしば反セム主義的圧力のもとに消滅していたからであった。

㈣シンティとロマ[37]

ロマの運命をたどると、統一ドイツにおいて、ナチによる大規模な犯罪行為にもとづく罪の意識が、その被害を受けた少数派の人たちすべての扱いに作用しているわけではないということがわかる。シンティとロマがホロコーストにおいてユダヤに次いでもっとも多くの迫害を受けたという記憶は、彼らのドイツへの流入に際して、何の役にも立たなかった。

公的な調査によれば、一九九〇年の初めから一九九三年七月一日の新しい庇護法の成立までに、約二五万人のロマ難民が主としてルーマニアから、またさらにユーゴスラヴィアとブルガリアからドイツにやってきた。彼らの扱いは、東欧からの引揚者やユダヤの扱いとは完全に対極を成していた。引揚者とユダヤの場合には、社会国家への包摂と社会的統合という基本方針に従った国家政策による移民であったのに対して、東欧からの「ジプシー」の「好ましからざる移民」にはまったく逆の対応があった。すなわち、排除、強制送還、ないしは公式にみせかけた本国への追放が行われたのである。しかし、その本国、たとえばルーマニアでは、彼らは少なくともＣＩＳ諸国におけるユダヤと同程度に疎外されていた。

㈤追記

二一世紀初め、ドイツの移民および統合政策をめぐる議論の中心には、さしあたり、連邦内務大臣オットー・シリーにより設置された「独立委員会・移民」の報告、およびそれに引き続き連邦政府によって提出された「移民の調整と制限およびＥＵ市民と外国人の滞在と統合の規制のための法（移民法）」をめぐっての政治上およびメディアの議論があった。同法は複雑でわかりづらい滞在要件を滞在許可と定住許可の二つに絞って簡素化するとともに、統合を法的義務として初めて取り上げた。それには、統合促進のために移民たちに課される義務も含まれていた（たとえば言語コース、オリエンテーションコースなどへの参加）。また、経済を理由とした移住に関しては、高度熟練技術者や自営業者の移民が容易化された。[38] 庇護権に関しては、「猶予」という不確定な法的地位[39]と、それによって事実上しばしば生じる「連鎖的猶予」が廃止された。[40] さらに、EU基準に対応して、国家権力によるものではない亡命や、[41] ジェンダーに関連した亡命理由に対する承認の可能性が容認された。少なくとも四半世紀遅れとはいえ、二〇〇五年の移民法は、事実上の移民受け入れ国（De-facto-Einwanderungsland）における社会的現実を前にして、ドイツ連邦共和国がようやく非公式な移民受け入れ国から、それ相応の法的・行政的機能を備えた公式かつ現代的な移民受け入れ国に、法律上も転換したことを示すものであった。

二〇一〇年から、ヨーロッパとドイツにおいて、移民は引き続き政治上およびメディアの中心的な議論となった。継続的に高い関心が寄せられているにもかかわらず、人々の空間的な移動に対する認識は、相変わらず、選択的でごく部分的なものにとどまっている。つまり、庇護を求める人の数が明らかに増えているなかで、難民の受け入れと収容、および庇護認定の条件と結果ばかりが注目を浴びた。さらにその間に、新しいEU諸国であるルーマニア、ブルガリアからの「貧困難民」と呼ばれる人たちの移民が、報道や政治的議論の中心となった。[42] またしても、移動が社会システムや国内外の安全保障、さらにはEUおよびドイツの社会的な平和に対する（潜在的な）危険とみなされるようになった。それに対して、世界の紛争地域および戦争の危機に瀕している地域内外からの膨大な難民のうち、ヨーロッパに到達する者が非常に少ないという事実には、ヨーロッパにおいてよりよい生活のチャンスを得るために移民たちが何度も移動を繰り返すことが当たり前であることと同様、あまり焦点があてられないのである。

▼註

▼1 一八世紀の間に計五回、現在のドイツ西部にあたるハプスブルク帝国領から現在のルーマニア、セルビア、ハンガリーにまたがる地域に組織的な植民活動が行われた。ここでは特に、マリア・テレジアおよびヨーゼフ二世のもとで遂行された植民を指す。

▼2 プロテスタント再洗礼派の流れをくみ、幼児洗礼の否定と平和主義を特徴とする。メノー派とも。

▼3 敬虔主義とも。一七世紀ドイツでルターによる「万人司祭」の教えを徹底するため、あらためて一般信者に聖書の読解、教会への関与、禁欲を説いた。

▼4 プロテスタントの一宗派で「フレンド派」とも。一七世紀イングランドの急進的ピューリタンの神秘主義に端を発し、信者たちが肉体の震えによって信仰を表現したためこの名がついた。

▼5 Tunker. バプティスト、浸礼派とも。一七世紀にイングランド国教会から分派したプロテスタントの一宗派。メノナイトやピエティストと同様に万人司祭主義、聖書主義の立場をとり、教会への国家権力の介入を嫌った。

▼6 Schwenkfelder. プロテスタントの一宗派。一六世紀にシュレージエンの宗教改革者カスパー・シュヴェンクフェルトが説いた急進的教義の信奉者。

▼7 Herrnhut. ヘルンフート兄弟団とも。フス派の流れをくむボヘミア兄弟団、モラヴィア兄弟団(モラヴィア教会とも)がザクセンの貴族の保護下で結成したプロテスタントの信仰共同体のこと。ザクセンのゲルリッツにある同名の町が名称の由来。

▼8 土地なし、もしくは小片の土地を所有し、農場領主などに対して賦役義務を負っていた下層農民の呼称。

▼9 いずれもおよそ一八七〇年代以降、ドイツのルール地方にしばしば家族をともなって移住し、主に炭鉱労働に従事したポーランド系住民のこと。「マズーレン」は、ポーランド東北部一帯を指す。

▼10 ドイツ国籍を持たないポーランド系住民。

▼11 労働力不足を指す。

▼12 Displaced Persons: DPs. 大戦後に定められた、ナチ・ドイツによる強制労働や追放など、戦時中のできごとを理由として故郷を追われたさまざまな国の難民。彼らは占領軍により故郷に返されるか、故郷に帰らず移民するかの選択を迫られた。

▼13 当初ヒトラーの身辺警護のために創設された組織。第二次世界大戦中には、指導者ハインリヒ・ヒムラーのもと東欧でのユダヤ人絶滅政策で中心的な役割を担った。

▼14 本節以下の小見出しは訳者によるものである。

▼15 Gesetz über die Rechtsstellung heimatloser Ausländer im Bundesgebiet. この立法によってたとえば、故郷なき外国人は居住地の選択やドイツ国内の移動、就学の機会、結社、社会保障、失業保険などに関してドイツ人と同等とされた。また、滞在許可は必要ないとされ、ドイツ国籍を容易に取得することができた。

▼16 Vertriebene. 戦後定められたドイツの国境の外に残された「ドイツ人」で、外国から追放された人々の総称。

▼17 Reichsdeutsche. ヴァイマル共和国時代からナチ時代に使用された名称で、帝国内に居住していたドイツ国籍保有者のこと。それに対し、帝国外に住んでいたドイツ国籍保有者はナチ時代に「民族ドイツ人」と呼ばれた。

▼18 Wirtschaftswunder. 戦後のマーシャルプランなどの援助により西ドイツにおこった大幅な経済復興のこと。

▼19 旧西ドイツへの亡命者の増加を抑えるため、一九六一年八月に東ドイツが東西ベルリンの境界線に壁を築いた。

▼20 一九六〇年代以降に南欧やトルコ、モロッコなどとの協定により募集された「外国人労働者」に対して、ナチ時代の蔑称「よそ者労働者（Fremdarbeiter）」を避け、必ず帰国することを前提として呼称された「客労働者（ゲスト労働者）」を意味する用語。やがて蔑称化していった。

▼21 その圧倒的多数は、再入国が不可能になると憂慮したトルコ出身者だった。

▼22 一九八〇年一一月、景気の停滞や高い失業率、庇護申請者の増加、第二次オイルショックによる混乱などを背景に外国人排斥の動きが激化したことをうけて、当時の政府が打ち出した自己規定。

▼23 あらたに入国または移民する外国人の受け入れ方法や受け入れた移民の統合についての包括的なコンセプトを作成するという目的のもと、二〇〇〇年九月に設置された委員会。同委員会は報告書のなかで、「すでに長い間ドイツは移民受け入れ国である」との立場を明らかにした。

▼24 「独立委員会・移民」の報告書と各党の草案にもとづいて「移民の調整と制限およびEU市民と外国人の滞在と統合の規制のための法（移民法）」が作成され、二〇〇二年三月にはいったん連邦議会と連邦参議院で可決された。しかし、同年七月にはこの法に反対する六つの州が連邦参議院での採決をめぐって連邦憲法裁判所に提訴、同裁判所がこの採決に違憲判決を下したことから、同法は再び調整を余儀なくされた。幾度も訂正を経た後、移民法が施行されたのは二〇〇五年のことである。

▼25 本節以下の文は、原著者J・オルトマー氏が本書のために、データを更新し、加筆・修正（一部削除を含む）を施してくれたものである（原稿拝受：二〇一五年六月）。記して感謝申し上げたい。

▼26 Aussiedler. 一九五〇年以降に旧ソ連邦やその他の東欧諸国からドイツに移民してきた「ドイツ民族国籍保有者（Volkszugehörige）」のこと。一九九三年以降の同移住者を「後期引揚者（Spätaussiedler）」と呼ぶ。

▼27 基本法第一六条の庇護権規定により、政治的な迫害を受けた者に与えられる権利。ナチ時代に政治的および人種的理由によって多くの外国人を迫害したことから、戦後のドイツでは政治的な迫害を受けた者を保護することが道徳的・政治的義務と考えられるようになり、基本法にこの規定が定められた。

▼28 Asylkompromiss. 一九九二年一二月六日にCDU／CSU（キリスト教民主・社会同盟）、SPD（社会民主党）、FDP（自由民主党）が見出した妥協合意。これにもとづき、一九九三年五月二六日に庇護権規定の改正が連邦議会で可決された。基本法と庇護手続法（Asylverfahrensrecht）の改正により、ドイツの庇護権は大幅に制限された。

▼29 ロシア語で「情報公開」の意味。ソ連邦のゴルバチョフ書記長によって、ペレストロイカのもとで進められた

言論・情報政策で、これによって出版前や放送前の検閲が減少し、検閲されていた文書や書物が図書館や書店で手に入るようになった。

▼30 ロシア語で「建て直し」の意味。ゴルバチョフ政権下に行われた改革で、経済の建て直しを中心に、「グラスノスチ」による情報公開や民主化、スターリン批判の再開などが広範に進められた結果、ソ連邦の解体につながった。

▼31 Kriegsfolgenbereinigungsgesetz. 一九九二年一二月二一日可決、一九九三年一月一日施行。これにより、一九九三年以降の移住者は先述の「後期引揚者」と称されることとなった。また、一九九二年一二月三一日以降に生まれた者はこれに含まれないこととされた。その結果、後期引揚者の流入数は減少していくこととなる。

▼32 庇護申請者と引揚者は当時、ドイツにおいてもっとも重視されていた移民流入形態であり、一九九三年の「庇護権妥協」はいわばこの両方に関わるものであった。すなわち庇護権や庇護政策のみならず、引揚者の流入制限など、彼らの移住をめぐる規定にも影響をおよぼした。そのことから、バーデはほかの著書でも、「庇護権妥協」はむしろ「移民妥協」と捉えるべきだと述べている。

▼33 たとえば、社会福祉の分野で給付の額や期間の変更が行われたり、住居斡旋法のもとで自由移動が極端に制限されたりした。

▼34 旧東ドイツの最高国家権力機関。表向きは国民が選出したことになっていたが、実際にはつねにSED（ドイツ社会主義統一党）が最大勢力になるようになっていた。

▼35 一九九一年、ドイツは一九八〇年に制定された「人道支援活動の枠内での難民受け入れ措置に関する法（Gesetz über Maßnahmen für im Rahmen humanitärer Hilfsaktionen aufgenommene Flüchtlinge）」にもとづき、ソ連邦およびその後継諸国のユダヤを分担難民として受け入れることを決めた。彼らは庇護手続きやその他の承認手続きなしで、すぐに滞在許可と就労許可を得ることができた。同法は二〇〇五年の移民法発効により失効した。

▼36 生計確保の証明とドイツ語の知識など、統合のためのよい前提条件を備えていること。

▼37 中世以来、ヨーロッパに居住する少数民族。ロマは東欧、南東欧、シンティは西欧、中欧に由来するとされる。ナチ時代、「ツィゴイナー（ジプシー）」と総称され、「劣等人種」と位置づけられて迫害された。

▼38 高度な資格を持つ外国人に最初から無期限の滞在許可を付与することや、ドイツ経済への貢献が認められる自営業者の受け入れを容易化することとした。

▼39 庇護申請が却下され、出国の義務があるが、身分証明書などの書類が足りなかったり、出身国が受け入れない、または病気であるなどの理由によりすぐには国外退去できず、国外退去を猶予されるケースがある。彼らは、数週間ないし数カ月ごとに滞在を延長しなければならないだけでなく、労働市場への参入の可能性は滞在四年後にしてわずかにみえてくるのみであるため、つねに不安定な状態にある。

▼40 一八カ月以上、自分の落ち度なしに出国が妨げられており、近いうちに出国できない者は、滞在許可を得ることができるようになった。

▼41 たとえば、非合法武装勢力など政府以外の個人や集団から逃れるための亡命。

▼42 二〇一四年一月から、ブルガリアとルーマニアに対する就労と移動の制限が解除された。

訳者解説

ドイツはなぜ難民を受け入れたのか――ドイツ難民・移民政策の現状

前田直子

二〇一八年一〇月末、アンゲラ・メルケル首相（Angela Merkel：CDU［キリスト教民主同盟］）は同年一二月の党首選への出馬断念と、二〇二一年の任期満了での首相職退任を表明した。きっかけとなったのは、その直前に行われたバイエルン州およびヘッセン州の州議会選挙での大敗であった。しかし、そもそもの原因は二〇一五年のいわゆる「欧州難民危機」にまでさかのぼる。ここでのメルケルの決断が、一時はノーベル平和賞の有力候補とささやかれた一方で、その後の彼女の政治生命に、長く、暗い影を落とすことになったのである。

では、二〇一五年の「欧州難民危機」からメルケルの決断、さらには政界引退表明にいたるまでの彼女の難民・移民政策はどのようなものであったのか。また、その決断はそもそもどうして可能であったのか。

「歓迎する首相」から「追い出し首相」、そして引退へ

二〇一五年、ドイツはかつてない規模の難民の流入を経験した。二〇一〇年からアラブ世界で広がった反政府運動「アラブの春」および二〇一一年からのシリア内戦の長期化が主な背景であった。その際、もともと戦後のヨーロッパのなかでも難民の受け入れに寛容だとされるドイツは、多くの難民の目的地[1]となった。また、メルケル首相が押し寄せる難民を前に「私たちはやってのける（Wir schaffen das）」と発言し、ハンガリーで足止めされているシリア難民の受け入れを認める例外措置を発令すると、大量の難民が一気にドイツになだれ込んだ。当時筆者が住んでいたバイエルン州ミュンヘン市は南からの難民のドイツの玄関口であることから、多いときで一日に一万人をこえる難民が中央駅に到着した。それと同時に、ミュンヘンをはじめ国内の多くの駅で、到着する難民に食べ物や寄付の物資を配布する市民ボランティアの姿や、「ようこそ」の看板を持って難民を迎え入れる人たちの姿がメディアを駆けめぐり、ドイツの「歓迎する文化（Willkommenskultur）」として知られるようになった。ドイツは経済面だけでなく、モラルの面でもヨーロッパをけん引する大国になったのだと、ドイツ国民および住民は誰もが誇りに思った。

2015年9月のミュンヘン中央駅。この日は難民はそれほど多くなく、「歓迎する人たち」もいなかった（筆者撮影）。

同時にこれは、メルケルにとって試練の始まりとなった。まずは、

「歓迎する文化」の一方で、ますます増えていく、終わりのみえない難民流入に人々が不安や不満を募らせ、難民受け入れ施設への不法行為が頻発した。[2] また、メルケルの前記決断に対して党内外で反発の声があがり、市町村からも次第に難民受け入れの限界を訴える声が聞かれるようになった。その結果、連邦政府の難民政策は受け入れ削減へと向かっていった。[3] 具体的には同年一〇月の難民庇護関連法案Iと翌年二月の同関連法案IIにより、「安全な出身国」の追加や家族の呼び寄せ制限、国外追放の容易化など、難民をめぐる規定が厳格化された。こうしてメルケルの「やってのける」の発言から半年後には、そこに多くの「脚注」がつけられることとなった。

選挙結果にもメルケルの難民政策に対する人々の不満が如実にあらわれた。二〇一六年に行われた五つの州の選挙で、反難民を掲げる右派政党「ドイツのための選択肢（AfD：Alternative für Deutschland）」が急速に支持を増やしたのである。[4] この間に、難民申請者や「移民を背景に持つ人」による犯罪が立て続けにおこったことも、[5] 選挙結果に影響した。それにより、二〇一六年九月にはメルケルはこれら選挙に対する責任に言及し、難民政策の批判者たちを抑えるためにも「私たちはやってのける」との発言の使用を控えることを明らかにした。「脚注」がつけられてからさらに半年後、同発言はついに公の場から姿を消すことになったのである。

二〇一六年一二月のクリスマスマーケットでのテロ事件——庇護申請を拒否されたが、出身国からの書類の不備により国外退去を猶予されていたチュニジア人男性がベルリンのクリスマスマーケットに大型トラックで突入し、一二名が死亡、五〇名以上が負傷した——もメルケルにとって逆風となった。この容疑者が一四の異なる身分を持ち、州当局から危険人物として認識されていたにもかかわらずこのような事件がおきたこと、さらに彼が犯行後、イタリアまで逃げおおせたということから、ドイツの国内治安や危機管理に対する疑問の声があがり、危険人物の国外追放をめぐる議論が一気に高まったのである。そのため、二〇一七年一月にはメルケルが、庇護申請が認められなかった人物は早急にドイツを去ること、およびアルジェリア、モロッコ、チュニジアを「安全な出身国」に加え、庇護申請手続きの迅速化を図ることを発表した。二〇一五年夏の寛大な難民受け入れ措置から一転、国外追放の強化を決めたメルケルはこのとき、「歓迎する首相」から「追い出し首相」になったと揶揄された。

その後もメルケルにとって不都合な事態が続いた。ヨーロッパ各国でテロ事件が頻発したのである。[▼6] それにより、ドイツで難民や移民に対する警戒心が高まると、人々の不満は再び選挙に向けられた。二〇一七年九月の連邦議会選挙では、メルケル率いるCDU／CSU（キリスト教民主・社会同盟）が得票率を八・六パーセント下げ、一九四九年以来二番目に悪い結果を得た。このときの世論調査でメルケルの難民政策に不満と答えたのはCDU／CSU支持者の三四パーセント、かつての同支持者では七一パーセントにものぼったこと、また、庇護権の乱用を防ぐために基本法の改正を訴えたり、難民をすぐに出身国に送還するこ

2016年12月24日のカイザー・ヴィルヘルム記念教会前（筆者撮影）。

とを主張するAfDの得票率が七・九パーセント伸びたことからも、CDU／CSUが難民政策を理由に支持者を失ったことは明らかであった。そのなかで、メルケルはまたしても妥協を強いられた。すなわち、年間の難民の受け入れ数に「上限」を設けること、[7]およびほかのEU加盟国で登録された難民をドイツ国境地点で退去させること[8]を、条件つきとはいえ受け入れたのだった。これら妥協がメルケルの求心力の低下を示すものになったことは間違いない。事実、メルケルはこの三ヵ月後に引退宣言をしたのである。

経済界の努力

難民の受け入れに対しては、反対意見のみがあるわけではない。たとえば、ドイツの経済界は二〇一五年の「欧州難民危機」に際し、難民受け入れに積極的な姿勢をみせた。連邦雇用エージェンシー（Bundesagentur für Arbeit：BA）は、ドイツ労働市場はまとまった数の難民の受け入れに耐えうる十分な力があり、毎年七〇万の空きポストがあらたに発生することから毎年三五万人の難民の受け入れが可能だとした。ドイツ金属労組（IG Metall）も、二〇一五年のドイツ国内の空きポスト二一〇万のうち一〇〇万が埋まらないままであったこと、特に手工業分野では一〇に一つの企業で職業訓練のポストが埋まっていないことから、難民の労働市場への受け入れは数のうえでは問題がないとした。ドイツに庇護を求めてやってくる人たちの内訳として、一八～三五歳の男性が多いということも、経済界の期待を高める要因となった。ドイツの高齢化と生産年齢人口の減少による労働力不足を相殺する役割が、難民に期待できると考えられたのである。また、四歳以下の子どもが多いことも、潜在的な労働力として好意的に受け止められた。

二〇一五年末から二〇一六年春には、ドイツ手工業会議所やドイツ商工会議所が、実習や職業訓練、勤め口を斡旋したり、難民を受け入れている企業を支援するプロジェクト[9]を立ち上げて、難民の活用にのりだした。また、二〇一六年八月に施行された統合法（Integrationsgesetz）と二〇一九年六月の難民・移民と統合のための一括法（Migrationspaket）[10]も、職業訓練中の国外退去の猶予[11]、職種制限や優先権審査[12]の撤廃、職業資格認定の容易化、就業支援などによって難民のドイツ労働市場への統合を後押しした。

その結果、職業訓練を受ける難民の数は年々増加した。BAの発表によれば、職業訓練を受ける難民は二〇一六年に三九〇〇人、二〇一七年に二万七〇〇〇人だったのに対して、二〇一九年には三万八〇〇〇人になったという。また、二〇一九年夏のドイツ労働市場・職業研究所の報告によれば、難民認定された生産年齢（一五～六四歳）の人の約三六パーセント、人数にして三八万～四〇万人が仕事を得ており、二〇一五年当時の予想と比べると一年ほど早いペースだという。たしかに就業した人の約三〇パーセントがレストラン、セキュリティ、清掃業、建設現場、介護などの分野の派遣社員として、低賃金で単純労働に従事していることから、長期で続けていけるかどうかという問題は残る。しかしその一方で、約五〇パーセントの人が専門家や熟練者として働いているという報告もあり、これはドイツ入国当時に五人に一人しか職業資格ないし大学卒業資格を持っていなかったことを考えると、予想以上の経過であるといえた。

ただし、現場に目を向けると異なる事情もみえてくる。たとえば、ドイツ鉄道は二〇一六年から難民に資格を付与するためのポストを提供している。大企業ならではといえるのは、社会教育学専門の世話役がいて、家族との連絡、役所や病院への付き添い、日常生活についての説明など、難民の仕事以外の問題に対処してくれることだ。ただし、それでもすべてのケースが必ずしもうまくいくというわけではなく、より高収入であるという理由で長期的な視野で取り組むべき見習いをやめ、資格の得られない単純作業を選んでしまう人もいるという。出身国に残る家族への仕送りを考えると、目先の収入も仕事を選ぶ際の重要な要因になりうるのだ。また、ベルリンにあるハウスクリーニング業のゲーゲンバウアー社は長年難民を受け入れているが、難民のなかには出身国での経験によるトラウマから就業が難しかったり、残してきた家族が心配で突然帰国してしまったり、職業訓練の場がみつかったことでドイツ滞在の見通しが立ったとして姿を消してしまうことなどがあるという。つまり、簡単にウイン・ウインとはいかないのが現実だ。

同様のため息は難民からも聞こえてくる。彼らの多くはドイツにやってきてすぐにたくさんの金を稼ぎ、仕送りができると思っている。しかし、実際にはその前に職業訓練を受けたり語学コースに通わなければならず、そこでしばしば出身国との格差やドイツ語の壁にぶち当たる。たとえばイランやソマリアで自動車修理工場を営み、経営状態がよかった人でも、ドイツでは電子機械工の職業訓練を修了していることが求められる。しかしドイツにあるような超近代的な器具類を知らず、それら専門用語のドイツ語も学ばなければならないとなると修了までの道のりは長く、途中であきらめてしまう人も少なくない。そのため、難民の多くは実際の能力を下回る仕事に就いているという。そのうえ、景気が悪くなると一番先に切られるのは難民なのだ。

このように現場に目を向けると、企業にとっても難民にとっても必ずしも満足のいく状態にはなっていないことがわかる。その意味では、国の政策も経済界の取り組みもまだ道半ばの状態といえる。

メルケルと統合政策

さて、最近の難民・移民をめぐる動向を概観してきた。二〇一五年のメルケルの英断による難民の大量流入以後、難民受け入れに対する人々の反発が高まり、有権者の右傾化が強まった。その結果、メルケルは政策決定においてたびたび妥協を強いられるようになり、最終的には選挙の大敗をきっかけに政界引退を決断した。メルケルの英断が彼女自身の首を絞めるかたちとなったのである。ただし、メルケルは当時、こうした結果を生むとは思っていなかっただろうし、本気でドイツはこの危機を「やってのける」のだと考えていたに違いない。では、彼女が「やってのける」と思ったその根拠と自信はどこにあったのだろうか。それは、よくいわれるようなナチ時代の反省や人道的な理由というもののほかに、メルケルが首相就任以来従事してきた統合政策にある、と筆者は考える。

すでに本書で述べられているように、第二次世界大戦後の旧東ドイツ、旧西ドイツおよび統一ドイツは、二〇一五年の「欧州難民危機」までに何度か大きな人の流入を経験している。なかでも一九六〇～七〇年代の「ガストアルバイター」、一九八〇年代後半からの庇護申請者および引揚者（アウスジードラー）の大量流入は、後の人口統計に大きな影響を与えたほか、政治的には統合というテーマを浮かび上がらせた。ただし、この統合という問題に政府が本格的に取り組むには二〇〇五年の移民法まで待たねばならなかった。本書にあるように、ドイツは同法によって「ようやく非公式な移民受け入れ国からそれ相応の法的・行政的機能を備えた公式かつ現代的な移民受け入れ国に法律上も転換した」のであり、それ以前は「移民受け入れ国にあらず」との基本姿勢のもと、移民の統合に包括的に取り組むことはなかったからである。▼13

一方、「移民受け入れ国・ドイツ」の首相となったメルケルは、移民の統合を首相案件に位置づけ、就任当初から統合政策に取り組んだ。その代表的なものが、二〇〇六年から継続的に開催している統合サミットである。これは、移民や移民組織の代表者が初めて公式の場で国や地域、各業界の代表者と肩をならべて協議したこと、また国民全体が取り組むべき課題をまとめた「国民的統合プラン」が策定されたことなどから画期的であり、実際に統合やその促進に対する政治的・社会的なコンセンサスの形成に役立ったといえる。

また、メルケル政権下では、少子高齢化と労働人材不足を見据え、難民・移民の労働市場およびドイツ社会への統合も重要なテーマとされた。そこにおいては、国内の潜在労働力の活用と、高資格者や高学歴者、高技術者などドイツに必要な人材のあらたな受け入れに重点がおかれ、そのための法整備が進められた。具体的には、ドイツの大学を卒業した外国人の滞在が容易化され、国外退去猶予者——主に庇護申請を却下された人——の統合コースへの参加と一定条件下での労働市場への参入が可能となったほか[14]、就労規制の緩和や専門資格の認定手続きの簡素化[15]、優先権審査の廃止[16]などが定められた。そしてこれらを下地として、二〇一五年の「欧州難民危機」以降は、まだ認定されていないが滞在の見込みの高い庇護申請者にも就業や職業訓練、統合コースへの門戸を開き、統合を促すこととした。

つまりメルケルは、「欧州難民危機」の一〇年前からすでに、統合に対する政治的・社会的な理解の形成、および国内外の労働力の取り込みと彼らの統合のために尽力してきており、その間にはそれらに対する自負——難民・移民の統合促進のための社会的・法的基盤はすでにある——も芽生えていた。これこそが、「欧州難民危機」に直面したときの強気の発言の根拠であったと考えられる。しかし、そのように長い年月をかけて積み上げたものも、実際には難民の大量流入が人々のなかに潜む不安を呼びおこし、メルケルの政治生命をあっという間に危機にさらしてしまった。

では、ドイツのそれまでの難民・移民政策およびメルケルの統合政策における試みは失敗だったのだろうか。この議論においては、「歓迎する文化」がキーワードになると考える。なぜなら、これは一九六〇~七〇年代の「ガストアルバイター」や一九八〇年代後半からの庇護申請者およよび引揚者の流入といった、それまでの人の大量流入の際にはみられなかった現象だからである。無論、いつの時代にも、受け入れた人々をさまざまな局面で支援する人たちはいたことだろう。しかしながら、今回のように、駅に到着する難民のために一般市民が「ようこそ」の旗を持って集まり、支援物資を手渡すといったことが行われたのは初めてのことであった。

残念ながら、その後も途切れることなくやってくる難民を前に、市民たちはむしろ受け入れの限界を感じるようになり、歓迎ムードも徐々に姿を消した。しかし、いまなお多くの人たちがボランティアとして難民を支えていることに変わりはない。そして、ドイツに芽生えたこのモラルと良心は、これまでのドイツの難民・移民および統合政策への取り組みの積み重ねによっているといっても過言ではない。

▼註

▼1 二〇一一年から二〇一三年に庇護申請数が約二倍に増えたことは、本書の表1－3が示すとおりである。その後、その数は二〇一四年に一七万三〇七二、二〇一五年に四四万一八九九、二〇一六年に七二万二三七〇に膨れ上がった（いずれも初めて申請をした人の数）。

▼2 二〇一五年一〇月までに発生した難民受け入れ施設に対する不法行為は五〇〇件以上で、年末までには計一〇三一件にのぼった。うち九二三件が極右主義的な運動や動機によるものであった。二〇一一年には極右による

同様の事件はわずか一八件、二〇一四年でも一七七件であったことから、二〇一五年の数字がいかに多いかがわかる。

▼3 二〇一五年一一月のパリでの六カ所同時多発テロと年末のケルンにおける集団暴行事件（ケルン中央駅周辺で北アフリカおよびアラブ系とみられる一五～三五歳の男性約一〇〇〇人によって、性的暴行や強盗が行われた。容疑者には庇護申請者が含まれていた）も後押しとなった。

▼4 二〇一六年三月のヘッセン州とラインラント＝プファルツ州の州議会選挙ではＡｆＤが第三党（それぞれ一一・九パーセントと一二・六パーセント獲得）に、ザクセン・アンハルト州では二四・二パーセントを獲得して第二党に、同年九月のメクレンブルク・フォアポンメルン州ではＣＤＵを上回って第二党（二〇・八パーセント）になり、ベルリンでは一四・二パーセントで第五党ながら初めて議席を得た。

▼5 二〇一六年七月にヴュルツブルク近郊を走行中の列車内で一七歳の難民申請中のアフガニスタン人が斧とナイフで乗客に襲いかかった事件や、ミュンヘン市のショッピングモールで一八歳のイラン系ドイツ人が銃を乱射した事件、アンスバッハ市の野外音楽祭で二七歳のシリア人難民が自爆した事件など。

▼6 二〇一七年四月にスウェーデンのストックホルム市で、庇護申請が却下され、国外追放が決まっていたウズベキスタン人が大型トラックで歩行者専用道を暴走した後、デパートに突入した。イギリスでは同年五月、マンチェスター市のコンサート会場で移民二世の男による自爆テロが発生、六月にはロンドン市でパキスタン系イギリス人ら三人の乗る車が歩行者に突っ込み、さらに刃物で人々を刺した。八月にはスペインのバルセロナ市と港町カンブリスで車が歩行者に突っ込む連続テロ事件がおきた。同年九月、再びロンドン市で一八歳のイラク出身の難民が地下鉄車両内に爆発物をおいた。

▼7 年間の受け入れ数が一八万～二二万人を上回らないようにする。ただし、人道的な理由で庇護を求めてドイツ国境までやってきた人はそれまでの受け入れ数に関係なく保護されることとし、それゆえここでは「上限」という言葉は使用されなかった。

▼8 送還先となる国と協定を締結したうえで行う。

▼9 二〇一五年一二月の「歓迎水先案内人（Willkommenslotsen）」プログラムと二〇一六年三月の「ネットワーク――企業が難民を統合する（NETZWERK "Unternehmen integrieren Flüchtlinge"）」である。

▼10 難民の就業や職業訓練ならびに労働移民に関する九つの法と一つの政令からなる。

▼11 国外退去を猶予されている人が職業訓練を受けているとき、その間の国外退去が猶予される。国外退去猶予者が職業訓練を無事に修了し、引き続き就業している場合には、その後二年間の滞在権が付与される（いわゆる「三＋二規定」）など。

▼12 空きポストに対して、ドイツ人、EU市民、定住許可ないしは滞在許可保持者のなかで適任者がいるかどうかがまず調べられる。いなかった場合に、第三国からの外国人にそのポストが回ってくる。

▼13 一九九八年一〇月に当時の首相ゲアハルト・シュレーダー（Gerhard Schröder: SPD）が、「過去に逆戻りのできない移民のプロセスがおこったことを認め、長期にわたってドイツに住んでいる移民の統合に取り組む」として、統合政策の中心に近代的な国籍法の実現をあげたことは述べておく必要がある。これによって二〇〇〇年一月に新国籍法が発効し、ドイツ史上初めて国籍取得の原則に出生地主義が取り入れられ、オプションつきではあるが二重国籍が認められた。

▼14 二〇〇七年の移民法改正による。

▼15 二〇一二年四月の「国外職業資格認定改善法」により、EU域外で専門技術を習得した外国人技能者や専門家の資格認定手続きが簡素化された。

▼16 二〇一二年八月の「EUブルーカード」の導入および二〇一三年七月の「就労法令」改正による。

Ⅱ

オーストリア
ハプスブルク家の遺産

第2章　オーストリアにおける移民の歴史

シルヴィア・ハーン
増谷英樹 訳

ヨーロッパの中心にあり、東西、南北を結ぶ商業ルートの結節点にあるオーストリアの地理的条件は、この地域がつねに入出移民運動が存在したという状況をつくり出していた。かつてのハプスブルク帝国の首都ないし帝都であったウィーンの小中産層の人口成長ならびにその文化的多様性は、人々の流入および数世紀にわたる移民がもたらした文化的影響なしには考ええない。

領域とその境界

「オーストリア（Österreich）」という概念は、ラテン語の「東方の領域」という概念を翻訳した「オスタリッチ（ostarriche）」という古高ドイツ語を起源とする。それはバイエルン公領との境界をなしていたエンス川から東のドナウ川流域を意味した。およそ一二世紀の中頃以来、「オスタリッチ」を意味するラテン語の「アウストリア（austria）」、すなわちドイツ語の「東の国」という言葉に由来する「オーストリア」が使われるようになった。一四・一五世紀には、「オーストリアの支配領域」という呼び名が用いられるようになり、（今日の）下・上オーストリア、シュタイアーマルク、ケルンテン、クライン、ヴィンディッシェ・マルク、インナーイストリン、ティロール、上ライン、シュヴァーベン、エルザスのハプスブルク発祥地を包摂する地域に使われた。トリエステ、ブライスガウのフライブルクおよび今日のフォアアールベルクの伯爵領は少々遅れて加わった。

「オーストリアの領域」の地理的広がりは、その後の数世紀に、戦争、結婚、贈与、相続によって絶えず変化した。一八世紀には、さまざまな統治形態の集合から一つの全体国家を形成しようという目的を持った内政的国家形成の経過のなかで、「オーストリア君主国」が生まれた。それは、民族的・文化的にさまざまに異なる出自を持ち、全体で一二の異なる言語（イディッシュ語を含む）を持った住民からなる中欧・南欧地域に一つの支配秩序を形成しようとするものであった。

一九世紀の中頃には、「オーストリア」という概念は三つの政治支配領域を意味していた。第一に、「下エンス」と「上エンス」という二つの大公領[1]、第二に、ハプスブルク君主国の全体領域、すなわち「オーストリア帝国領」、第三に、ハンガリーとロンバルディア、ヴェネツィア以外のすべての王室領土である。一八六七年に「オーストリア＝ハンガリー二重帝国」が成立し、その後「ライタ川のこちら側」は次第に「オーストリア」と呼ばれるようになり、一九一五年以

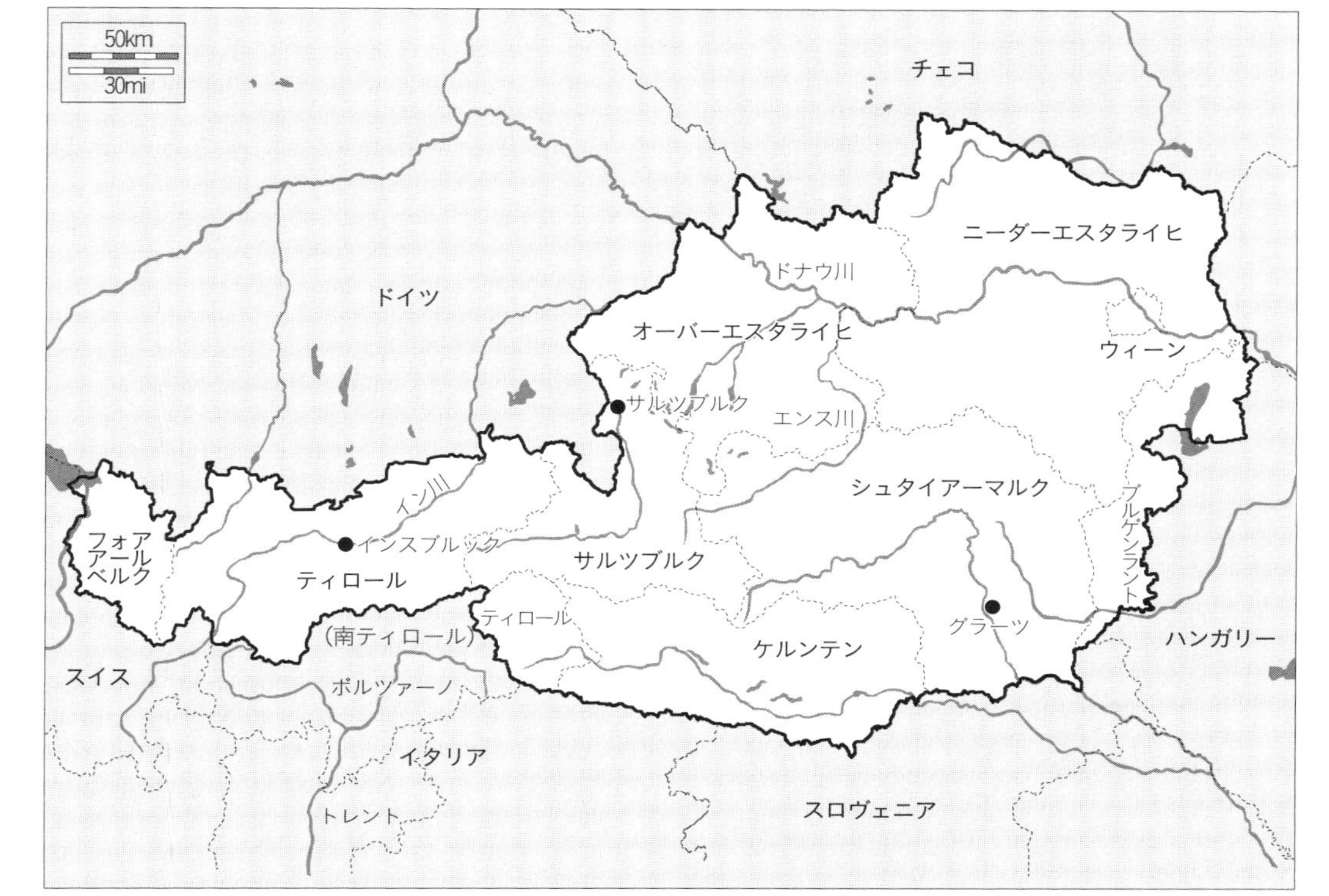

地図 2-1　現在のオーストリア共和国

降これが公的な呼称になった。

第一次世界大戦は一つの区切りであった。かつての大領土のハプスブルク帝国はヨーロッパの地図から消え失せ、「オーストリア」という国家はほぼ七〇〇万の人口を持った小領域として残った。臨時の国民議会は、一九一八年一一月一二日に「ドイツ・オーストリア共和国」の成立を決議した。それはドイツ帝国の一部となるべきものであった。しかし、第一次世界大戦の戦勝諸国は、ドイツ帝国との統一を禁止し、一九一九年九月一〇日のサン＝ジェルマン平和条約は正式名称を「オーストリア共和国」と定めたが、一五年後の「身分制」国家成立時には、「オーストリア連邦国」に改名された。一九三八年のナチ・ドイツへの「合邦」後は、国名は完全になくなり、当初その領域は「大管区オストマルク」という名称になり、一九四二年以降は「アルプス＝ドナウ帝国大管区」に変えられた。第二次世界大戦の終了後、「第二次オーストリア共和国」が設立され、それは第一共和国と同じ地理的領域を持った。

一六世紀から一八世紀にいたる諸都市と産業地域への移民

今日のオーストリアの領土には、一五二七年にはおよそ一五〇万の人々が住み（一平方キロメートルあたり一八人）、一七五四年には二七〇万人（同三三人）が住んでいた。中世後期と近代初期には、流行病や戦争、追放などによる大規模な住民減少がおこった。[3] 人口減少は、移民の流入によって一六・一七世紀の時点ですでに部分的に回復していた。特に戦争、伝染病により死亡率が高かった諸都市にとっては、移民流入は人口維持や経済にとって不可欠なものであった。

フォアアールベルクやティロールのような隔絶した山岳地域の家族の多くは、一七世紀から一九世紀にかけて子どもたちをヴュルテンベルクの上シュヴァーベン、バイエルン・シュヴァーベン、バーデンの農業労働に送り込むことが経済的に必要だった（「小屋住み子」「シュヴァーベンの子どもたち」と呼ばれた）。しかし同時に、近代初期アルプス地方農村部の労働市場は移民動向にも影響を与え、それによって人口集中の中心が全体として東から西へと移動した。一四世紀および一五世紀の人口集中地域はなおウィーンやその周辺（今日の下オーストリア）だったが、貴金属鉱山（シュヴァッツ近辺のイン渓谷、キッツビューエル、ガスタイン渓谷、ラウリス、シュラードミングなど）、塩鉱（ハライン、ティロールのハル、ハルシュタット）、鉄鉱山および鉄加工業（シュタイアー、アイゼンヴルツェン）がアルプス地方をあらたな人口集中地域に変えたのである。たとえばティロールの人口は一四世紀の四万五〇〇〇人から、一七世紀の初めには一五万人に拡大し、そのうちの四分の一が鉱山で働いていた。一三一二年には二〇〇人の住人しかいなかったティロールの寒村シュヴァッツは、中欧のもっとも重要な鉱山中心地に発展した。一六世紀の初めには同村は一万五〇〇〇人から二万七〇〇〇人の住民（四万人にまで達したとする推計も少なくない）を擁し、ウィーン（人口約二万人）とならんでオーストリア最大の居住地となった。上オーストリアのシュタイアーも、金属加工業の拡大によって一六世紀には人口が六〇〇〇人から九〇〇〇人に増加した（表2-1参照）。

その時々の宮廷都市[▼4]は、強力な人口流入をともなう。というのは、支配家系とその廷臣たちの

	1200年	1300年	1400年	1500年	1600年	1700年	1750年	1800年	1850年	1900年
バート・イシュル					1			5	6	
ドルンビルン					1	2	4	5	6	
アイゼンシュタット							4	4	6	
グムンデン							2	3	5	
グラーツ		5		5	8	22	20	31	55	112
インスブルック		1		4	6	7	10	12	13	41
クラーゲンフルト				1	4	5	7	10	12	
クレムス					4		4	4	7	
リンツ				3	3		10	17	27	58
マッテルスブルク								3	4	
ノインキルヒェン								2	5	
サルツブルク				7	9	13	15	16	17	33
シュヴァーツ				17	9	8	6	4	5	
シュタイアー				6	9	6	7	8	11	17
ヴェルス					5	4	3	4	6	
ウィーン	12	20	20	20	50	114	175	247	431	1,728
ウィーナー・ノインシュタット			7		4	4	4	7	12	28

表 2-1　オーストリア諸都市の 1200–1900 年の人口（住民）変化（単位：千人）
（出典：Eigene Zusammenstellung nach Paul Bairoch/Jean Batou/Pierre Chevre, La population des villes européennes. Banque de donnée et analyse sommaire des résultats 800–1850, Genf 1988; Knittles, Die europäische Stadt）

流入の影響で、つねに大人数の手工業者、芸術家、奉公人、小営業者たちが町にやってくるからである。たとえば、ウィーンの南に位置するウィーナー・ノイシュタットは一五世紀に一時的に皇帝フリードリヒ三世の居城となったため、人口は七〇〇〇人にまで増え経済的繁栄を享受したが、その後王家のウィーンへの移動によって、小営業と交易は衰退し、人口は四〇〇〇人に後退した（表2－1参照）。プラハも似たような展開を経験した。プラハは一五八三～一六一二年に皇帝の宮廷都市となり、プラハ新市街で市民権を獲得した者の数は、一五八〇年代から一五九〇年代にかけて約七〇パーセントの増加をみせた。これは、毎年六〇人の新市民を迎えたことを意味する。一六一二年に宮廷がウィーンに戻ると、一七〇〇年までにその人口は約一〇万人から五万人に減少した。そしていまやウィーンが、政治行政の中心としての役割を享受することになった。一六〇〇年頃にはウィーンの街にはまだ二万九〇〇〇人しか住んでいなかったのが、一六七〇年代にはすでに八万人、一七〇〇年頃には一一万四〇〇〇人に、一八〇〇年頃には約二五万人に増えていた（表2－1参照）。一七世紀の前半だけでもウィーン市はおよそ二万五〇〇〇人の移入者を獲得したとされる。

経済的および文化的視点からみると、オーストリアでの貴族の移動は重要な役割を果たした。宮廷の移動はつねに、宮廷奉公人ならびに高位、中位、下位の宮廷官吏の（労働）移動をともなっていた。彼らはヨーロッパのさまざまな地域から来ていた人々であった。皇帝フェルディナント一世が一五二〇年代にスペインからウィーンにやってきたとき、宮廷全体で五五〇人いた従者のうち約四・七パーセントがスペイン人であったが、その息子のマクシミリアン二世のもとではその割合は約七・四パーセントになった。スペイン人の仕事の領域は、たとえば猟や動物の飼育、馬の世話と乗馬技術であった。ウィーンの宮廷のスペイン乗馬学校の起源はそこまでさかのぼる。

貴族層とならんで一六・一七世紀においては、ドイツ南部・西部ならびに南欧、南東欧、中東欧、東欧地域出身の学者や芸術家、小商人や貿易商、手工業者や奉公人がオーストリアにおけるもっとも重要な移民グループを形成していた。地理的観点からみるとウィーンは、ヨーロッパの南ないし東への道のりにおいて遠隔貿易商や商人あるいは移動するエリートたちにとっての、逗留ないし短期滞留地点としてもっとも重要な役割を果たしていた。さらに、オスマン帝国領域からのトルコ人、ユダヤ、アルメニア人、ギリシア人の商人は、特に繊維原料の輸入に関連してつねにウィーンに逗留していた。

さらに重要な移民グループを構成していたのは建築手工業者であり、彼らの流入と定住はすでに一三六一年のルドルフ四世の命令によって促進されていった。その際、「ドイツ民族（ネーション）」の親方に従っていたのは「移動好きのコマスケン人」であり、その名はコモ湖（イタリア）周辺とミラノ周辺からの石工や建築手工業者につけられた。彼らは許可書を与えられてオーストリア領内に入ってきたが、その地の小手工業者ギルドの枠外で働く手工業者は、「シュテーラー」[5]という通称で呼ばれた。彼らの故郷との結びつきはたいていの場合保たれ続けた。通例、妻と子どもはさしあたりイタリアにとどまった。共通の出身地にもとづく強い家族的ネットワークが、中欧の建築手工業における世代をこえた独占的立場の構築に寄与していた。特にバロック時代にはこうした家族はウィーンやグラーツ、プラハあるいはサルツブルクやウィーナー・ノイシュタットのような小都市において建築の労働市場に参入することができた。ギルドに組織されていた地元の手工業者はこうしたよそ者の競争相手に対してさまざまな強い抵抗を示した。よそ者たちが町の防衛その他の義務をいっさい果たしていない、といった批判は日常茶飯事であった。

さらに、ほかの手工業分野においても、高い流動性、親方、職人の移動があった。移入してくる手工業者たちの主な出身地域は、バイエルン、シュヴァーベン、ヴュルテンベルク、バーデン、ラインプファルツ、スイス、(チェコの)ボヘミア、モラヴィアであった。建築手工業者や貿易商ないし小売商人と同様に、手工業者も各種産業に特有の出身地を確認できる。たとえば、煙突掃除夫はもっぱら西アルプスの特定の谷の出身で、鞄職人はその大部分がザクセンの諸都市から、パン屋はフランケンから、指物師はバイエルン、ティロールあるいはスイスから来ていた。また、都市の経済にきわめて重要なシュテーラーはつねにその半数が移入者であり、その際、手工業親方と同様にボヘミア、モラヴィアないしドイツの領域から来た者が支配的である。シュテーラーのかなりの部分が町にとどまり、例えば、一七七六〜八一年にウィーンにいたシュテーラーのうち約三分の二が一〇年かそれ以上町に住み、ほとんどが結婚し子どもを持っていた。

さらにはっきりとした関係性が見て取れるのは、数多くの移動商人の出自と営業活動の内容である。彼らはウィーンの街や広場をその商品と呼び声で活性化していた。そうした移動商人は、

「シュレージエンのリボン売り」「ティロールの女商人」「絵画売り」、絹織物や木綿製品を扱う「サヴォイアの商人」、イタリア人のレモン売り、チーズ商人、あるいは南シュタイアーマルクのチリたちである。[6]

一八世紀までのユダヤとプロテスタントの追放

こうした諸都市や商工業がさかんな地域への流入は、幾度となく行われる退去命令と追放の波をともなっていた。そうした大量追放の対象となった住民層はときにユダヤであり、当初彼らは保護状や特権を与えられて移住の勧誘を受けた後に、すでに一四世紀以来、一定の間隔をおいて繰り返し追放されるか、いくつかの例では殺害されていった。シュタイアーマルクとケルンテンからのユダヤの追放（一四九六・九七年）、サルツブルクからの追放（一四九八年）は、ドイツ帝国のほかの地域やスペイン（一四九二年）およびポルトガル（一四九七年）からの追放と同時代に行われた。ときにはユダヤの住民自身が「好ましからぬ」ユダヤの「排除」に手を貸した。ウィーンでは一五八二年に、市内在住の「解放ユダヤ」が「ヴェネツィア、ポレン（現ポーランド）、ベハイム（現ボヘミア）、モラヴィアのよそ者ユダヤの追放」に際して協力を余儀なくされた。一六七〇年、皇帝レオポルト一世は再びウィーンおよびオーストリアのユダヤを追放した。一七八二年の「寛容令」によってようやくユダヤの状況は改善されたが、無制限の居住がユダヤに認められたのは、一八六七年の「国民の一般的権利に関する国家基本法」においてであった。

ユダヤの追放に続いて、対抗宗教改革の経緯のなかでプロテスタントの迫害と追放がおこった。約四万人の宗派難民が三十年戦争後にオーストリアからドイツへと逃げた。アルプス地方（ティロール、サルツブルク、ケルンテン、上オーストリア）の鉱山労働者、製塩労働者がその主な被害者であった。またウィーンでは、（追放が行われた）一六二〇年には住民の三分の二がプロテスタントであった。最後の大規模なプロテスタント追放は、一七三一・三二年にサルツブルクでおこり、二万人以上の人々が追放された。大部分はプロイセン領リトアニアないしアメリカ合衆国の西海岸（ジョージア）に移民した。

重商主義時代初期における専門家集団の徴募

一八世紀の初めまで続いた追放の時代に続いて、重商主義的経済・入植政策の流れのなかで専門的労働力の徴募と移民が行われた。一六六六年に設立されたオーストリア最初の商工業官庁である「商務評議会」は、商業網の整備・促進や専門家の募集のほか、たとえば新設の商会や工場への特権授与などを行った。目的に合わせて呼び寄せられた移民の幅の広さは、宮廷の経済財政顧問から芸術家、学者、軍人・衛兵、企業家、熟練手工業者とその補助員や家族にまでおよび、彼らは、ヨーロッパのさまざまな地域からやってきた。そうした徴募は、一八世紀にその頂点に達した。たとえば、絹織物マニュファクチュアの設立のための専門家と親方たちは「申請者兼設立者」とされ、イタリア、フランス、オランダから獲得された。紡績の専門家とともに金属加工、装身具職人はイギリスから呼ばれた。時計職人はスイスから、銅の金銀メッキの専門家はヴュルツブルクから、櫛職人はイタリアから調達された。一七六五〜六八年にかけて募集に応じたイギリスの鉄鋼労働者は、ウィーンの金属加工産業のさらなる発展にとって重要な企業家となった。よく知られた例をあげるなら、ロストホルン、コリンズ、ヴェルシュ、ロバート・アンド・ウィリアム・ハイクマン、ライトオウラー、ウィンウードなどの人々である。

こうしたヨーロッパの各地から移入した専門家たちに共通していたのは、彼らの移住と定住が当局から支援促進されていたことである。与えられた特権は、建物の提供から関税の軽減やその他の財政的支援に加え、家族や連れてきた労働者たちの定住許可、軍務の免除、信仰宗教の自由の承認にまでいたる。その対価として移入者には土着の労働力を雇用し、教育をほどこすことが義務づけられ、そうした労働者たちに対しては、当局は厳しい法的措置によって領外への移住を禁止した。

重商主義時代の移入者や外国人に対する優遇があったとしても、見逃してはならないのは、徴募され特権を与えられた者たちはほんの小さな専門家集団で、奢侈品生産などに従事し、それゆえ多かれ少なかれ、宮廷や貴族のための生産を目的としていたことである。彼らと同じように局地的な労働市場をこえてさまざまなかたちでリクルートされ、小規模な大衆手工業（靴工や仕立工など）で働いていた労働力や、近隣の中小都市、場合によっては大都市からやってきていた無数の男女の奉公人は、そうした特権からは閉め出されていた。

一九世紀の大量移民時代の定住者とよそ者

一八世紀後半は重商主義および人口増加政策によって特徴づけられ、外国からであろうと自国の地方からやってきた者であろうと、その基本方針がとにかく「生産労働の拡大」にあった一方で、一九世紀はヨーロッパ内部ないし大陸間の大量移民が展開した時代であった。（ヨーロッパでは比較的遅れて始まった）工業化と近代的な通商技術および交通網の確立は、オーストリアを労働力の大量動員へと導いた。

一九世紀のオーストリア・アルプス諸州は、明らかに人口移入地域であった。一八一九年から一九一三年の間の増加人口は三九〇万人だが、そのなかで移入による増加は一三〇万人ないし三五・一パーセントを示した。女性の移民は、移入人口の半数をこえる七三万一〇四人を占める。一年あたりの移入による増加平均値は約一万四六八〇人であったと見込まれる。移民の大部分は帝国内の出身であり、下・上オーストリア、シュタイアーマルク、フォアアールベルクあるいは帝都ウィーンなどに生業を求めてその出身地を離れた。たとえばウィーンでは、一八〇〇年頃に約二五万人だった人口は一九〇〇年頃には約一七〇万人にまで増加した[7]（表2－1参照）。一九世紀の後半には、多くの地域や諸都市でその人口の三分の二ないし四分の三を移入民が占めるようになっていた。全体として一九世紀には二度の重要な移入の波があった。第一の波は一九世紀最初の三半期に、第二の波は最後の三半期におこった。

住民の空間的移動とそれにともなう貧困者の扶養、物乞い、浮浪者の問題は法的措置のなかにも反映している。貧困者の扶養は、すでに一六世紀に帝国警察条令によって各自治体に移管されていた。一八世紀の中頃、特定の市町村への帰属を規制するために「管轄権」、もしくは「居住（市民）権[8]（Heimatrecht）」が定められた。これは、各自治体に貧困者や老人の扶養や、生活基盤のない者、ないし住居不定の者の追放や強制移送を義務づけた。この居住権は、国籍（Staatsbürgerschaft）と密接に関連している（ハンガリーを除く）。ハプスブルク家世襲領[9]のための国籍の創設に関しては、皇帝ヨーゼフ二世（一七六四～九〇）のもとで最初の一歩が示された。一八一一年の一般市民法典（ABGb）は、初めて「国民」の概念を定義し、それを国籍保有者の意味合いで使用した。一八四九年には「オーストリア帝国のすべての民族のための一般オーストリア帝国市民権法」（ハンガリーを含む）が制定された。しかし、一八六七年のアウスグライヒ[10]によるハンガリーとの一元支配の解消を通じて、「聖シュテファン王冠の諸領邦[11]」の住民はオーストリア国民から排除されることになった。そのことにより、「ライタ川の向こう[12]」からの移入者は、帝国のオーストリア側では外国人とみなされることになった。居住権と「国民」のこうした相関関係は二〇世紀の初めまで維持された。つまり、一方では、自治体の居住権を取得した者だけがオーストリア国籍を請求することができ、他方では、自治体の居住権はオーストリア国籍保有者だけに限定されたのである。

帝国内の大規模な移民と三月前期[13]および一八四八・四九年の革命時の政治的できごとは、一九世紀前半に管轄権ないし居住権の明確な強化をもたらした。一八六三年の追加条項によれば、あらたな居住地や滞在地での居住権は、国家官吏もしくは土地所有者にのみ認められた。このことは、その他の数千の（労働）移民が、何世代にもわたって自らの居住地で法的には外国人であり続けることを意味していた。この厳格な立法を現実に即して修正する必要性は、一八六〇年以降にいくつもの州や都市で居住権を持たずに生まれた人間の数が増大したことにあらわれていた。表2－2に示した諸都市において、一八九〇年時点で居住権を持つ住民の割合は、その都市で生まれた住民の数よりもはるかに少なかった（表2－2参照）。

たとえばウィーンでは、居住権を持った住民の割合は三四パーセントで、それに対して、この都市で生まれた住民の割合はほぼ四五パーセントとはるかに高いのである（表2－2参照）。全体として、そうした都市は二つのグループに分けられる。一つは、地理的に帝国の真ん中に位置し、行政的中心であり、営業ないし産業の中心でもある都市で、居住権を持つ者の割合は低いのに対して、その街に生まれた住民の割合が高い。もう一つは、帝国の周辺に位置するか、アルプス地方、国境地域ないし東方の貧困地域に位置する諸都市で、出生住民と居住権を持った住民はほぼ同数か、後者のほうがより低い割合を示す。

オーストリアの「外国人」の数は、一九世紀の中頃においては約二〇万人で、一九世紀末には五〇万人をやや上回る数に増える。同時期の人口の急増により、外国人の割合は約二パーセントと安定している。数のうえでもっとも増えたのはハンガリーからの移民である。その数は、すで

	全人口（人数）	居住権保持者（人数）	出生者（人数）	居住権保持者（%）	出生者（%）	差（2つの%の間の差としてのポイント）
ウィーン	1,364,548	476,418	610,062	34.9	44.7	9.8
プラハ	182,530	46,158	74,141	25.3	40.6	15.3
トリエスト	157,466	71,806	95,977	45.6	61.0	15.3
レンベルク	127,943	55,344	60,217	43.3	47.1	3.8
グラーツ	112,069	24,461	37,246	21.8	33.2	11.4
ブリュン	94,462	29,665	35,896	31.4	38.0	6.6
クラカウ	74,593	30,087	31,730	40.3	42.5	2.2
チェルノヴィッツ	54,171	26,726	30,702	49.3	56.7	7.3
リンツ	47,685	12,774	15,271	26.8	32.0	5.2
ライヘンベルク	30,890	12,933	15,473	41.9	50.1	8.2
ライバッハ	30,505	7,390	10,408	24.2	34.1	9.9
サルツブルク	27,244	8,164	7,647	30.0	28.1	-1.9
ウィーナー・ノイシュタット	25,040	6,187	9,391	24.7	37.5	12.8
イグラウ	23,716	8,418	11,289	35.5	47.6	12.1
インスブルック	23,320	6,646	6,587	28.5	28.2	-0.3
トロッパウ	22,867	6,668	8,191	29.2	35.8	6.7
ゲルツ	21,825	11,191	10,785	51.3	49.4	-1.9

シュタイアー	21,499	4,746	6,400	22.1	29.8	7.7
トリエント	21,486	8,827	9,793	41.1	45.6	4.5
マールブルク	19,898	2,836	9,870	14.3	49.6	35.4
オルミュッツ	19,761	3,967	10,918	20.1	55.3	35.2
クラーゲンフルト	19,756	5,624	9,472	28.5	47.9	19.5
ズノイモ	14,516	6,286	4,278	43.3	29.5	-13.8
ビェルスコ	14,573	4,608	6,166	31.6	42.3	10.7
クレムジール	12,480	4,921	6,152	39.4	49.3	9.9
ボーツェン	11,744	2,695	6,458	22.9	55.0	32.0
ロヴィニ	9,662	8,433	527	87.3	5.5	-81.8
ロヴェレート	9,030	4,852	5,070	53.7	56.1	2.4
フリートエック	7,374	2,498	3,464	33.9	47.0	13.1
チリ	6,264	2,424	2,585	38.7	41.3	2.6
ハンガリー・ハルディッシュ	3,939	1,094	2,122	27.8	53.9	26.1
ペッタウ	3,924	867	2,011	22.1	51.2	29.2
ヴァイドホーフェン／イプス	3,665	1,175	1,375	32.1	37.5	5.5

表 2-2　1890年のハプスブルク帝国（君主国）の諸都市における居住権獲得者と出生者の数と割合

（出典：Eigene Berechnungen nach: Die Ergebnisse der Volkszählung vom 31. December 1890 in den im Reichsrathe vertretenen Königreichen und Ländern,Wien 1895）

に一八六九年にライタ川のこちら側で九万人を数え、世紀転換期までにその数は三倍の三〇万人にまで増え、外国人の約半数を占めた。ドイツ地域からの移入民は第二のグループを形成し、イタリアとロシアからの移民がそれに続く。ドイツ地域からの移民の割合は一八六九年にはほぼ三分の一であったが、一九一〇年には五分の一（二一パーセント）となった。イタリアからの移民はつねに一三パーセント程度であり、ロシアからの移民は一八六九年には全体の二パーセントであったが、一九一〇年には六パーセントとなった。ハンガリー、ドイツ、イタリアからの移民が外国人全体の九〇パーセントを占め、その他の一〇パーセントにはイギリス（一八六六年に全体の〇・七パーセント、一九一〇年には〇・五パーセント）、フランス（一八六九年に一・一パーセント、一九一〇年に〇・五パーセント）、そしてアメリカ合衆国（一八六九年〇・二パーセント、一九一〇年〇・六パーセント）、その他のヨーロッパ諸国から（一八六九年四・七パーセント、一九一〇年一・三パーセント）の移民が含まれていた。不明は、一八六九年の外国人の一パーセント、一九一〇年の七・二パーセントを占める。外国人のほぼ半数が、ウィーンを含む下オーストリアに暮らしていた。

外国からの移入民の大部分を占めていたのは、短距離の移動者だった。たとえばドイツ人の移入者の場合、その多くは国境近くのボヘミア、シュレージエン、上オーストリア、サルツブルク、フォアアールベルクにとどまった。ハンガリー人の移入民もオーストリアとハンガリーの国境沿いの下オーストリア、シュタイアーマルク、クライン、モラヴィアに流入した。ゲルツ、トリエステ、イストリア、ケルンテン、ティロールではイタリア人の移入民が、他方ガリツィアではロシア人の移入民が大多数を占めた。[14]

旧ハプスブルク帝国領ないしはそれ以外の国々からやってきていた外国人の扱いは種々さまざまな形態をとり、その社会的地位や性によって異なっている。一八世紀と同様に、特権や優遇、財政援助や特別認可を与えられるケースがあった一方で、事情聴取や居住権のある町村への追放といった弾圧や屈辱が加えられることもあった。矛盾に満ちたシステムのもたらす「同胞」外国人と「よそ者」内国人の区別は、一九世紀における居住権の厳格化を通じて強化された。何十年にもわたってあいまいに運用され付与された居住権は、それぞれの地方の住民のなかに事実上のくさびを打ち込み、人工的かつ作為的な疎外意識を植えつけ、住民たちを法的・社会的に異なる二つのグループ――居住権を与えられ、これと結びついた社会的・政治的な特権を得た者たちと、居住権を与えられず、そうした特権から閉め出された者たち――に分割してしまった。後者の場合は「好ましからざる者」「歓迎されざる国民」としてそれぞれの居住権のある町村へ、外国人の場合は国境をこえて追放された。こうした不平等はルサンチマンや反感、および全般的な不快感をあおり、この情動は暴力行為によって発散されることになる。こうして生まれた対立は、場合によってはナショナリズムを強化し、人種主義的・反ユダヤ主義的傾向を喚起してしまったのである。

一九世紀における海外移民とヨーロッパ大陸内移民

ヨーロッパの他国への移民と海外移民の規模は、一八世紀および一九世紀初めにはそれほど大きくなかった。一八世紀の人口増加政策以来、国家は法的手段により住民が出国することを阻止するよう試みていた。すでに一八世紀から、不法な出国とその幇助は部分的には厳しい刑罰が科せられていた。一八三二年には「出国許可」制度が導入され、無許可での出国は非合法とされた。一八四八・四九年革命後の政治亡命も少数にとどまった。変化をもたらしたのは一八六七年に発布された国家基本法で、これはすべての国民に（男性は兵役義務の完了後に）出国と国外への移民を許可していた。唯一の条件は、有効な旅券と移動に必要な資金であった。一九世紀に全体として五〇〇万人の人々がオーストリア＝ハンガリー帝国を離れ、その七〇パーセントが大西洋をこえての海外移民であった。

一八七〇〜一九一〇年にオーストリア＝ハンガリーからの海外移民は約三五〇万人にのぼったが、そのうち一八〇万人がライタ川のこちら側（オーストリア）からの移民であった。同時代にそれ以上の海外移民がみられたのはイギリスとドイツだけである。その大多数はアメリカ合衆国（図2-1参照）への移民であった。その後次第にカナダ、南アメリカ、特にブラジルとアルゼンチンが目的地として人をひきつけていった。

世紀転換期のオーストリア＝ハンガリーからアメリカ合衆国への移民のなかでも最大のグループは、チェコ人とスロヴァキア人（一九・七パーセント）であり、それにポーランド人（一八・九パ

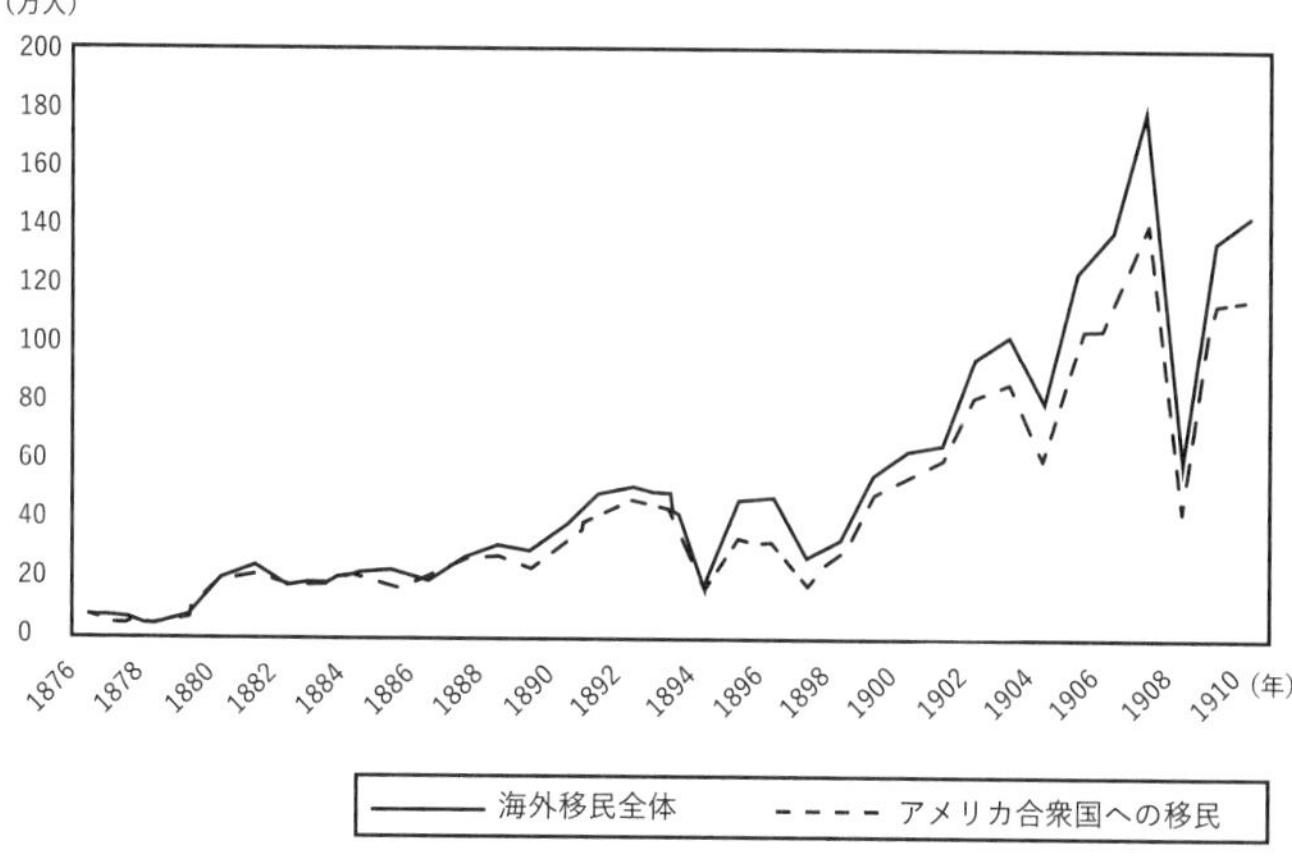

図 2-1　オーストリアからの海外移住
(出典：Erstellt nach den Daten von Heinz Faßmann, Auswanderung aus der österreichisch-ungarischen Monarchie, in: Traude Horvath/ Gerda Neyer (Hg.), Auswanderungen aus Österreich. Von der Mitte des 19. Jahrhunderts bis zur Gegenwart, Wien 1996, S. 33–55, hier S. 35)

ーセント)、セルボクロアチア人(一六・一パーセント)、マジャール人(一四・七パーセント)、ドイツ人(一一・八パーセント)、ユダヤ(七・一パーセント)が続いた。もっぱら家族で移民したドイツ人とユダヤを例外として、大部分の移民は単独で行われ、(就業可能な)一四歳から四〇歳の間の男性であった。数年のみ滞在する者もいれば、(たとえばクロアチア人のように)数十年アメリカ合衆国にとどまる者もいた。世紀転換期には帰国する者の割合は大きかった。一九〇八～一三年にオーストリア＝ハンガリーから移民した一二〇万人のうち約四六万人が再び帰国した。

オーストリア＝ハンガリーからの移民の三〇パーセントが、ヨーロッパ諸国をその目的地とした。主要な目的地はドイツとハンガリーであった。ドイツ帝国だけでも、一八八〇年には一五万人のオーストリア人が滞在していた。それはドイツの外国人の約三分の一をこえていた。それに続く数十年でその数は急速に増えていった。一九〇〇年にはすでに三七万人、一九一〇年には六二万二〇〇〇人のオーストリア人がドイツに滞在した。その大部分は、オーストリア＝シュレージエンとボヘミアならびにモラヴィアからの移民で、彼らはドイツ帝国の大工業都市に流れ込んだ。第二の大きなグループは、ハンガリーへの移民であった。その結果、一九世紀の後半には、帝国のライタ川のこちら側へのハンガリー人移民よりも、ライタ川の向こう側へのオーストリア人移民のほうがつねに若干多く存在した。一八八〇年には約二〇万人のオーストリア人がハンガリーに暮らしており、そのうちブダペストだけでも約三万人が住んでいた。ハンガリーをこえてさらに東へと向かう移民も多かった。ロシアには一八九〇年代に約八万五〇〇〇人が住み、一九〇八年にオーストリア＝ハンガリーに併合されたボスニアとヘルツェゴヴィナには、一九一〇年時点で六万人のオーストリア人が生活していた。これに対してほかのヨーロッパ諸国への移民は、つねに少数にとどまった。重要な移住先の一つはスイスであり、一九一〇年には約三万七〇〇〇人の移民がいた。それに続くのはイギリスとアイルランドで一万四〇〇〇人の移民が暮らし、他方イタリアには一万一〇〇〇人が暮らしていた。

一九一八～一九四五年の労働移民、移住、亡命と追放

第一次世界大戦は、ハプスブルク帝国の住民の労働および生活状況を根本的に変えた。海外移民は多かれ少なかれ中断された。国内の大規模な労働力移動は、難民の波に取って代わられた。

ウィーンは、戦場となった地域からの国内難民の結集地となった。着の身着のままの難民たちは、警察への届け出にもとづいて国家の援助を受けることができた。一九一五年の終わりに支援を受けていた難民の数はおよそ二九万一〇〇〇人で、一九一六年三月にはその数は約三〇万五〇〇〇人となり、一九一六年の終わりには五〇万人に達し、そのうち九万六〇〇〇人がユダヤの人々であった。一九一七年には難民の数は四五万人に減ったが、一九一八年五月には四九万六〇〇〇人と再び高水準に達した。一九一八年の九月初めには約三二万六〇〇〇人（イタリア人一一万五五九人、スロヴェニア人六万九六〇四人、ユダヤ六万八二八九人、ルテニア人四万二七五三人、ポーランド人二万三八〇二人）が難民となり、そのうち約一〇万人が今日のオーストリアの領域に滞在した。ウィーンでは、同年一二月時点でほぼ二万人の人々が難民支援を受けていた。そのうち一万七〇〇〇人が、東方からのユダヤの難民であった。一九二〇年までに東方ユダヤの難民は二万四〇〇〇人に増加した。

第一次世界大戦の終焉は、多民族国家ハプスブルクの終焉を意味していた。残ったのは小さなオーストリア共和国であった。それはかつての領域の一三・二パーセント、住民の一二・六パーセント（六五〇万人）に縮小した。さらに、オーストリアに残されたのは、ライタ川のこちら側の約三二パーセントの工場と、国民総所得の約三〇パーセントのみであった。大規模な企業倒産と失業をともなった経済不況の年がそれに続いた。

国境の変化と国家の再建にもとづき、さまざまな方向への移動、帰還が行われた。ウィーンや南部の工業地域にいた数多くのチェコ人は、一九一八年以降、あらたに建国されたチェコスロヴァキアへと戻っていった。かつてのハプスブルク帝国領の官吏や軍属の多くがウィーンないしオーストリアへと戻ってきた。チェコ・ボヘミアの森林地帯のドイツ語話者は上オーストリアの中心地域に移動してきた。

第一次世界大戦後、オーストリア人のヨーロッパ大陸内移民も海外移民も大幅に減少した。全体として、一九一九〜三七年にヨーロッパ外の国々に出ていったオーストリア人は約八万人にすぎない（アメリカ合衆国へ三万四〇〇〇人、ブラジルへ一万五四〇〇人、アルゼンチンへ一万一三〇〇人）。カナダへの移民も明らかに少なく（五四〇〇人）、ソ連邦（三二〇〇人）、パレスティナ（一九〇〇人）への移民も同様である。移民の主要な出身地は東部の連邦州ウィーン、下オーストリア、シュタイアーマルクだったが、特にブルゲンラント[15]は、すでに第一次世界大戦以前に明確な海外移民の伝統を持っていた。ブルゲンラントは、一九二〇年代には移民によって全住民の約八パーセントを失った。特に南部のギュッシンクからは、二一パーセントの住民が主としてアメリカへ移民していった。しかし一九世紀後半に繁栄した工業地域、特に金属・鉄鋼製品、機械製造がさかんだったシュタイアーやウィーナー・ノイシュタットなどでは、もっぱら熟練の専門労働者が家族ともども海外への移民を決意した。ヨーロッパ諸国では、八一六七人のオーストリア人が移民として記録されたが、その際ドイツがもっとも重要な移民目的地であった。一九二五年から一九三〇年までに、約一万人のオーストリア人が労働移民としてフランスに向かい、一九二九年から一九三五年の間には四〇〇〇人がソ連邦を目指した。

身分制国家（「オーストリア・ファシズム」［一九三四〜三八年］）による一九三四年のオーストリア社会民主主義労働者党の禁止・解散の後、およそ三〇〇〇人の社会民主党員がソ連邦に亡命し、約一二〇〇人の共和国防衛同盟▼16の成員がチェコスロヴァキア共和国に受け入れられた。同様に禁止されたオーストリア・ナチ党の三〇〇〇人の党員は、ナチ・ドイツに逃れることができた。一九三七年以降ますます多くの労働移民（約二万人）がナチ・ドイツへと向かうようになったが、これには、すでに一九三六年の初め以来約六万人のナチを信奉するオーストリア人が、政治的理由からドイツに滞在することを許されていたという経緯があった。

すでに身分制国家の時代に、ユダヤ住民の追放が始まった。それは、オーストリアのナチ・ドイツへの合邦後にその頂点を迎え、一九三八〜四一年に約一二万九〇〇〇人のユダヤが亡命を強いられた。一九三八〜四五年の間には、六万五四五九人のオーストリア出身のユダヤが、強制収容所で殺された。

第二次世界大戦後──移民送り出し国から受け入れ国へ

第二次世界大戦の終わり頃には、約一六〇万人の外国人強制労働者と戦争捕虜、強制収容所に収監されていた人々がオーストリアに存在した。その大部分にとっては、オーストリアはアメリカ合衆国、イスラエルあるいはその他の海外の目的地への中継地点であった。およそ一九五五年までにさらに一〇〇万人の難民、被追放民ならびに「ディスプレイスド・パーソンズ（DPs）」[17]が東欧、東中欧、南欧からオーストリアにやってきた。最大のグループの一つは、チェコスロヴァキア、ハンガリーおよびユーゴスラヴィアからの五〇万人もの「民族ドイツ人」[18]であった。

しかしながら、第二次世界大戦後のオーストリアは、さしあたり移民送り出し国となった。戦争直後には、軍需産業がさかんで工業地域だったために戦争の巻き添えを受けた東部諸州（ソ連軍の占領地区）と、戦争の被害の少なかった西部のアルプス諸州（アメリカ占領地区）の間の経済格差は顕著だった。東部諸州ウィーン、下オーストリア、ブルゲンラントの経済的不利益は大きく（工業施設の解体、交通運輸網の崩壊、エネルギー資源の不足、「ヨーロッパ復興プログラム」資金による開発の少なさ）、それによって両性の若い労働力の脱出、流出がおこった。州の労働局は彼らの移住を援助し、外国の企業家に労働力を提供したり、移民希望者のためのさまざまな教育プログラム（たとえば言語、タイプライター、家事コースなど）を組織した。しかしそうした実践は、連邦政府の政策と対立していた。連邦政府は労働力の流出をできるだけ抑え、オーストリアの経済の漸次復興を意図していたのである。

とはいえ、それでもオーストリアでは、カナダやオーストラリアへの移民の申請が許可されたし、場合によっては財政的な援助さえ行われた。主要な目的地には、旧西ドイツやスイスのような労働力需要の大きかった中西部ヨーロッパ諸国も含まれ、一九五〇年代には全体として五万人のオーストリア人が移民した。この両国への労働移民は一九六〇～七〇年代にも続き、一九七〇年代初めにはドイツに居住するオーストリア人は一七万七〇〇〇人に達し、そのうち一〇万一〇〇〇人が被雇用者であった。全体としてオーストリアからドイツへの移民は、一九六一〜九一年の間に五〇万人を数えたが、そのうち女性は三分の一にすぎず、四〇万人は再びオーストリアに戻った。スイスでは一九五〇年に二万二一五三人が、一九七〇年には四万四七三四人のオーストリア人が働き、生活していた。一九八〇年代と九〇年代にはその数は三万人に減った。スイスではドイツの場合と逆に女性の割合が高かった。一九五〇年代にはオーストリアからの移民の四分の三が女性であり、一九六〇年には五六パーセント、一九七〇年代にはつねに四〇〜四五パーセントであった。今日までこうした労働移民のかなりの数が、観光分野の季節労働者かフォアアールベルクからの越境者であった。

こうしたドイツ語圏諸国とならんで、特に一九六〇〜七〇年代に両性の労働移民にとって魅力的だったのは、比較的富裕なスウェーデンであった。一九五〇年代の初めから一九六〇年代の中頃までにスウェーデンのオーストリア人の数は四倍に増加し、最多の約五五〇〇人を記録した。一九八六年までにその数は約二八〇〇人にまで減少し、その後安定している。スウェーデンへの移民に占める女性の割合は、今日にいたるまで約三分の一で比較的少ない。

イギリス、フランス、イタリアへ行ったオーストリア人の数は少ない。ヨーロッパ以外の国々への移民にとっては、一九四五年頃にはまずアメリカ合衆国がもっとも重要な目的地であった。それにブラジル、オーストラリアとカナダが続いた。一九六〇年代になると、ブラジルと南アフリカがオーストリア人移民に好まれた目的地となった。並行してアメリカ合衆国とオーストラリアへの移民は減少した。全体として一九九〇年代の終わりには約五〇万人のオーストリア人が外国に住み、その四分の三がヨーロッパの他国に、特にドイツ（一八万八〇〇〇人）とスイス（三万人）に暮らしていた。

一九六〇年代以降のオーストリアは、明らかに移民受け入れ国となった。二〇〇一年時点でオーストリアは八〇六万の人口を擁しており、一九五一年以降に一一三万人増加したことになる。これは、もっぱら一九六〇年以降の移入民急増の結果である。一九六一年に外国人住民の数は一〇万二〇〇〇人で、オーストリア住民の一・四パーセントを占めていたが（表2－3参照）、一九七三・七四年には四・一パーセント（三〇万人）にまで増えた。

オーストリアにおける政治難民は、その大部分が一九五六・五七年のハンガリーからの難民（二〇万人以上）、一九六八・六九年のチェコスロヴァキアからの難民（約一六万二〇〇〇人）、そして一九八一・八二年のポーランドからの難民（一二万～一五万人）であった。難民のほぼ三分の二はオーストリアに難民申請を出していたが、第二次世界大戦直後の難民や被追放民と同様に、その五～一〇パーセントだけが実際にオーストリアに残った。一九七三～八九年にはオーストリアは、およそ二五万人のソ連邦出身のユダヤにとっての経由国ともなった。彼らはオーストリアを経て、イスラエルやアメリカ合衆国その他の国に移民していった。一九九〇年以降オーストリアは、ロシア＝ユダヤの移民にとっての中継地点としての役割を失った。というのは、彼らはその後ロシ

	1961年（人数）	1971年（人数）	1981年（人数）	1991年（人数）	2001年（人数）	2001年（外国人住民の割合[%]）
住民全体	7,073,814	7,491,526	7,555,338	7,795,786	8,064,500	
国内人	6,971,648	7,279,630	7,263,890	7,278,096	7,334,600	
外国人	102,166	211,896	291,448	517,690	730000	100.0
外国人の内訳						
ドイツ	43,500	47,087	40,987	57,310	74,300	10.2
フランス	1,116	1,387	1,623	2,178	4,200	0.6
大英帝国	1,520	2,341	2,666	3,427	5,700	0.8
イタリア	8,662	7,778	6,681	8,636	10,700	1.5
オランダ	759	1,478	1,764	2,617	4,000	0.5
ユーゴスラヴィアとその後継諸国	4,565	93,337	125,890	197,886	328,300	45.0
セルビア・モンテネグロ					155,700	21.3
コソヴォ						
クロアチア					57,600	7.9
ボスニア・ヘルツェゴヴィナ					96,200	13.2
マケドニア					12,400	1.7
スロヴェニア					6,400	0.9
ブルガリア	326	489	432	3,582	4,400	0.6
ポーランド	539	774	5,911	18,321	22,600	3.1
ルーマニア	262	397	1,253	18,536	18,400	2.5
チェコスロヴァキア	741	2,991	2,032	11,318	13,800	1.9
ハンガリー	4,956	2,691	2,526	10,556	13,000	1.8
トルコ	217	16,423	59,900	118,579	130,100	17.8
スイス	3,307	3,860	3,569	4,901	6,300	0.9
ソ連邦	226	192	495	2,112	3,700	0.5
アフリカ	626	1,279	3,127	8,515	15,200	2.1
アジア	1,630	4,254	12,304	25,677	38,400	5.3
南北アメリカ	2,717	6,000	6,305	9,516	13,100	1.8

表2-3　オーストリア在住の「外国籍（任意選択）」住民（1961–2001年）
（出典：Fassmann/ Stacher (Hg.), Österreicher Migrations- und Intergrationsbericht, S. 42）

アから目的国に直接移民できるようになったからである。

一九八九年の鉄のカーテンの開放と一九九〇年代のバルカン戦争の後に、オーストリアは再び移民・難民の経由国となった。東中欧諸国、かつてのソ連邦またバルカン諸国からの何千もの労働移民がオーストリアを経て西への道をたどった。それに加え、戦争の影響、エスニック・マイノリティの迫害や虐殺により、クロアチア（一九九一年）、ボスニア・ヘルツェゴヴィナ（一九九二・九三年）、コソヴォ（一九九九年）などからの大量の難民が生まれた。全体として一九九〇年代のオーストリアは、ほかのヨーロッパ諸国よりも多い約八万～九万人のボスニアからの戦争難民を引き受けた。一九九一年にはクロアチアの戦闘地域からの約一万三〇〇〇人の戦争難民が、オーストリアの滞在権およびそれにともなう公的な労働許可を取得した。ボスニアからの難民にも同様の資格が与えられた。一九九八年に「ボスニア戦争難民のための全国行動」が盛り上がりをみせるまで、彼らには一時的な滞在許可が与えられただけであった。そうした難民の三分の二は、オーストリア国内にとどまり永住権を得た、故国に帰った難民は一万一〇〇〇人で、一万二〇〇〇人がさらに他国へと移民していった。

一九六〇年代以降オーストリアを訪れ、ここにとどまった外国人移民の大部分は、最初は募集に応じたトルコ（募集協定は一九六四年）およびユーゴスラヴィア（同一九六六年）からの労働移民であった。ほかのヨーロッパ諸国とは違って、オーストリアが労働力不足に直面したのは比較的遅かった。旧西ドイツと同様にオーストリアにも、当初「ガストアルバイター」と呼ばれた労働移民を統合し、永住権を与える意図はいっさいなかった。オーストリアの労働力募集に応えた国々との間に締結された労働者割当数は、十分に利用されることはなかった。一九六九年になってようやく「ガストアルバイター」の数は急速に増加し始め、一九七三年には二二万六八〇〇人に達し、最初の最高値を示した。続く一九七四年には、募集が停止された。一〇年後、外国人労働者の数は約四〇パーセント減少し、一三万八七〇〇人となった。

募集停止は同時に、外国人労働者の一部がオーストリアに定住する現象をひきおこした。家族に続いて遠い親戚や友人の呼び寄せも行われた。特にそれはバルカン戦争の後に増えていった。そのため、一九八九~九一年にウィーンにやってきた外国人の五六パーセントが、すでに長くこの町に住んでいて、彼らに資金を援助できる親族を持った人々であった。一九八九年以降の経済成長により生じた労働力需要は、旧ユーゴスラヴィアとトルコからの移入者によって埋められた。ポーランド、ルーマニア、ハンガリーあるいはチェコスロヴァキアないしその後分裂した二つの後継国（チェコとスロヴァキア）からの労働移民は三パーセントにすぎなかった。

第二共和制（第二次世界大戦後のオーストリア共和国）においては、移民と労働力は、国家、組合、企業連合の共同の利害政策により管理されていた。このオーストリア独特の移民および労働市場調整に関する社会パートナーシステムは、一九九三年に新規移民の受け入れを難しくする「割当システム」に取って代わられた。このあらたなシステムでは、個々の連邦州の労働市場、住宅市場の状況や教育制度、保険制度の水準にもとづいて一定数の移民労働力が割り当てられるようになった。こうした滞在法の導入は、それまで比較的柔軟に運用されてきた移民政策に区切りをつけるものであった。一九九七年に施行された一連の統合関連立法は、「新規移民よりも統合を」という原則を掲げた外国人法のほか、外国人雇用法、全国最高受け入れ労働力上限規定、失業保険制度それぞれの改正法を含んでおり、新規移民の受け入れをさらに限定し、段階的な定住を促すシステムの導入を目指していた。オーストリアのヨーロッパ連合（EU）加盟（一九九五年）以降、第三国から（合法的に雇用される）労働力の数は減少し、他方、EU域内からやってくる労働力数は上昇した。

一九四五年以降のオーストリアにおける移民の統合は、彼らを社会経済的に疎外するような枠組を持つ社会政策・経済政策のせいで、非常に複雑・困難なものとなった。たとえば、オーストリアの労働市場では、国有企業（工業含む）と公務員（自治体含む）の数が多いため、就職や出世の機会が政党政治や組合利害に強く影響され、「身内の人々」の採用が優先され、移民にとっては、ほかのヨーロッパ諸国よりもはるかに不透明なものとなっている。このことは住宅市場においても同様で、移民は特に公的な賃貸アパートの供給に関してまったくその埒外におかれている。また、相変わらず「血統主義」にもとづく国籍法は、法的な面だけでなく就業や教育といった領域での統合も難しくしている。

世界的規模での移民に関しては、オーストリアは現在のところほとんどその影響を受けていない。アジアからの移民（二〇〇一年に五・三パーセント）、アフリカ（二・一パーセント）、オセアニア

（〇・二パーセント）そしてアメリカ合衆国（〇・九パーセント）からの移民の割合は、一九六〇年以降つねに増え続けているとはいえ、二一世紀初頭の段階でなお非常に少ない（表2‐3参照）。

一九九〇年代以来、統合促進のための政策がとられてきたにもかかわらず、その社会的・法的障害はいぜんとして大きい。ウィーンやその他の都市、たとえばサルツブルク、リンツないしグラーツなどの移民たちは、ほかの都市住民と切り離された地区に暮らしているわけではないが、都市内の安価な住居地区の街区や地区にそって隔離が生じている。余暇や社会生活の領域においても、移民と地元民の接触・交流の機会は限られている。

一九六〇年代以来、ユーゴスラヴィアとトルコからの移民たちは、活発に民族的ないし宗教的な協会活動を行ってきた。個々の協会は今日までさまざまな利害集団（たとえば小企業家、若者、女性、学生）を取り込もうとし、部分的にはその利益代表者との自己認識を抱いていた。一九六〇年代・七〇年代にやってきた初期のユーゴスラヴィア移民たちの協会は、一九七六年に「ウィーン・ユーゴスラヴィア統合協会」を結成した。その後ユーゴスラヴィアの崩壊とともにユーゴスラヴィア系の協会活動は（民族的）分裂をしたが、オーストリアに暮らす移民たちの協会文化は、個々の祖国のそれとは別物であった。一九七九年の「オーストリア・イスラム信仰協会」の公的・法的な承認は、今日までオーストリア住民のなかにムスリムの社会的受容を促進することはなかった。オーストリア人に男女の移民とその生活・労働条件、文化と宗教を理解しようとする用意が足りないという事実は、移民の統合が望まれているにもかかわらず、自国民は日常的には少しもそれに貢献しないという現実をまねいている。

註

▼1 「下エンス」はドナウ川支流のエンス川西側の地域で現在の下オーストリアにあたり、「上エンス」は東側地域で現在の上オーストリアにあたる。

▼2 一九三四年に議会が機能停止に陥ったときに、ドルフスの独裁下で成立した職能身分制憲法にもとづくオーストリア・ファシズム国家。

▼3 伝染病は一四一〇・一一年、一四三六年、一五二一年、一六三〇年代、一六四〇年代、一六七〇年代に流行。戦争は一六一八〜四八年の三十年戦争および特に長く続いた一五二六〜五二年、一五六六〜六八年、一五九三〜一六〇六年、一六六三・六四年、一六八三〜九九年、一七一四〜一八年、一七三六〜三九年、一七八八〜九二年の対オスマン戦争。追放は一四二〇・二一年と一六七〇年のウィーンのユダヤ追放。一五八五年、一六二四年、一七三四〜七六年のオーストリア、ケルンテンから、一七三一・三二年のサルツブルクからのプロテスタント追放などがある。

▼4 ハプスブルク王朝の支配者は、ときによりその拠点をリンツ、インスブルック、ウィーナー・ノイシュタットなどにおいた。

▼5 Störer. 得意先に出向いて仕事をする手工業者を指すが、この語は「邪魔者」という意味を共示する。

▼6 Cilli. 現スロヴェニアのツェリェ（Celje）出身の熱帯果実の売り子。

▼7 一九世紀後半にはウィーン市域自体が拡大され、周囲の町村人口を取り込んだ。

▼8 Heimatrecht は「故郷権」と直訳されるが、本書ではその含意に鑑みて「居住（市民）権」と訳す。この権利

に基づき、管轄する自治体が、その保有者に対して居住と所属する権利を保障する。また、この居住権は救貧とも結びついており、居住権のある自治体はその保有者が貧困に陥ったときに救済する義務を負っていた。

▼9 ハプスブルク家の世襲領についてはさまざまな解釈があるが、ここでは主に上・下オーストリア、シュタイアーマルク、ケルンテン、クライン、ティロールおよび前部オーストリアを指す。

▼10 ドイツ語で「妥協」の意。ハンガリーを王国とし自治を容認した協定。これによりハプスブルク帝国はオーストリアとハンガリーの同君連合へと移行した。

▼11 ハンガリー領を指す。

▼12 これもハンガリー領を指す。ライタ川はオーストリア＝ハンガリーの国境を流れる川で、ハンガリーはオーストリアでは「ライタ川の向こう」と称された。

▼13 一八一五年から一八四八年の「三月革命」までの期間を指す。

▼14 その大部分は、ロシアに分割されたポーランドないしウクライナからの移民だった。

▼15 ハンガリーとの国境地域。一九一八年までハンガリーに属したが、一九一九年のサン＝ジェルマン条約でオーストリア領とされる。しかし、その後紛争がおき、一九二一年の住民投票によってハンガリーとオーストリアに分割され、オーストリアに帰属した地域がブルゲンラント州とされた。これに対して、北東部の地域はハンガリーに属した。ハンガリー人のほか、クロアチア人、ユダヤ、ロマなど多様な人々が暮らしていた。

▼16 オーストリア社会民主主義労働者党の擬似軍事組織。

▼17 ドイツの章（第1章）一三三頁を参照。

▼18 ドイツの章一三二頁を参照。

訳者解説

現代オーストリアの移民・難民問題と国民意識

増谷英樹

「はじめに」において述べたように、一七世紀以降のオーストリアの歴史はきわめて複雑な過程をたどる。いわゆる「ドイツ帝国（神聖ローマ帝国）」から東方の帝国としての「ハプスブルク家の領域支配帝国」として君臨していたオーストリアは、フランス革命の時代には「ドイツ帝国」としては崩壊し、ナポレオンの帝国に対抗する「オーストリア帝国」を名乗り、「ドイツ連邦」を指導する。しかしその指導は、プロイセンによるドイツ帝国形成の過程で崩壊し、オーストリアはあらたにハンガリー王国と結びついた「オーストリア＝ハンガリー二重帝国」を形成し、その領域も国家の性格も大きく変化する。さらに第一次世界大戦により、その帝国は崩壊し、その領域からいくつもの「国民国家」が成立し、オーストリアもその一つとして「オーストリア共和国」に解消していく。その後、「共和国」はナチ・ドイツに吸収され、ドイツ帝国の一部となり、

「ドイツ帝国」の側にたって戦争に加わったことは周知の歴史であろう。戦後には、東西対立のなかで一九五五年にようやく中立国としての「オーストリア共和国」が形成される。こうした、国境と国家形態・国家領域の変化にともない、その「国民」もその内容と意識が変転し、同時に「移民」「難民」と呼ばれる人々の出入りも当然変転する。そうした「移民」「難民」あるいは「亡命者」「外国人労働者」の歴史を、第2章では現在のオーストリア国家を基軸にまとめて整理している。そうした歴史は戦後のオーストリアに根深い影響を与えざるをえなかったことも、本文で述べられるとおりである。

そうした問題が現在どのような問題として展開しているかを簡単にみてみよう。戦後、中立共和国としてのオーストリアは国連に加盟し、ドイツと同様に経済復興を経験し、そのなかで、移民・難民問題をオーストリア独自のありかたで自らに引き受けた。戦後の経済復興以降の労働力不足により、オーストリアは主としてユーゴスラヴィアやトルコからのいわゆる「ガストアルバイター」を導入した。一九七三年のオイルショック以降にはその数は減少したが、残った労働者やその家族の国民としての受け入れ問題は、ドイツと同様に、大きな問題・課題となった。その後、ソ連邦の解体と社会主義諸国家の崩壊、ベルリンの壁の開放、東西ドイツの統一、さらにはユーゴスラヴィアの戦争などにより、オーストリアにはバルカン半島や旧社会主義国からの大量の難民、亡命者、移民が集中した。特にオーストリアのEU加盟（一九九五年）以降は、オーストリアもほかの加盟国家、特にドイツと同様に移民・難民の受け入れを認め、その受け入れ割合を承認し、各州への割り当てを行っている。それは、移民・難民の問題を全国レベルの問題に拡大させていき、現在ではそれはオーストリアの世論を二分化した論争にまでに発展し、オーストリアの伝統的な政治体制を大きく転換させかねない問題となっている。二〇一六年四～五月に行われた大統領選挙においては、まさにこの移民・難民の問題が中心問題となり、これまでの二大政党体制を崩壊させかねない対立と混乱(?)をまねいている。

このオーストリアの大統領選挙は、オーストリアおよびウィーンにおいてまったく新しい政治的様相を表現していた。この大統領選においては、これまでつねに候補を推薦してきた二大政党、社会民主党と国民党の推薦者とならんで、新しい政治勢力として一九九〇年代に台頭してきた反移民・難民を主張する「自由党」のN・ホーファー、「緑の党」推薦のA・ヴァン・デン・ベレン、「女性党」のI・グリス、さらに「新オーストリア党」のR・ルーグナーなどが立候補したのである。大統領選は候補者の誰かが投票総数の過半数に達するまで行われるが、そのため第一回投票は政党ないし個人に対する国民の人気投票的なものであり、それゆえ、その結果は、現在のオーストリアないしウィーンの国民・市民の政治的・社会的思考傾向を示すが、その第一回投票は面白い(?)傾向を示した。第一位の得票を獲得したのは、移民・難民反対、「外国人は出て行け」と主張する「自由党」のホーファーで、全国で三五パーセント、ウィーンでも二七・六七パーセントを獲得し、第二位が、正反対の移民・難民の受け入れを主張していた「緑の党」のヴァン・デン・ベレンで、全国で二一・三四パーセント、ウィーンで三二・七五パーセントを獲得した。さらに第三位となったのは「女性党」の支持を得たI・グリスであり、全国で一八・九四パーセント、ウィーンでも一九・〇九パーセントを獲得した。そして、これまで大統領選の常連であった二大政党「国民党」と「社会民主党」の候補がそろって全国でようやく一一パーセント台を獲得するにとどまった（国民党一一・一二パーセント、ウィーンでは六・一パーセント、社会民主党一一・二八パーセント、ウィーンでは一一・五四パーセント）。

オーストリアにおける大統領選挙は、議会選挙と異なり政策等による投票ではなく、いくらか人気投票的要素を含むが、それゆえに逆に、国民の思考や関心の傾向を正直にあらわしているともいえる。つまり、オーストリアの国民、ウィーンの市民はこれまでの二大政党による政治に終止符を打ったとまではいえないとしても、市民、国民はより具体的な社会問題、特に移民・難民問題ないし環境問題、生活問題　女性の問題への関心を強めたとみてよいであろう。

決戦の選挙は、一、二位の自由党のホーファーと緑の党のベレンの二人による決戦となり、危機を覚えた社会民主党と国民党がベレンに加担し、大接戦になった。その結果は、国内の投票所の票数では決まらず、海外からの郵便投票を待たねばならなかった。国内の投票所投票では、ホーファーが五一・九二パーセントで、四八・〇八パーセントのベレンを上回っていたが、郵送投票において、その差が逆転し、最終結果はベレンが五〇・三五パーセント、ホーファーが四九・六五パーセントの僅差で、ベレンの選出が認められ、決定した。票差はわずか三万一〇二六にすぎなかった（投票数全体で約四五〇万票）。ウィーンにおいてベレンは約五〇万票、六三・三二パーセントを獲得し、ホーファーの三六・六八パーセントを圧倒していたが、全国的にはホーファーは農村地域のほとんどで多数を獲得し、ベレンはウィーンのほかには、人口密集地の地方都市においてのみ得票を獲得していった。しかも、選挙の結果が発表された後になって、選挙の手続き上の不備がみつかり、憲法裁判所は第二次選挙のやり直しを決定したので、結果が発表されるまで、時間がかかったが、結局、ベレンの選出が認められて、オーストリアは「移民反対の極右国家」とならずにすんだが、国民のなかの移民・難民受け入れの反対傾向がきわめて強いことが明らかになったといってよいであろう。

こうした選挙結果から、二一世紀のオーストリアの移民・難民問題の方向性を予測することはできない。ただ、これまでの政治的二大政党体制は、崩れたとまではいかないが、大政党の政治的方向性よりも、さまざまな政治的・社会的・文化的問題が国民、市民の関心事となり、今後の政治的方向性を見極めることが難しくなってきたことは確かであろう。この間にイギリスのEU離脱問題もあり、国際的動きとの連動や移民・難民問題と関連して、オーストリアの政治的方向性を見定めることが難しいといわざるをえない。

III

スイス　移民の経由地

第3章　スイスにおける移民の歴史

マーク・ヴィユミエ
穐山洋子 訳

領域と境界

スイス（スイス盟約者団）[1]は、一六世紀からアンシャン・レジーム（旧体制）の終わり（一七九八年）まで、領域的な変化がない状態が続いていた。当時スイスは、一三の主権を持つ邦（カントン）[2]と、従属邦（臣下）[3]および共同支配地からなる複合体であった。一八一五年、スイスは権限をほとんど持たない中央権力が備わっただけの、二二の主権を持つカントンから構成される盟約者団になった。スイスの国家領域はそれからごくわずかしか変化していない。国境地帯は、とりわけ近代的な交通手段が登場する前は、通常どの国においても他国からの移住がもっとも多かった地域であるが、小国スイスの国境地帯は、国全体の割合において大国のそれよりも明らかに広範囲におよんでいた。三大都市のうちジュネーヴとバーゼルの二都市は、それぞれ他国の領域にほぼ完全に囲まれた周縁地域に位置する。周辺国のイタリア、フランス、ドイツ、オーストリアの言語は同時にスイスの主要言語でもある。さらに南北を結ぶ重要な通過ルートがスイスを横断している。これらのことから、ヨーロッパのより大きな国々と比べて、すでに数百年前からスイスに比較的移民が多かったことに説明がつく。

スイスの政治体制は時代の流れとともにかなり変化した。一八四七年の分離同盟戦争後、新連邦国家を目指した一八四八年憲法により、初めて中央政府が設置されたが、それでもその権限のおよぶ範囲は限定的だった。一九・二〇世紀に政府の権限は漸次的に拡大され、スイスはますます中央集権国家へと組織されていった。

一七世紀以降もスイスでは、政治的・経済的な特権▼[4]を持つ市民共同体▼[5]という中世的な制度が存続した。受益者数を制限するため、構成員資格は父から子へ遺贈され、それによって市民共同体の全財産における一人あたりの配分が同程度に保たれていた。このような背景により、妨害的な加入料や受け入れ拒否の決定によって、あらたな移住者の受け入れは難しくなる一方だった。各市民共同体には貧民救済が義務づけられていたため、財産がほとんどない者の市民権申請は却下され、市民の結婚は管理された。このため市民共同体の正式な構成員とならんで、市民権から排除された「住民」「居留民」あるいは「転入農民」という分類が成立した。特に都市は、少数の市民家族による権力の独占を反映して、ますます寡頭制になっていった。

一八世紀末の革命的変革にもかかわらず、市民共同体は一九世紀においても存続した。それと

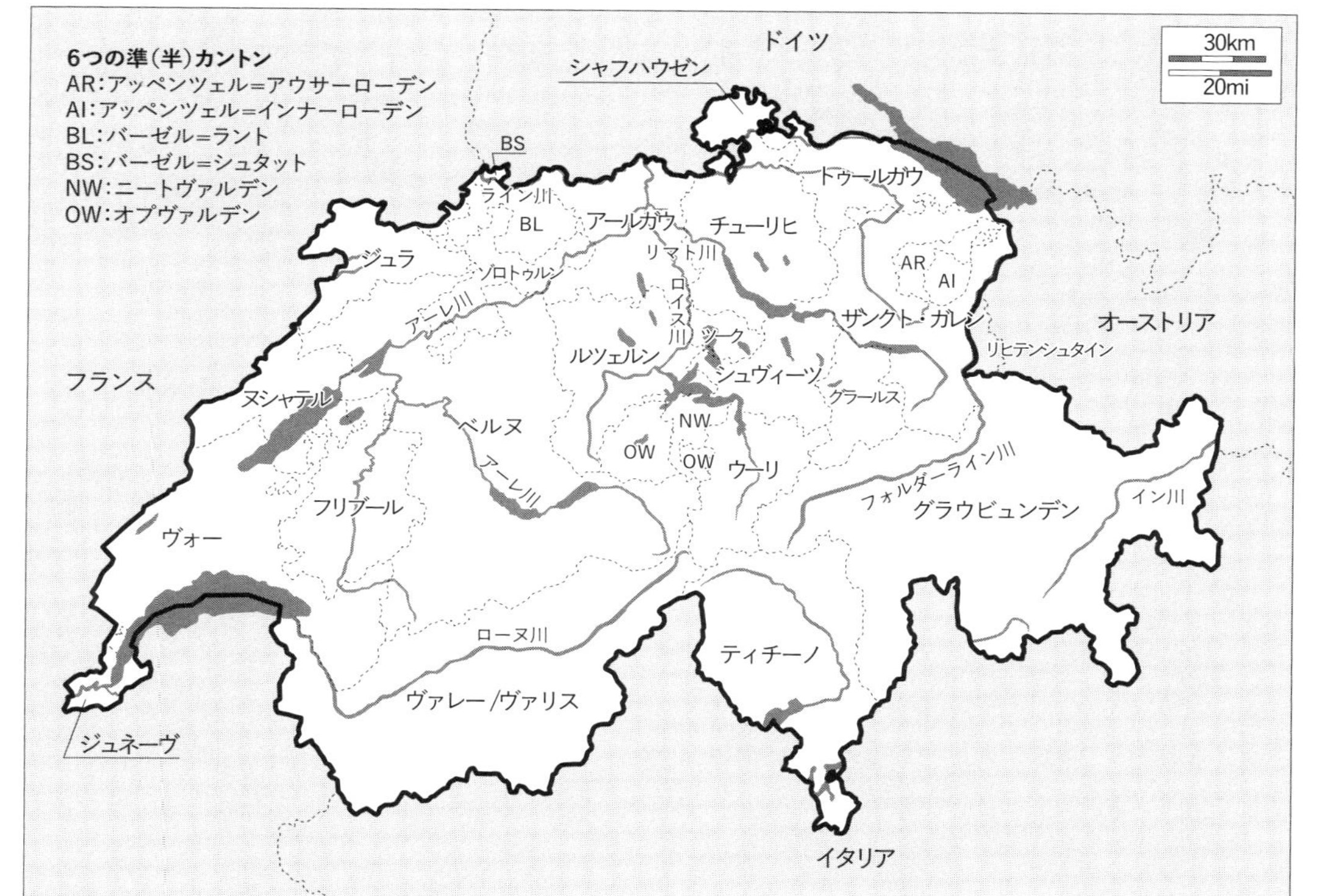

地図 3-1　現在スイスの 26 カントン

並行して、すべての住民を包括する政治的共同体（ゲマインデ［市町村］）も発展した。責務と財は双方の共同体制度の間で分割された。政治的共同体が市民共同体の特権を引き継いだ場合、共同体の合併にいたることもあった。市民共同体は二一世紀初頭においてもなお存在し、スイス人のパスポートには出生地ではなく、市民権を受け継いだ本籍地（起源地）が記されている。スイス国籍はゲマインデとカントンの帰属に依拠しているため、ゲマインデの承認が外国人の帰化の前提となっている。ほかの国々とは異なり、これは単なる行政行為[▼6]ではない。というよりはむしろ、市民議会あるいは議会によって選出された代表者（市議会あるいは臨時特別委員会）によって下される政治的決定でしかないのである。

一七・一八世紀における労働移民と定住移民

一七・一八世紀のスイスは、政治的にも社会的にも移民に対して開かれていなかった。市民層とツンフト（ギルド・同業者組合）は社会的にますます強く一線を画すようになっていった。移民は滞在権を持っていたとしても、あまり評価の高くない職業に甘んじなければならず、職業的・社会的な上昇の可能性はほとんどなかった。裕福な地方の共同体は一般的に新参者を拒絶し、あまり財政が芳しくない地域だけが移民を受け入れた。移民の大多数は隣接国の出身だった。彼らの統合の機会は、スイス国内からの移民とほとんど区別されることはなかった。多様な自然環境にはさまざまな植生期があるため、それに応じてアルプス山脈から渓谷あるいは平地への季節的な労働移住（出稼ぎ）が行われた。これに移民の状況は非常に強い影響を受けていた。

これら近代初期の経済的理由による移民動向に関する研究は、かなりおざなりにされていた。その一方、一六世紀から一八世紀初頭に宗教改革が行われた地域に逃れた大勢のプロテスタント難民は、注目された。このイタリア、南オランダ、南ドイツ、特にフランスからの難民の波は、一六八五年のナントの勅令廃止後[7]、ユグノー（新教徒）がフランスから脱出を試みたときに最高潮に達した。一八世紀初頭まで続いたこの宗教難民の最後の波では、一四万人弱がスイス——一七〇〇年頃、スイスの人口は約一二〇万人で、そのうち約八〇万人が改革派信徒だった——に流入したが、ほとんどの難民にとってスイスは単なる通過国でしかなかった。彼らの目的地は、プロイセンあるいはプロテスタントのドイツ諸邦だった。それとは反対に、一六世紀のフランスとイタリアからのプロテスタント難民の大部分はより長くスイスに滞在し、数世代もたたないうちに市民あるいは都市の特権階級に統合された。しかし、一七世紀末には市民層と共同体は一六世紀に比べると厳しい経済状況を背景に、移民を強硬に排除した。宗教的連帯に代わって排他的な反応があらわれ、新しい移民は排除されたのである。

一六・一七世紀のプロテスタント難民のうちもっとも裕福で経済に精通している難民は、彼らの動産の一部あるいは全部を、通常手形証書の形式で、フランクフルト市場に移管することができた。商人や工場経営者が彼らの注文帳や顧客リストの持ち出しに成功することは珍しくなかったし、手工業者の場合でも、仮に何も持たずに来たとしても、ときとして現地の人々を簡単にこえる高い技術を駆使することができた。このような難民がもたらした資本、商売関係、技能は、スイスの都市や宗教改革が行われたカントンの経済を活性化させ、最終的に堅牢な経済発展に導いた。いくつかの難民家族は複数の受け入れ国に分散したが、彼らの間のつながりは貿易と銀行業務の発展に非常に重要な意味を持った。また、彼らは特に一八世紀に思想の普及や学問の興隆にも貢献した。

しかしながらスイスは、一八世紀において単なる移民受け入れ国だったのではなく、むしろ、とりわけ移民送り出し国でもあった。人口が過剰に増加すると生計の機会が減少し、この相互作用は特に飢饉や経済危機の後に強まった。こういった状況は穀物産業から畜産に転換した地域で拡大した。それに対してプロト工業化地域では、ほかの地域への移住は低いレベルにとどまった。社会の下層からは多くの人が傭兵として、私的な軍事企業との個別契約やカントンあるいは特権的な寡頭政府が傭兵を定めた勤務契約の枠内で、スイスを後にした。この制度はアンシャン・レジーム時代の重要な経済的要素であり、カントンにおける政治的秩序を固定化し、外交的影響をもたらした。▼8 それはフランス革命とともに消滅した。いくつかのカントンは傭兵に関する規定を一九世紀初頭に再導入したものの、あらゆる地域で重要性が増していた自由主義的勢力にとって、スイス連隊が絶対主義の支配者（ナポリ・教皇領）を支援することは無意味なことに思われた。一八四八年にあらたな傭兵契約は禁止され、まだ契約が残っていたものも一八五九年に廃止された。

軍事的な移住以外に、それほど重要ではない民間の国外移住があったが、それは官庁から奨励されることはほとんどなかった。なぜなら、労働力の喪失と国家の窮乏化が危惧されたからである。イタリアやロシアにいたるほかのヨーロッパ諸国で、ティチーノ[9]からの移民は、建設現場で石積み工、漆喰専門職人、建設業者、建築家として働くか、あるいはほかの専門的技術を必要とする職業に就いた。近代初期以降にはイタリア半島に、一九世紀にはロシアに、グラウビュンデン[10]出身の多くのケーキ製造販売者が存在していた。商社や時計製造業者は従業員をしばしば長期間遠方の国々に派遣した。これに対して外国滞在期間が短かったのは、工業経営者、商人、銀行員の教育・研修のための滞在であった。これは若い聖職者にも当てはまった。彼らはスイスでポストが空くのを待つ間、外国の教区で数年間滞在し、そこで彼らのキャリアを始めたのである。

これらに加えて三十年戦争（一六一八～四八年）で破壊された地域へのスイス人の広範囲にわたる国外移住があった。一六六〇年から一七四〇年までに、一万五〇〇〇人から二万人のスイス人がフランスのフランシュ＝コンテ地域、アルザス、プファルツ、バーデン、ヴュルテンベルク、バイエルン、ブランデンブルクやその他のドイツの領域へ移住した。移民には地方出身の手工業者や家族連れの小農が多く、彼らは受け入れ国で、宗教的、地域的な出身地別コミュニティを形成した。

一九世紀初頭までは、国外の移住先として、ほとんどの場合ヨーロッパ諸国が目指された。例外は、イギリス、フランス、オランダの植民地部隊にいるスイス連隊であった。アメリカ合衆国の主に都市に住むスイス人は、すでに一七九〇年に約二万五〇〇〇人を数えていたとしても、大西洋を渡った移住は比較的少数にとどまった。

一九世紀から二〇世紀初頭までの大陸移住と海外移住

一八一五年以降、海外（大西洋を渡った）移住は集団的現象へと発展したが、同時にヨーロッパ大陸への移住も衰えることはなかった。この背景には一七七〇年頃始まった人口増加と、生計機会の供給がそれに見合う発展をしなかったことがある。一八二二年、ロシア皇帝のアレクサンドル一世はあらたに征服したベッサラビアに入植地を設立し、そこにヴォー▼11出身のブドウ栽培農家が入植した。この地域は一九一八年以降ルーマニア領になったが、一九四〇年、ここから彼らの後継者の大部分が赤軍の進駐を恐れ逃げ出した。ロシアへの移民、特に技術を持った労働者の移民は一九世紀の経過とともに増加し、彼らは後に成功を収める会社をいくつか創設した。一九一七年のロシア革命後、八〇〇〇人以上のスイス人が母国に戻った。

一九世紀に入るまで、スイスからの外国への移民は男性に限られていて、家族連れの移民は問題にならなかった。しかし、女性の単独移民もいた。彼女たちは家事手伝いとして地方から近隣都市や隣国へ移住した。一九世紀に教育が普及し、料理人、家庭教師、教師という女性特有の移民が促進された。特にロシアでは、フランス語を話す女性の教師や家庭教師が雇用された。一九世紀にスイス人の移民目的地は変化した。スイスを離れる全移民のうち二三パーセントから二八パーセントがフランスに移住した。ドイツには、一八五〇年にすべての在外スイス人のうち約一一パーセントが住んでおり、その割合は一八八〇年に八・四パーセントに減少したが、第一次世界大戦直前までに一五パーセントに増加した。ほかの国ではこのような変動は比較的小さかった。たとえばロシアではその値は二・五パーセントから二・一パーセントの間で推移していた。例外はイタリアである。一八五〇年、全在外スイス人の二二・七パーセントがイタリアに滞在していたが、その後その値は継続的に低下し、一八七〇年には六・一パーセント、一九一三年には二・九パーセントまで落ち込んだ。この減少は、後段で取り上げるように、一八五三年にロンバルド・ヴェネト王国からティチーノ出身者が移住したことが背景となっているが、一八六一年のイタリア国民国家の設立にともなう変革や傭兵による移住が終了したことでも説明がつく。

スイス人の移民先としてアメリカ合衆国は、一九世紀全体を通じて重要性が高く、それはアメリカが移民を規制した一九二〇年代や一九三〇年代初期の世界恐慌期まで続いた。一八五〇年、全在外スイス人の六七・四パーセントがヨーロッパに滞在していたが、一八七〇年までに四八・五パーセントに減少し、その後その値は再び高くなり五一パーセントに落ち着いた。全在外スイス人における在米スイス人の割合は、一八五〇年の二八・七パーセントから一八七〇年には三六・五パーセントに上昇し、その後多少減少するが、最終的に約三四パーセントに安定した。海外移住は全体として強い波があり、一八一六・一七年の飢饉のときに最初の頂点に到達し、スイスの全人口の〇・四七パーセントが移住した。この時期、一八一九年にブラジルのノバ・フリブーロ入植地設立が中止され、当地のスイス人住民は数年のうちにブラジル国内に分散した。アメリカのそのほかの入植地、そのなかでも現在もスイスの地名の名残をとどめる所では、祖国の伝統が長い間維持され、守られていたが、その入植地も最終的には解体された。海外移住の第一次高揚期は一八二〇年に終了した。一八四〇年代の経済危機を背景に移民の数は再び急速に上昇した。一八四九・五〇年頃、再び国内経済が上向いたときでさえ海外移住は衰退することはなく、一八五四年には記録的な数に到達し、スイスの全人口の〇・七パーセントが大西洋を渡った。国内の人口増加という経済的な問題を別にすれば、カリフォルニアとオーストラリアでの金鉱脈の発掘も移住を決意する重要な役割を担った。

しかし政治的な展開もまた、海外移住を促進した。ティチーノの渓谷地域からイタリアへの季節労働移民はすでに長い伝統があった。それはティチーノの農業の深刻な状況を背景に、一九世紀中葉でもいぜんとして重要性を増していた。一八四八年から一八五三年にかけての一連の農作物の不作は穀物価格を五〇パーセントも上昇させ、それが移民の要因となった。ハプスブルク帝国の一部であったミラノのイタリア人民主主義者ジュセッペ・マッツィーニによる一八五三年二月の革命が失敗に終わると、オーストリアはカントン・ティチーノにイタリアの愛国的革命の共犯の罪を被せた。報復のためオーストリアは国境閉鎖を指示し、それは二年以上続いた。冬季に帰郷していた季節移民は、労働のためにポー平原▼12に二度と戻ることができなかった。さらに、ロンバルド・ヴェネト王国からも六五〇〇人ものティチーノの人々が追放された。自身の生計の可能性を奪われた数百ものティチーノの渓谷地域の男性住民は、アメリカまたはオーストラリアに船で向かった。それによって同時にティチーノにおける男女比率は変化し、女性の割合がかなり大きい時代が長く続いた。

海を渡った移住は一八五〇年代に最高潮に達したが、その後の数年間にその数は著しく低下した。一八七〇年代初頭から一八九〇年代初頭までの世界経済の停滞期は、海外移住の数を再び上昇させた。一八八三年、スイスの全人口の〇・五パーセント近くが大西洋を渡った。その後一九世紀末にアメリカ合衆国への移民は再び重要性を失った。

アメリカへの移民は圧倒的に地方出身の小農や手工業者だった。そしてたいてい彼らは家族ぐるみで移住した。移民は市民共同体による支援を受けられ、このような手段によって貧困から抜け出した。移民希望者が市民権を放棄すれば、多くの共同体は移住費用の一部あるいは全部を負担した。一八八〇年代に農作物価格が停滞し、小農業経営の将来性の見通しが悪かったことから、多くの農業従事者が、アメリカ合衆国、アルゼンチンあるいはチリに移住するために自分たちの財産を売却した。それはもはや貧困からの脱却だけではなく、経済的チャンスをつかむための合理的な決断でもあった。同時に外国に移住する都市住民の割合も増加した。

一九世紀における外国からの移民

一九世紀のスイスは、移民送り出し国であっただけでなく、移民受け入れ国でもあった。一八三〇年以降、特に一八四八年以降の政治の近代化は、多くのヨーロッパ諸国との定住の自由に関する協定締結と同様に、個人の空間的移動も容易にした。旅行者が増加したが、これとならんでスイスには隣国から労働移民もやってきた。国境沿いのカントンでは外国籍住民の割合が非常に高かった。たとえば、一八四六年頃のバーゼル＝シュタット[13]では二三パーセント、一八五〇年のジュネーヴでは二三・八パーセントであった。ドイツ人移民の半分強は遍歴職人だった。彼らはスイスの一部を通過する伝統的な経路をたどって、仕立屋、靴職人、鍵職人、大工としての仕事を探し求めて町から町へ移動した。スイスのいくつかの地域では、遍歴職人がそれらの仕事の主要な部分あるいは大多数を引き受けていた。彼らは数週間から数ヵ月間にわたり同じ場所にとどまったが、その間、さびれた宿舎にすし詰めになって泊まることが珍しくなかった。このグループは目立っていたため、彼らに対してすぐに固定化された特徴づけが行われた。彼らは単身でやってきて、若く、伝統的な社会の管理から逃れ、異国の地で孤立して、その日暮らしを送り、自由時間はたいてい食堂で過ごし、しばしばアルコール漬けになり、いつも喧嘩に巻き込まれるといった特徴づけである。社会福祉協会は、初期段階においてしばしば聖職者や市民的名士から援助を受けていたが、ドイツ人の労働者や職人の生活環境を改善しようと努力した。協会は構成員に対して、歓談したり、新聞を読んだり、食事の用意をしたり、講習によって最小限の教養を身につけるための場所を提供した。これらは彼らがスイスに統合するのを容易にし、彼らにある一定の政治的な自覚を持たせた。スイスに逃れてきたドイツの共和主義者や民主主義者は、ドイツの職人や労働者を仲間に誘い込むために、これらの協会への接触の機会を探った。このように一八四〇年代に協会を通じて、たとえばドイツの初期社会主義者ヴィルヘルム・ヴァイトリンクの社会理論や政治的要求が広まった。

一八一五年以降、近隣諸国から、政治難民が波となって相次いでスイスに押し寄せた。政治的に自立しているカントンは、彼らの政治的志向に応じて多かれ少なかれ受け入れの意志を示した。しかし、一八二三年と一八三六年に再び、すべてのカントンはスイスに対する外交的圧力に屈し[14]、政治的にもっとも危険だと格づけされた人々を追放しなければならなかった。一八四八年のヨーロッパ革命の失敗の後、一八四九年に約一万二〇〇〇人の難民がスイスに押し寄せたが、その年を除いて政治難民は移民全体においてつねに非常に少ない割合で、スイスの全外国人の約一パーセントだったと推測されている。スイスは海港への通過許可書を発行することで、イギリスあるいはアメリカへの旅の継続を促したため、一八四九年の難民のうちごく一部しかスイスにとどまらなかったのである。

一八六三・六四年の民族運動の失敗後、約二〇〇〇人のポーランド人難民がスイスにやってきて、その一部が長期間滞在した。彼らは、一八三〇・三一年のポーランド一一月蜂起後にスイスに移住し、すでにスイス社会になじんでいた同郷人とともに、小さな同郷人組織をつくった。そこでは失われたポーランド・ネーションの記憶が保たれ続けた。ラッパースヴィル城内にあるポーランド民族博物館は、第一次世界大戦後にポーランド国家があらたに設立されるまで、ポーランドのディアスポラ文化の中心地であった[15]。

難民、あるいは概して外国人は、スイスの教育制度の発展において重要な役割を担った。一八三三年と一八三四年にそれぞれ新設されたチューリヒ大学とベルン大学の教員の過半数は、ドイツ人教授だった。いくつかのカントンの学校や私立の教育機関でも多くの外国人教師によって授業が行われていた。後に、スイス人教師の割合は特に上級学校で増加した。全体的にスイスの大学における外国人教授の割合は、二一世紀に入るまで高水準を維持した。

一九世紀後半の経済発展と鉄道敷設は外国人労働者と技術専門家をスイスに引き寄せた。同時に、すでに述べたように、スイス人の海洋を渡った移住やヨーロッパ大陸への移民も高い水準にとどまっていた。スイス国内の移住は障害が多かったため、多くの農村の下層民は、近隣の工業都市への移住よりもアメリカへの移民を好んだ。一八八八年の国勢調査は、初めて移民の流入が流出を上回ったことを示した。この傾向は、一九一四年から一九四五年の例外を除いて、その後も続いた。

一八七三年から一八九五年の世界経済の発展停滞期において、スイスの工業は低成長ながらも発展し続けた。その後第一次世界大戦開戦まで、著しい経済成長期が続いた。国民総生産は三五パーセントから四〇パーセント上昇した。それに対して人口は二〇パーセント増加し、そのうち五分の二は移民とスイス在住の外国人の高い出生率によるものだった。一九一〇年に外国人は全人口の約一五パーセントを占めた（表3-1参照）。一九一四年には、これらの理由により、スイスではルクセンブルクとならんで全ヨーロッパ諸国のなかで外国人の割合がもっとも高くなった。

外国人の数が高く保たれた理由は、特に国籍取得権に起因するものだった。スイスでは共同体市民の地位が遺贈され「出生地主義」が採用されていなかったため、自動的なスイス国籍の付与がなく、多くの人たちが出生時に外国籍のみを得た。一九一〇年にはそうした「外国人」が外国人全体の三分の一以上を占め、その半数が一五歳未満だった。これ以外の外国人、つまり外国で生まれた外国人の四分の一以上は、すでに一〇年以上前からスイスで生活していた。

したがって、二〇世紀初頭にはスイス在住の全外国人の半分以上が、スイスに長期間滞在し、しっかりとした出身共同体に属する人々で、永続的な滞在に対し準備が整っていたといえる。職

年	居住者人口	外国人の割合（%）
1850	2,392,740	2.9
1860	2,510,494	4.6
1870	2,655,001	5.7
1880	2,831,787	7.4
1888	2,917,754	7.8
1900	3,315,443	11.6
1910	3,753,293	14.7
1920	3,880,320	10.4
1930	4,066,400	8.7
1941	4,265,703	5.2
1950	4,714,992	6.1
1960	5,429,016	10.8
1970	6,269,783	17.2
1980	6,365,960	14.8
1990	6,873,687	18.1
2000	7,288,010	20.5

表 3-1　スイス人口における外国人の割合
（出典：Ritzmann-Blickenstorfer, Historische Statistik der Schweiz; Statistisches Jahrbuch der Schweiz; Historisches Lexikon der Schweiz）

人と労働者に関しては、多くの場合、彼らの不均衡な地域分布に問題があった。一九一〇年、約八〇パーセントの外国人は、合計二二あるカントンのうち九つのカントンが位置する北部、東部の工業地帯および都市に住んでいた。カントン・ジュネーヴでは外国人の割合は四〇パーセント、カントン・バーゼル＝シュタットでは三八パーセント、カントン・ティチーノでは二八パーセント、カントン・チューリヒでは二〇パーセントに到達した。いくつかの都市ではその割合はさらに高かった。ルガーノでは五一パーセント、チューリヒでは三四パーセント、ザンクト・ガレンでは三一パーセント、小工業都市アルボンでは四六パーセントであった。スイス人と比較すると、外国人は高い割合で工業や手工業に従事していて、農業従事者はほとんどいなかった。彼らのうち九五パーセント以上が近隣国の出身だったが、それぞれの割合は異なっていた。一八八〇年から一九一〇年の間、オーストリア＝ハンガリー帝国からの移民の割合は安定していたが、ドイツ人とフランス人の割合はつねに減少し、イタリア人の割合は二倍に増加した（表3－2参照）。イタリア人の値は統計ではいつもかなり低く見積もられていた。というのは、国勢調査が一二月に行われたため、この時期に帰郷していた多くの季節移民が含まれていなかったからである。これらのグループは景気によって五万人から九万人にのぼった。

フランス人移民の九〇パーセントはフランス語圏の西スイスに定住した。彼らの移住は長い移民の伝統に由来するもので、もっとも緩やかに増加したため、彼らの全スイス人口における割合はつねに減少していた。フランス人の半分以上がカントン・ジュネーヴに居住したが、そこは、

	出身国								大陸		
年	ドイツ	フランス	イタリア	オーストリア	スペイン	ポルトガル	トルコ	ユーゴスラヴィア	アメリカ	アフリカ	アジア
1850	39.6	41.8	8.6	4.4							
1860	41.6	40.8	12.0	3.2							
1870	37.9	41.2	12.0	3.9							
1880	42.6	28.3	19.7	6.0							
1888	48.9	26.3	18.2	6.0							
1900	41.0	18.2	30.5	6.4							
1910	36.7	14.7	36.7	7.1							
1920	37.2	14.2	33.5	5.8							
1930	38.0	10.5	35.8	6.2							
1941	26.0	10.9	43.0	9.7							
1950	19.6	9.6	49.0	8.3					1.4		
1960	16.0	5.4	59.2	6.8	2.3				1.9		
1970	11.0	5.2	54.0	4.3	11.2		1.1	2.3	1.7		
1980	9.3	5.4	44.3	3.6	11.3	2.0	4.1	6.5	2.2	1.2	2.3
1990	7.0	4.2	30.8	2.6	10.0	8.9	6.6	13.9	2.4	2.0	5.6
2000	7.7	4.3	22.5	2.0	5.9	9.5	5.6	24.2	3.5	2.6	5.1

表 3-2　1850–2000 年のスイスにおける国籍別外国人（出典：Ritzmann-Blickenstorfer, Historische Statistik der Schweiz; Statistisches Jahrbuch der Schweiz; Historisches Lexikon der Schweiz）
＊スイスにおいて 1% 以上の移民がいる出身国のみをあげた。数字は %。

フランスにおけるスイスの飛び領地のような地域だった。スイスの北部、東部には、主として工業化の進まなかった南ドイツから多くの労働者が移住した。スイスの高い賃金は専門技術を持つ多くのドイツ人労働者も魅了した。約二〇パーセントのドイツ人は、特にフランス語圏スイスの商業部門で働き、多くは数年間フランス語を習得するためにやってきた。オーストリア＝ハンガリー帝国からの移民は多民族だった。彼らのなかに、一九一四年の直前は、数百のガリツィア出身のポーランド農民が含まれていた。全体としてはオーストリア＝ハンガリー帝国からの移民はほとんどが労働者のみで、技術を持たない労働者の割合はドイツ移民の場合よりも高かった。

イタリア人移民は一八八〇年以降もっとも著しく増加した。移民の八七パーセントは労働者層の出身だった。交通手段がさらに改善され安価になると、イタリア出身の都市および特に地方の最貧困層の住民も、スイスの工業地域や大建設現場の仕事を得ることが可能になった。彼らの四分の三以上は北イタリア出身で、残りのほとんどすべての人はローマまでの中部イタリアの出身だった。スイスの鉄道敷設の最終局面では大トンネル、山岳路線とロープウェイという明らかに労働が集中する建設作業がともなったため、労働力の巨大な需要を生み出した。当然、急速な都市の発展も同様である。一九一〇年、鉄道敷設従事者の約八一パーセントはイタリア出身だった。左官職人の五八パーセントが外国人で、ほとんどがイタリア出身だった。建設現場ではスイスにおける全イタリア人労働者の四四パーセントが働いていたが、そこでの仕事は冬季が休みのため、彼らのほとんどが季節移民だった。故郷に残された家族はたいてい小農や手工業で生計を立てていたが、その収入は非常に低かったため、家族は外国での追加的な収入に依存していた。季節移民が長期の滞在になることは珍しいことではなかった。

一九〇〇年以降、イタリア人移民は次第に多様化した。繊維、縫製、金属、化学工業のような職業分野が重要性を増した。ますます多くの移民が工場で働いた。東部スイスの繊維産業の雇用主は、しばしばイタリア人女性を起用した。彼女たちは直接イタリアで採用された。これらの若い女性は多くの場合、工場に隣接する修道女によって管理された寮に住んでいた。これに加えて家族や親族がすでにスイスに住んでいたイタリア人女性労働者がやってきた。

女性の労働移民と移民人口の自然な増加によって、二〇世紀初頭の外国人人口における女性の割合が上昇した。新しい移民の大多数は、既婚、未婚にかかわらず、引き続き単身でやってきた。独身の割合は男女ともに非常に高かった。イタリア人移民は地域的に特定の都市部や場所に固まって住んでいたが、そこにさらなる同郷人が後を追ってきた。彼らは、イタリアの特産物に特化した商人、旅館、飲食店の経営者、家具つき部屋の貸主、ペンションのオーナーだった。彼らは、次々に社会的成功を収めたある程度の数の工業や手工業の企業家とともに、アルプスをこえた入植地をつくり上げた。同じ出身地の移民が集まって多くの協会を設立し、このような方法で自分たちの社会生活の構成要素を確立した。

イタリア語圏のカントン・ティチーノは特殊ケースだった。というのは、そこだけでスイスに住むイタリア人の二〇パーセントが滞在していたからである。それは全カントン人口の二七パーセントを占めた。彼らの多くは特にレヴェンティーナ渓谷にある花崗岩の石切り場で働いた。さらにティチーノはイタリア人が飲食店経営者として定住した唯一のカントンで、彼らはときには、ティチーノから国外に移民する人から土地を借りたり購入したりした。

多くの外国人留学生は第一次世界大戦前にスイスの大学で教育を受けた。一九一三・一四年の外国人留学生数は、スイス人学生数三九二五人に対して四一八五人にのぼり最高数に達した。一九一一〜一五年に、全学生における留学生の割合はバーゼルで二〇パーセント、ジュネーヴで八〇パーセントを占めた。ほとんどのスイスの大学が、非常に早い時期である一八七〇年くらいから女性に門戸を開いたため、自国で大学入学を拒否された多くの若い女性が、大学で勉強するためにスイスを訪れた。たとえばそれは、ロシア帝国からの女学生に当てはまった。彼女たちのなかにはロシアの多数派に属する人もいれば、民族的・宗教的少数派（アルメニア人、ユダヤ、ポーランド人）に属する人もいた。非常に多くの外国人留学生移民により、国際的でアカデミックな独特の雰囲気が形成されることになり、それは一部で二一世紀まで続いた。特殊なケースとして、病人、特に結核患者の移住があった。彼らは多くのスイスの温泉療養地に滞在し、一部はかなり長期間滞在した。

スイス人住民の移民に対する反応は、時期や移民グループによって異なっていた。フランスからの移民は長い伝統があり、彼らの社会的構成はスイス西部の住民のそれと同じだったことに加え、移民が移民先の言語（ほぼ同じ）を身につけていたため、彼らは比較的問題なく統合された。

ナショナリズムが高揚した時期においても、スイス西部で広まっていたフランス贔屓（びいき）は、フランス人の移住を容易にした。それに比べてドイツ人移民に対して、西スイスの人々は猜疑心から敵意まで幅があるが、ある種控えめな態度で対応した。それとは反対に、ドイツ語圏スイスの人々はドイツ帝国に対して好意を持っていた。市民層内部にはドイツ文化圏への帰属意識があり、それがドイツ人の統合を容易にした。それに反して社会階層の下部では、自分たちのなまりにとらわれているスイス人労働者が、自称雄弁なドイツ人の同僚に対して劣等感を覚え、それが時折緊張をまねいた。しかし大多数のドイツ人移民は環境にあまりにもよくなじんだため、彼らはスイスの労働者運動において重要な役割を担うことができた。労働者運動の組織は、そこに加入していた多くの移民のために保護組織ネットワークを形成した。それは彼らがスイス社会に統合するのを容易にした。

同様のことは、明らかに小規模であったが、その後の非常に急速に増加したイタリア人移民にも当てはまった。現地住民から隔離された大規模建設現場や特定地区に集中した仕事では、イタリア人はたいてい孤立して暮らしていた。移民と現地住民との間の婚姻の頻度を統合の指数とするならば、イタリア人移民におけるこの割合はもっとも低かった。職場でも居住地でも移民と住民との間の争いは頻繁におこった。スイス人労働者にとってイタリア人の同僚は賃金を下げる要因になるものであり、彼らは従順すぎるとみなされていた。

スイス人労働者による嫌悪と軽蔑はさらなる他者規定にもあらわれていた。つまり、イタリア人は可能な限り貯蓄するために、労働者の活動に参加せず、飲食店にも通わず、みすぼらしい身なりをしており、そのためあらゆる自尊心に欠けているとか、非識字者も珍しくない低い教育水準が彼らの行動全般にあらわれているとか、それは「衛生観念の欠如」にも見て取れるなどといわれたのである。緊張が広がり、それは一八九三年のベルンのように、当地のイタリア人労働者が市中で襲われるなどの排他的な暴力に発展した。イタリア人移民の一部はホームレスであったが、多くのイタリア人が住む荒廃した宿舎は、この移民の「異なった生活習慣と風習」という話の種になった。一八九六年七月、チューリヒで些細なできごとによって暴動が誘発され、三日間にわたる暴動の経過のなかで、イタリア人経営のカフェやレストランが略奪され、本格的な人狩りもひきおこされた。イタリア人は近隣の森へ逃れた。警察は無能さを露呈し、軍隊の介入も非常に遅れたうえ、対応もよくなかった。このことが暴動を助長したが、暴徒のなかにはドイツ人移民も含まれていた。

第一次世界大戦と移民状況への影響

第一次世界大戦勃発によりヨーロッパ各国は軍隊への動員をかけたが、スイスに在住する外国人の大部分がその対象となった。彼らのなかには青年が多く含まれていた。それまでドイツあるいはオーストリア＝ハンガリー帝国にいたロシアの政治難民の一部が、一九一四年八月にスイスに移ってきた。[▼16] 戦争中に両陣営の脱走兵と逃亡兵は中立国スイスの国境を横断した。一九一八年にはその数は二万六〇〇〇人にのぼった。脱走兵と逃亡兵に対する受け入れ国の姿勢はかなり多様で、出身国に送還された者もいた。一九一六年以降、スイスは、希望にもとづいて両陣営の負傷兵や病兵を療養のために受け入れた。彼らは開戦によって空いていた観光地のホテルに収容された。終戦時の一九一八年には、計六万八〇〇〇人の戦争捕虜のうち約二万五〇〇〇人が引き続きスイスに滞在していた。

景気の落ち込み、物価の上昇、インフレに見合わない賃金、社会的不公正がますます顕著になり、終戦時には三日間のゼネストがひきおこされた。このできごとは、政治的エリートや農民層、多くの都市市民によって、スイスの社会的・政治的秩序の深刻な危機だと受け止められた。怒りと嫌悪は、労働者や社会主義者だけではなく外国人にも向けられた。彼らは、スイスの労働者を悪の道に誘導したという罪を着せられたのである。それ以来、スイスの一般大衆の大部分が、外国人を社会的秩序とナショナルな価値に対する脅威だと受け止めるようになった。

より深い断絶はすでに戦争中におこっていた。開戦時までは身分証明書携帯の義務を除けば、スイスには移民制限はなかった。しかし、開戦後スイス政府は、外国人移民の滞在と管理の規定に関する権限を持つようになり、国家の経済的・政治的利益と入国許可を関連づけた。最終的に、一九二五年、新しい憲法条項により、外国人の入国、出国、滞在、定住に関する法律を公布する権限が連邦政府に委ねられた。戦争の経過のなかで、スイスに住む外国人の数は、一五万人から二〇万人も減少した。終戦後も外国人の数は再び著しく上昇することはなかった。戦間期の経済成長は最低限にとどまり、労働力の需要は低いままであった。むしろ生産性の向上のために、さらなる合理化や技術の進歩が促進された。加えてスイスは、一九二〇〜二二年と一九三〇年代にかなりの規模で経済危機の打撃を受けた。失業者の増加を避けるため、各カントンは外国人労働者の定住を制限あるいは阻止した。

外国人数の減少にともない、逆説的ではあるが、いわゆる「外国人過多（Überfremdung）」をめぐる議論が政治あるいはジャーナリズムにおいて活発になった。それは一九一八年のゼネストに対する反応から活力を得ていた。しかし一九二〇年代末にスイスに住む外国人の三分の二はスイスにすでに二〇年以上居住し、相応によく統合されていた人々だった。

第二次世界大戦と移民状況への影響

「外国人過多」に対する不安から、ナチ・ドイツよる支配期および第二次世界大戦中のスイスの難民政策を制限的に行うという方向性が決められた。一九四五年以降二一世紀に入ってもなお、この政策を回顧することは激しい議論のきっかけとなった。

スイスのイタリア人の同郷人組織は、次第にイタリアのファシズム政権の管理下に入っていった。一九三三年以降、ドイツ・ナチ党の外国組織は、スイス在住のドイツ人に対してますます大きな影響力を持つようになった。双方の動向によって外交的摩擦の可能性がかなり高まった。ローマにある政権の反感を買わないように、スイスの官庁は反ファシズムの難民を遠ざけようと努力したため、彼らは主にフランスへ向かった。第二次世界大戦勃発まで、ナチ政権から政治的に迫害されたドイツ人、あるいは「人種的に望ましくない」とされたドイツ人の多くがスイスに受け入れを求めた[17]。

一九三三年以降、スイスは経由国であって亡命国ではなかった。難民が滞在し続けることを防ぐために、難民政策はますます制限的になっていった。査証所持者に対してのみ入国が許可され、移民の就業は原則禁止された。一九三九年の開戦や国境封鎖、ドイツ軍によるフランス占領によって、スイスを出入国するすべての道が封鎖された。たしかに、承認された政治難民および戦時中に捕虜収容所から逃走し密入国した脱走兵は、スイスで受け入れられたが、これは一九四四年夏まではユダヤ難民には適用されなかった。彼らはナチの絶滅政策によって生命が脅かされていたにもかかわらず、入国を拒否されたのである。

第二次世界大戦中、スイスは約二万人の難民、主にユダヤ難民の入国を拒否したと推定されている。スイスは、約五万一〇〇〇人の民間人の難民を受け入れた。これに各カントンで容認された二〇〇〇人と、開戦時にスイスに定住していた七〇〇〇から八〇〇〇人の主にユダヤ移民を加えて、合計約六万一〇〇〇人の難民が人口四二〇万人強の国で受け入れられた。加えて、戦争の経過のなかで合計一〇万四〇〇〇人の軍人の難民を受け入れた[18]。あるフランス部隊は、一九四〇年に収容されていたが、その一年後には協定によりフランスへ送還された。戦後もスイスは引き続き経由国という姿勢を崩さなかった。そのため難民の帰還や、多くの無国籍になった者の海外への再出国促進にもっとも高い優先順位がおかれた。一九四七年以降、初めて長期滞在の亡命者を承認する用意ができた。戦間期と第二次世界大戦時に受け入れられ、引き続きスイスに滞在していた最後の二〇〇〇人弱の難民の定住が許可されたのである。

第二次世界大戦以降の労働移民と難民保護

荒廃したヨーロッパの中心に位置し、生産設備が無傷であったため、第二次世界大戦後、スイスの産業は桁外れに長い間好景気を経験した。いくつかの短期の景気低迷を除けば、それは一九七四年まで続き、国家の社会構造に徹底的な変化がもたらされた。労働力の需要が拡大し、賃金が上昇した。この動向を抑制し、経費を抑えるために、工業界の雇用主は、すでに一九四五年から一九四八年の第二次世界大戦後初の景気上昇時に、外国人労働力を利用し始めた。近隣国が経済的に困窮していたこと、スイスでは賃金水準が比較的高く上昇していたことが、多くのヨーロッパ人がスイスへ労働移住をする動機となった。スイスの官庁は一シーズンあるいは一年間有効な短期滞在許可証を大規模に発行した。まず、私的な募集事業によってイタリアから労働移民がやってきた。約二〇〇万人の失業者数に鑑みて、イタリア政府は国家の社会的・政治的状況を緩和するために、外国への移住を奨励した。一九四八年、イタリア政府はスイスと労働移民の社会保険と年金保険に関する協定を結んだ。このとき、イタリアからのほぼすべての移民が北部、中央イタリア出身で、それに続く数年で南イタリア人の割合が増加した。

イタリアからの移民は、まず男性が中心だった。これに対して、一九四九年から一九五九年にドイツとオーストリアからやってきた移民の大部分は、若い独身の女性グループだった。彼女たちは繊維産業や食品産業、家事に近いサービス業で職をみつけた。一九五〇年代初頭以降のその他のヨーロッパ諸国の景気上昇にともない、スイスは移民先としての魅力を失っていった。一九六四年の欧州経済共同体（EEC）による労働者の移住の自由の導入にともない、アルプス山脈をこえた労働市場において、ドイツは真剣に相手にしなければならない競争相手になった。その結果、スイスにおけるイタリア人の数が減少した。スイスの募集事業はさらに遠方の国々を対象とした。まず、スペインに照準が当てられ、一九六一年にスペイン政府から要求された募集協定が締結された。その後、ポルトガル、ユーゴスラヴィア、ギリシア、トルコが対象となった。

おおよそ一九六〇年まで、スイスの官庁は外国人の就業を景気の緩衝装置として利用するという考え方を基本としていた。経済が停滞した場合、外国人の数を迅速に摩擦なく削減できるように、いくつかの滞在資格がつくり出された。「A許可」は季節労働者のための滞在許可で、滞在を基本的には一年のうち九カ月に制限していたが、これは延長が可能だったため、実際は長期滞在につながることが多かった。「B許可」は丸々一年の滞在を許可するものだった。「C許可」は無期限の滞在許可を意味し、これにより外国人はスイス国籍保有者（政治的権利は除く）と同等に扱われた。滞在身分の変更に関しては、時間の経過や出身国によって異なる狭義に解釈された規定が定められた。A許可の身分の移民は家族を呼び寄せることを禁止され、B許可の身分の移民は何年かスイスに滞在した後家族を呼び寄せることができた。景気が悪化した場合には、新規受け入れを中止し滞在延長申請を却下することで、外国人の数が即座に削減された。一九七四年にこの一連の措置が実行された。その結果、外国人労働者数は四年のうちに約三〇万人も減少した。これによりスイスは失業者の大規模な外国移転に成功した。加えて、滞在許可の有効範囲が一つのカントンだけに限定されたことで、移民の住居、社会的地位、職業的な流動性が制限された。すべての住所変更と転職は、特に別途の承認が必要で、自営業は不可能であった。期待された効果が得られ、一九六〇年代初頭、スイス在住の外国人労働者の大多数は、四年以下しかスイスに滞在していなかった。

しかしながらこの政策も、明らかな困難にぶつかった。いくつかの移民元の国々が自国民の身分の改善を求めたのである。イタリアがこれに該当し、イタリアは一九六四年にスイスとあらたな契約を締結した。それによって三つの滞在許可の間の変更が容易になり、家族呼び寄せまでの待機期間が短くなり、移民の移動の制限がかなり緩和された。三年後、これらの規定は、ほかのすべての西欧、中欧からの移民に拡大された。同時に、外国人労働者は一時期スイスに滞在するゲストではなく、むしろ長期間にわたる国民経済のかけがえのない構成要素だとする認識が広まった。その結果として、ローテーションという原則は、次第に統合原則によって取って代わられた。こうして移民により長い滞在を可能にすること、その滞在を安定させること、帰化の可能性を視野に入れた統合を促進することが問題となった。たしかに大規模な労働力の輸入は企業を発展させたが、労働生産性が向上しなかったため、それはいまやマイナスだとみなされた。

一九六三年以降、官庁は新しい移民規制のためのさまざまな措置を決定した。しかし、この決定は期待した目標に到達しなかった。というのも、外国人人口が、特に家族の呼び寄せの結果、さらに増加したからである。それによって移民の構成は、出身地、職業構成（就業者の割合は減少）、滞在期間の観点で変化した。一九六九〜七四年に、C許可証の発行数が二倍になったが、これによって明白なのは、不安定性とローテーションが安定性と統合へ変わったということだ。

外国人は、もっとも魅力がなく、もっとも人気のない低賃金分野の仕事に就いた。労働者階級に属するスイス人グループはますます縮小していたが、このグループはもっとも賃金の高い職業に転出し、職工長や交代制勤務の長として働いた。生活水準の一般的向上という状況（一九四五〜七五年に実質賃金は二倍以上になった）における個人の職業的・社会的上昇は、ものの見方(メンタリティー)に決定的な変化をもたらした。全員が同じようにその恩恵にあずかったわけではなかった。冷遇されていると感じた多くの人々は、侵入者とみなされ、伝統的な役割分担の変化や企業における社会的関係の変化に対する責任があると思われた外国人に対して、ひねくれた気持ちや嫌悪感を持って反応した。教育機関や病院施設の負担が過剰になっていることや、多くの公共施設で十分な設備が整っていないことの責任、あるいは住宅不足の責任も移民による「外国人過多」が負わされた。異なった生活習慣を持つ異文化が共存するなかで、多くの日常的な問題が争いに発展することも珍しくなかった。スイス政府は、外国人の移住を長期にわたって不信の目でみていたが、そうした外国人に対する不信感は、最終的にスイス住民のメンタリティーにも深く刻まれたのである。

このようなよそ者に対する不安は個々の政治家によって利用され、いわゆる「外国人過多」に反対するイニシアティヴ（国民発議）が提起され、有権者の署名が集められた。これらの政治行動のなかでもっとも有名な「シュヴァルツェンバッハ・イニシアティヴ」は、外国人の割合を一〇パーセントに制限することを目指したものである。[19] このイニシアティヴは一九七〇年、感情に訴えかけるキャンペーンの後、五四パーセントの反対で否決された。大政党、企業、労働組合、教会はイニシアティヴに反対した。それに続く同様の活動はそれほどセンセーショナルではなかった。特に一九七五年から一九八六年には、そうでなくとも外国人の数は減少した。しかしながら、二一世紀初頭にも「外国人過多」というテーマは公的な議論において頻繁に登場した。

一九八五年以降、スイスにおける外国人人口はあらためて増加し、その一部は主にポルトガルやユーゴスラヴィアからの大規模な労働移民だった。その数は、一九八九年から一九九四年にかけての時期にもっとも増加した。彼らの多くは、すでに数年あるいは数十年前に移住し、社会的・職業的上昇に成功した移民に代わって、低賃金の仕事をする技術力の低い労働者だった。一九九〇年代初頭の景気停滞はたしかに、滞在許可延長の非承認や数万人の外国人労働力の帰還をひきおこしたが、しかし非就業者の移住を止めるまでにはいたらず、彼らは二一世紀初頭まで増加した。無期限の滞在許可を持つ移民は、スイス人よりも過酷な失業状況に見舞われたとしても、通常スイスを去ることはなかった。

これに難民の増加が加わった。一九世紀とは異なり、一九四五年以降、難民問題はスイスの外交にとってもはや懸念事項ではなくなった。難民の大多数は、東欧、中東欧、南東欧の社会主義国の出身だった。その数は、年間二〇〇〇人から四〇〇〇人の間で推移し、一九五六年のハンガリー動乱（合計一万四〇〇〇人のハンガリー難民の半数がスイスに定住した）と、一九六八年、ワルシャワ条約機構軍がチェコスロヴァキアへ進駐したときに記録的に上昇した（一万二〇〇〇人から一万四〇〇〇人）。加えて、約二〇〇〇人のチベット人がまず国連難民高等弁務官事務所（UNHCR）の保護下でスイスにやってきた。ヨーロッパの難民の大多数は高い職業的能力を持っていた。経済成長と反共的な雰囲気は彼らの迅速な統合を容易にした。一九九五年まで、スイスはつねにUNHCRから仲介される難民の割り当てを受け入れた。一九七八年から一九八一年にインドネシアから八五〇〇人という規模の最大グループがスイスにやってきた。それ以降、難民の大部分はラテンアメリカ、アフリカ、アジアの出身で、彼らの統合はより困難だった。さらに、一九五一年の国連の難民の地位に関する条約にならい、難民の地位の改正が始まった。一九九〇年代にスイス移民管轄官庁は、いくつかの新しい滞在項目を導入した。それは難民に対して全体としてきわめて微妙な立場を提供するだけのもので、大部分の難民申請の棄却を可能にするという目的があった。一九八一年のスイス初の庇護法は何度も改訂され、つねに厳格化され続けた。最新の特に制限的な条項は、二〇〇六年九月の国民投票で採択された。投票率四八パーセントの国民投票において六八パーセントの投票者がその法律に賛成した。[▼20]

一九七〇年代のイタリア人移民がよそ者嫌いの投影や反応の標的だったとすれば、二一世紀初頭のそれは、バルカン諸国やアフリカからの庇護申請者に向けられた。それに引き換え、スイスのイタリア人、スペイン人、ポルトガル人は、相当程度までスイス社会に受け入れられたとみなすことができる。

スイスはEUに加盟してはいないが、EU加盟国と人の自由な移動に関する二者間協定（バイラテラル協定）を締結した。それは二〇〇二年に発効し、段階的な適用が予定されていた。非EU諸国からの移民希望者は将来的にポイント制度によって、つまり申請者の学歴、職業経験、年齢、語学の知識、職業的柔軟性が考慮され、選定される。つまり、アフリカやアジアあるいはラテンアメリカからの移民の大部分は排除され続けていた一方で、高い資質を持った先進工業国出身者（たとえば日本やアメリカ）は通常、引き続きスイスに移民することができることを意味する。当然、世界中で高い資質を持つ人員を求める企業は、最貧国から潜在能力をすくい上げることができるということも意味している。

「旧」移民グループの統合に関する多くの困難は解消されたが、移民はまだ、さらなる問題に直面している。もっとも喫緊の問題の一つは国籍付与である。これまで、スイスで誕生した外国人の帰化を容易にするためのあらゆる試みは、失敗してきている。帰化に際して市町村が徴収する税金を低いレベルに統一しようとする試みでさえ、非常に時間がかかった。それ以来、一九九三年まで非常に低かった国籍取得数が著しく増加した。加えて、フランス語圏スイスのいくつかのカントンでは、数年前から当地に居住する外国人に対して自治体レベルの被選挙権と直接選挙権が与えられた。

第二次世界大戦後の数十年間に推し進められた経済的・社会的変化のなかで、スイスが多くの移民の大部分を統合したことは疑いの余地がない。しかし、特に経済的危機状態やその期間が加速させた社会的変化によって、スイス国民の移民の受け入れ用意の限界が繰り返し露呈し、主に移民の制限と長期の滞在許可の獲得を困難にするための制限的な措置で対応するという政治的傾向が明らかにされた。

註

▼1 四つの国家語を持つスイスでは、国名も、ドイツ語、フランス語、イタリア語、レトロマンス語で表記される。フランス語、イタリア語、レトロマンス語の正式国名は、「スイス連邦（連合）」であるのに対し、ドイツ語では「スイス盟約者団」である。盟約者団という名称は、ドイツ語圏の原初三邦（ウーリ、シュヴィーツ、ウンターヴァルデン）が、ハプスブルクの支配から逃れ「自由と自治」のために相互援助を誓い合い、同盟を結んだことに由来する。これが、一二九一年八月一日の「永久同盟」の締結で、スイス盟約者団の成立起源といわれている。しかしながら、この日が建国記念日に制定されたのは比較的新しく、一九世紀末のことである。

▼2 当時のカントンは自立した地域を指し、日本語の「邦」の概念に近い。もともとドイツ語の「オルト」が使用されていたが、それに対応するフランス語の概念である「カントン」が一五世紀以降にスイスの基本理念であ

る「自由と自治」をより体現しているとしてドイツ語圏で好んで使用されるようになった。ヘルヴェティア共和国（一七九八〜一八一三年）設立のときにスイス国家を構成する諸地域（州）の公式名称としてフランス語のカントンが採用された。その自立性の度合いに違いがあるが、連邦国家の州に相当する行政単位である。

▼3 盟約者団が次第に強固な基盤を持つようになると、これに保護を求めて同盟を結ぶ地域や都市があらわれた。これらの地域は従属邦と呼ばれる。

▼4 自治権や共同体財産の保有。

▼5 市民共同体（Bürgergemeinde）は、公的および法的な属人的な団体で、政治的共同体（ゲマインデ（市町村））とは区別される。その構成員は、同等の共同体市民権を保有する。歴史的に、市民共同体の市民はビュルガー（Bürger）と呼ばれる社会階層を指し、自立した行為主体として相応の教養と財産を所有する者たちであった。

▼6 行政主体が法にもとづいて、公権力の行使として市民に対して具体的な法的規制をする行為。

▼7 フランス国王であったアンリ四世は、一五九八年にユグノーにも、一定の制約はあったが大幅な信教の自由を認めたナントの勅令を発布した。

▼8 スイスは山間地が多く耕作面積が極端に少ないため、産業化、工業化が発展する前は、多くの男性が傭兵として出稼ぎ労働をしていた。傭兵はスイスの一大輸出産業だった。

▼9 ティチーノは南スイスに位置するイタリア語圏のカントン。

▼10 グラウビュンデンはスイス東部に位置する国境沿いのカントン。オーストリアとイタリアに国境を接している。

▼11 西スイスに位置するフランス語圏のカントン。

▼12 北イタリアに位置するポー川流域の平野。肥沃な土地と豊富な水のため豊かな地帯が広がっている。

▼13 スイスの北西に位置し、ドイツとフランスに国境を接するカントン（準カントン）。もともと同じく準カントンであるバーゼル＝ラントとともに一つのカントンであったが、一八三三年に、都市の特権を守りたい保守派と農村の改革派との衝突が原因で二つのカントンに分割された。

▼14 ウィーン体制下では正統主義と勢力均衡の考えに基づき自由主義運動が抑圧されたため、多くの政治難民がス

イスに避難場所を求めた。大国はスイスに、庇護権付与の制限と政治難民の引き渡しを要求した。これに対して、カントン代表者会議は、一八二三年と一八三六年に政治難民の制限的な受け入れ（一部、入国拒否を含む）を実施することを決定した。

▼15 ラッパーズヴィルはカントン・ザンクト・ガレンに位置する都市で、チューリヒ湖畔の東部に面している。一三世紀の初頭に建てられたラッパーズヴィル城に、一八七〇年、ポーランド民族運動に参加したリトアニア・ポーランド貴族出身の愛国主義者ヴワディスワフ・プラターによって、ポーランド民族博物館が設立された。

▼16 このとき、ウィーンに亡命中だったレフ・トロツキーがスイスに亡命し、その後フランスへ移った。また、開戦時に短期間ガリツィアに拘留されていたウラジミール・レーニンもスイスに亡命し、一九一七年の二月革命まで滞在した。

▼17 ヒトラーが政権奪取した一九三三年以降、ナチ・ドイツおよびドイツに占領されたヨーロッパ地域から多くのユダヤ難民、政治難民、知識人が避難場所や中継地を求めて中立国スイスに向かった。

▼18 スイスは、フランス降伏直前の一九四〇年六月、フランス人とポーランド人からなる四万二六〇〇人の兵士を受け入れた。さらにスイスは、一九四三年九月にイタリアが連合国に降伏し、直後にドイツがイタリア中部・北部の占領を開始した一九四三年秋に、二万一三〇〇人強のイタリア兵士を受け入れ、終戦間近にも多数のイタリア人兵士を受け入れた。

▼19 スイスでは一八九一年にイニシアティヴ（国民発議）が憲法で認められた。現在、一〇万人の署名を集めれば、連邦憲法の部分改正を求めるイニシアティヴを発足させ、国民投票にかけることができる。シュヴァルツェンバッハ・イニシアティヴは、「外国人過多」に取り組むために設立されたナショナル・アクション（現スイス民主主義者）のチューリヒ選出の国民議会議員ジェームス・シュヴァルツェンバッハによって、一九六八年に提起された「外国人過多とスイスの人口過剰に反対するイニシアティヴ」である。このイニシアティヴでは、年間の新規の帰化の数を四〇〇〇人以下にすることや、スイスの外国人の数を五〇万人以下とすることなどが求められた。

▼20

この改正で新しく導入されたのは、庇護申請者が許容されうる理由により身分証明書を持たない場合や迫害などにより庇護が妥当だと思われる申請者を除いて、有効な身分証明書を持たない庇護申請者（非擁護決定者［NEE］と称される）には基本的に対応しない、ということである。

訳者解説

外国人受け入れに揺らぐ永世中立国——現代スイスの移民・難民問題

穐山洋子

スイスの移民・難民問題および外国人の統合問題を複雑にしているのは、カントン（州に相当する行政単位）[1]が強い自治権を持つ地方分権という政治体制である。多言語国家スイスは、四つの国家語を有するが、その一つであるドイツ語の国名表記に、政治的特徴の起源があらわれている。スイスはドイツ語では「スイス盟約者団（Schweizerische Eidgenossenschaft）」と表記され、「同盟を誓った（Eid）」「仲間団体（Genossenschaft）」という意味である。この名称はドイツ語圏の中央スイスで始まったスイス建国の歴史と密接な関係がある。

アルプスの麓にあるフィアヴァルトシュテッテ湖畔（通称、ルツェルン湖）の三つの地域共同体が、神聖ローマ帝国の支配下にとどまりつつも、ハプスブルク家という在地の貴族の支配を嫌い、一定の自治と自由の獲得のために相互援助同盟を誓った（一二九一年）。これがスイスの礎を築いたのである。その後、この「自由と自治」に魅了された近隣地域が同盟に加わり盟約者団は拡大した。盟約者団の拡大にともない、ドイツ語圏以外の地域も盟約者団に加わるが、それらの地域のほとんどは盟約者団の正式メンバー（主権邦）ではなく、主権邦の支配地や盟約者団の共同支配地、あるいは主権邦と従属関係を結んだ従属邦であった。これらの不平等な関係が廃止されるのは、フランス革命の影響によるスイス革命によって盟約者団が解体され、スイス史上初で唯一の中央集権国家ヘルヴェティア共和国（一七九八年）が設立されたときである。その際、カントン制度が導入され、平等なカントンによる多言語国家が成立した。ナポレオンの敗退後、スイスは各地域（カントン）の弱い紐帯という旧体制に戻るが、不平等の撤廃は維持された。一八四八年に統一国家を求める自由主義勢力により、連邦国家としてのスイスが誕生したが、カントンの主権は多くの分野で残された。それを反映して、ドイツ語以外の国家語（フランス語、イタリア語、レトロマンス語）による国名には、国家連合を意味する英語の「コンフェデレーション」に相当する言葉が採用された。[2]

スイスのカントンの高い自治性は連邦憲法によって定められている。連邦憲法第一条で、「スイス連邦はスイス国民および二六のカントンにより構成される」[3]と規定されている。さらに第三条では、「カントンは、連邦憲法によってその主権が制限されていない限りにおいて主権者である。つまり連邦に委ねられていないすべての権限を行使する」と明記されている。具体的には、連邦は代表権、外交、国防、税関など国家レベルで取り組む課題を担当し、カントンは、司法、教育、税務、保険などを管轄する。しかし、近年、多くの権限、特に、経済、社会政策、環境保護およびテクノロジーの分野に関する立法が連邦に移行され、[4]以前よりは中央政府に権限が委譲されている。外交政策や社会政策と密接な関係にある移民・難民政策は、近年中央政府主導で行われている。

しかしながら、各カントンの主権の保障が示されている明白な事例は、スイスの直接民主主義の根幹をなすレファレンダム（国民投票）やイニシアティヴ（国民発議）におけるカントン票の存在である。レファレンダムには強制的なものと任意のものがあり、たとえば、議会が連邦憲法改正を行う場合には、強制的にその可否を問う国民投票が行われ、有権者五万人の署名を集めれば、議会が決定した法律の可否を国民の最終的な判断に委ねることができる。イニシアティヴでは、有権者一〇万人の署名を集めると、連邦憲法改正を提案することができ、その可否を国民投票にかけることができる。国民投票で可決されるには、国民とカントンによる「二重の賛成」が必要である。[5]カントンはそれぞれ一票（準カントンは〇・五票）を有し、カントン内での賛成票の多寡によりカントンの立場が決定される。このカントン票は人口比率とは関係がないため、人口約一五〇万人のチューリヒも、人口約三万六〇〇〇人のウーリもそれぞれ一票を持っている（人口は二〇一九年現在）。つまり、農村部の人口の少ないカントンの意見も反映される仕組みとなっている。そのため、国民票の過半数を獲得していても、カントン票の過半数を獲得できないため否決となる事案が出てくるのである。

本書のテーマである移民・難民（外国人）に関しても、カントンとその下の行政単位であるゲマインデ（市町村）が基本的に権限を持っている。外交問題に発展する可能性がある場合は、連邦政府にその難民あるいは亡命希望者を国外退去させる権限がある。しかし、歴史的にみると、移民・難民の管轄において時代に応じた変化がみられる。一九世紀後半以降、スイスの経済発展や人の移動の自由などによって移民・難民など多くの外国人がスイスにやってきて、その数が急増した。第一次世界大戦以降、移民・難民の流入がスイス社会で問題視されると、外国人問題は連邦レベルで取り組む案件であると認識されるようになった。本書で示されているように、一九二五年に外国人の入出国、滞在、定住に関する法律を公布する権限が連邦に与えられると、外国人に関するカントンの決定に連邦がそれまで以上に介入することが可能になり、一九三一年には「外国人の滞在と定住に関する連邦法（ＡＮＡＧ）」が制定された。[6] 当時、移民・難民に関する個別の法律がなかったため、移民・難民もこの連邦法にもとづいて取り扱われた。

本書で説明されているように、二〇世紀前半、特に第二次世界大戦中、スイスは「経由国」という立場を主張し、制限的な移民・難民政策を行った。特にナチによって迫害されたユダヤ難民の入国は、厳しく取り締まられた。スイスは、ユダヤのパスポートに押されたユダヤ（Juden）をあらわす「Ｊ」スタンプ導入に推進的な役割を果たしたうえ、ユダヤ難民を「人種」が原因として、一九四四年まで政治難民と認めなかった。スイスは死が目前にある多くのユダヤ難民の入国を拒否したのである。この問題は、一九九〇年代後半に激しく議論された、スイスの銀行に残されたホロコースト犠牲者の休眠口座の問題とともに非難・批判の対象になった。これに対してスイス政府は、一九九五年と一九九九年に謝罪している。

スイスは一九五五年に国連の難民条約を批准し、それ以降、国連の割り当てにもとづき多くの難民を受け入れてきた。一九六〇年代、七〇年代には直接スイスに庇護申請をする難民、特に東欧や南米からの難民を受け入れ、その数は年々増加した。このような難民増加に鑑みて、ようやく一九七九年にスイス初の庇護法が制定された（施行は一九八一年）。その後、庇護法は頻繁に部分改正され、そのたびに難民受け入れに厳格な規定が加えられ、それに国民は賛成してきた。その背景には急増する難民申請者の存在があった。一九九八年に庇護法は全面改訂され、難民認定の厳格化を目的とした新しい「庇護法（AsylG）」が制定された（施行は一九九九年）。その後も厳格化が進められたのは本書が示すとおりである。

一九九〇年代後半以降、保守右派政党であるスイス国民党（ＳＶＰ）によって、難民流入や外国人の割合に制限を設けるための連邦憲法改正のイニシアティヴが頻繁におこされるようになった。一九九六年には「不法移民に反対するイニシアティヴ」によって、不法入国した移民・難民申請者に対して、厳しい措置を規定する連邦憲法改正の是非が問われた。これは五三・七パーセントの投票者が反対して否決されたが、反対と賛成の票差がそれほど大きくないことは注目に値する。さらにＳＶＰは「庇護権の不正行使に反対するイニシアティヴ」を提起した。このイニシアティヴは安全な第三国を経由してスイスに入国する難民の申請受付の拒否を求めたものであった。これは、二〇〇二年の国民投票で、五〇・一パーセントの反対という僅差でかろうじて否決された。

「アラブの春」やアフリカの政治不安を背景に、スイスへの難民申請件数はさらに増加した。特に二〇一五年の申請数は、前年の約一・七倍の三万九五二三件であった。このような状況のもと、スイスにとって難民申請の審議を迅速に行い、それにかかる費用を抑えることが喫緊の課題となった。そのため、難民申請手続きの迅速化と経費削減を主目的とした庇護法の改正案が提示され、二〇一六年の国民投票で六六・八パーセントの賛成によって可決された。この改正はこれまで厳格化の一途をたどっていたスイスの庇護法が、難民申請の簡素化へ舵を切った画期的な改正といえるだろう。

二〇一九年に始まったあらたな難民受け入れ制度では、全国六ヵ所に設置された政府直轄の庇護申請・受け入れセンターに申請者が収容され、基本的にここですべての単純な庇護申請が処理される。申請に対して追加調査が必要な場合を除き、原則一四〇日以内に判断を下すことを目標としている。また、申請者は無料の法的支援を受けることができる。庇護申請の可否は、申請を認めるケース、一時的な庇護が認められるケース、却下の三つに分けられる。庇護申請が認定されれば、割り当てられたカントンで統合プログラムを受け、職探しなどを始めることができる。しかしながら、新しい庇護申請・認定制度にもいくつかの問題と批判がある。審査の迅速化は申請内容を丁寧に調査・審議できないという点、無料の法律相談が不十分であるうえ、異議申し立ての期間が七日間に短縮され非常に短いという点、庇護申請者受け入れセンターでの生活条件が悪いなどという点である。

二〇一六年、スイスへの難民申請者数は約三〇パーセント減少した。これは難民の避難ルートであるバルカンルートの一部閉鎖が主な要因だが、もうひとつの理由として、南の国境（イタリアとの国境）への難民の押し寄せはあったが、彼らがダブリン規約によって最初に到着したダブリン協定加盟国へ送還されたため、スイスで難民申請ができなかったことも挙げられる。

それでは難民以外の移民に対して、第二次世界大戦後のスイスはどのように対応してきたのだろうか、もう一度確認をしてみたい。本書にもあるように、スイスの移民政策は当初、外国人労働者政策であり、外国人労働者は労働力としては歓迎されたが、定住することは望まれていなかった。つまり、移民は労働力の調整弁の役割を期待されていたのである。しかし、労働契約が改定され、長期滞在や家族の呼び寄せが可能になると、スイス社会は外国人の増加によって「スイス的価値や特性」が失われることを危惧し始めた。

一九六八年に右派で鎖国主義の政党「ナショナル・アクション（NA）」（後のスイスの民主主義者「SD」）は、国内の外国人数に制限を求める最初の「外国人過多（Überfremdung）イニシアティヴ」が政府によって却下されたのを受けて、同様の内容を求める「シュヴァルツェンバッハ・イニシアティヴ（外国人過多イニシアティヴ）」を提起し、成立させた（本章参照）。このイニシアティヴは一九七〇年の国民投票で否決されたものの、政府は賛成者の多さに鑑み、経済界の要求である労働力の確保と「スイスの独自性が失われる」という社会不安とを調和させるという難問に向き合わなければならなくなった。政府は、外国人労働者が短期的な滞在者ではなく、スイス社会を構成する一員であると認識をあらため、一九七〇年、移民の統合と帰化の促進のための連邦外国人問題協議委員会（現、連邦移民問題委員会：EKM）を設置した。

その後も、一九七四年、七七年（二件）、八八年にはNAから、九六年にはSVPから、二〇〇〇年には右派から提起された移民の制限を求めるイニシアティヴが国民投票で否決されている。つまり、スイス社会の一部はつねに移民（外国人）の増加に懸念し制限を要求するも、スイス社会全体によってその要求が否定され続けてきたといえる。ちなみにSVPは移民・難民の受け入れ制限とEUとの関係解消を主なスローガンに、二〇〇三年にスイスの第一党となった。

しかしその状況に変化をもたらす事態がおこった。一九九九年、スイスはEUとの間で、働く場所と居住地の自由などを定めた「第一次二者間協定」を結んだ（二〇〇二年施行）。これによって、EU加盟国出身者のうち、スイス企業と有効な雇用契約を結んだ者、自営業者、生活費をまかなえる資産がある者は、スイスに居住することができるようになった。そのためスイスでEU加盟国出身の外国人の数が急増した。二〇〇一年にスイスに住む外国人の数は約一四五万人だったが、二〇一五年には二〇〇万人をこえ、増加傾向は続き、二〇二〇年現在、人口の約二五パーセントを占めている。外国人のうち約六七パーセントがEUおよびEFTA加盟国の出身者で、四大出身国であるイタリア（一四・八パーセント）、ドイツ（一四・一パーセント）、ポルトガル（一二パーセント）、フランス（六・四パーセント）はいずれもEU加盟国である。特に、二〇〇二年に施行されたEUとの協定以降、ドイツ、フランス、ポルトガルからの移住が増加している。しかし、地域によって外国人の割合に大きな差がある。国際機関が多く存在し国境沿いに位置するカントン・ジュネーヴで外国人の比率がもっとも高く四〇パーセント、ドイツ語圏農村部のアッペンツェル＝インナーローデンでは一一・三パーセントとその割合は比較的低い。

このような外国人の増加によって、住宅不足や住宅価格の高騰、交通機関の混雑や交通渋滞が問題視されるようになった。二〇一二年、SVPはこのような問題に加えて、スイス人労働者の保護と外国人犯罪の増加もその理由として、外国人の移民を制限するための「大量移民反対イニシアティヴ」を提起した。具体的には、一年間に労働許可や居住許可を出す件数に制限を設けるもので、外国人の移住の制限を目的にしたものであった。スイス政府と有識者の多くは、この要求はEUと結んだ協定に反するため、賢明な有権者はこの提案を否決するだろうと考えていた。しかし、彼らの予想に反して、二〇一四年の国民投票では、国民票では五〇・三パーセントの賛成という僅差ではあったものの、一四・五という約三分の二のカントンの賛成をもって可決された。

これによって、スイス政府は、移民の制限に関してEUと難しい交渉を迫られたが、EUは人の移動の自由の制限に関する交渉には一切応じなかった。そのため、スイス政府は受け入れ移民の制限ではなく、スイス人の雇用を優先することで解決を図った。二〇一七年一二月、スイス政府は、二〇一八年から失業率が八パーセントをこえる業種、二〇二〇年からは失業率が五パーセントをこえる業種で人員を募集する場合、募集企業に管轄官庁への報告を義務づけ、スイス人求職者に優先的にその情報を公開することを決定した。

これに対して、SVPは国民投票で示された民意が適切に反映されていないと批判し、あらためて人の自由な移動に制限を求める「節度ある移民（制限イニシアティヴ）」を成立させた。人の移動の自由の制限はEUとの関係悪化につながると考える政府や、SVPを除くすべての大政党、企業団体は、このイニシアティヴに真っ向から反対をした。この「制限イニシアティヴ」は新型コロナウイルスの影響で四カ月遅れて二〇二〇年九月の国民投票にかけられ、六一・七パーセントの反対で否決された。特に注目されるのは、前回移民の制限に賛成した中央スイスのカントンの多くが反対に転じたことである。また、投票率が前回よりも高かったことは国民の関心の高さがうかがえる（投票率五九・四九パーセント。二〇一四年は五六・五七パーセント）。この結果により、スイス国民は外国人の増加という問題を抱えつつも、人の移動の自由、つまりEUとの関係を維持し続ける決断をしたことになる。

中立国であり、多言語国家で、政治的・経済的に安定しているスイスは、歴史的に多くの外国人を魅了してきた。それを反映して外国人問題はつねにスイス社会の関心事項であり続けている。しかし、政治的な理由による移民・難民を除いて、自由意志による移民に関しては、それを受け入れるスイス経済界をはじめとするスイス社会における需要が背景にあることを無視することはできない。スイスの滞在許可を得るには、労働契約など経済的基盤を証明することが義務づけられているため簡単にスイスに移住できるわけではない。それゆえ、経済界や社会からの要請を考慮せず、一方的に外国人が移住してくるとする主張には無理がある。こういった外国人労働者の需要があることを受け止めることも必要である。

また、スイスには越境通勤者も多数存在する。生活費の比較的低いスイス国境沿いの外国の町に住み、スイスで勤務する人たちである。通常、人の移動の自由が保障されているため、越境通勤者は毎日国境を問題なくこえてスイスに通勤してくる。しかし、今回新型コロナウイルスの感染拡大防止対策で一時的に国境が封鎖されたことで状況が変わった。労働許可書を持っていればスイス入国は可能だが、簡単にスイス国境をこえることができなくなり、越境労働者の勤務に影響が出たのである。これにより、スイスはどれだけ越境労働者に依存し、彼らがどれだけ不可欠な存在であるかが明らかになった。スイスは、グローバルな経済活動を視野に入れ、スイス人の雇用を保護しつつも、越境労働者を含む外国人労働者を適切に受け入れるという難しい調整を、今後も迫られることになる。

▼註

1　カントンは二六あり、そのうち六カントンが国民投票におけるカントン票や全州議会の議員定数などの代表権が半分に制限されている準（半）カントンである。準カントンは歴史的に宗教対立や政治的対立によって分裂したカントンである。

▼2 ドイツ語 Schweizerische Eidgenossenschaft. フランス語 Confédération suiss. イタリア語 Confederazione Svizzera. レトロマンス語 Confederaziun svizra. 四言語による並列表記が難しい場合は、四言語のうちの一部によって代表されることを避けるためにラテン語（Confoederatio Helvetica）が使用される。

▼3 連邦憲法には二六すべてのカントンの名称が記載されている。

▼4 ハラー、ワルター『スイス憲法——比較法的研究』平松毅／辻雄一郎／寺澤比奈子訳、成文堂、二〇一四年、二五頁。

▼5 任意的レファレンダムの場合は国民の過半数「単純な賛成」が要件。

▼6 ＡＮＡＧは二〇〇五年に全面改正が行われ「外国人に関する連邦法（ＡｕＧ）」というあらたな法律になった。現在は、「外国人とその統合に関する連邦法（ＡＩＧ）」に名称が変更されている。

Ⅳ

各論　ミクロな視点から
みた移民の現場

第4章　東欧、東中欧、南東欧からのドイツ系避難民および被追放民たち
――第二次世界大戦終結後のドイツとオーストリア

アルント・バウアーケンプファー
藤井欣子 訳

第二次世界大戦後の東西ドイツとオーストリアにおいて、「集合的記憶」[1]（モーリス・アルヴァックス）のなかに占めるドイツ系避難民および被追放民の位置づけは、各人の利害により、または、当事者たちがそれぞれに抱く自己像および他者像によって決まるものであった。移入民たちと現地の住民たちは、つねに不均衡に影響をおよぼし合う関係にあり、そこでは他者による意味づけやイメージがさまざまに重なり、混ざり合っていた。さらに、公的な記念文化と個人的な記憶の間には矛盾が存在していた。それはとりわけソ連占領地域／旧東ドイツにおいて顕著であった。想起や忘却は、個人的な行為であるにとどまらず、社会的に規定されると同時に、互いに複雑に絡み合っていた。そのため「記憶の場」[2]（フランソワ／シュルツェ）としての亡命と追放は、社会的

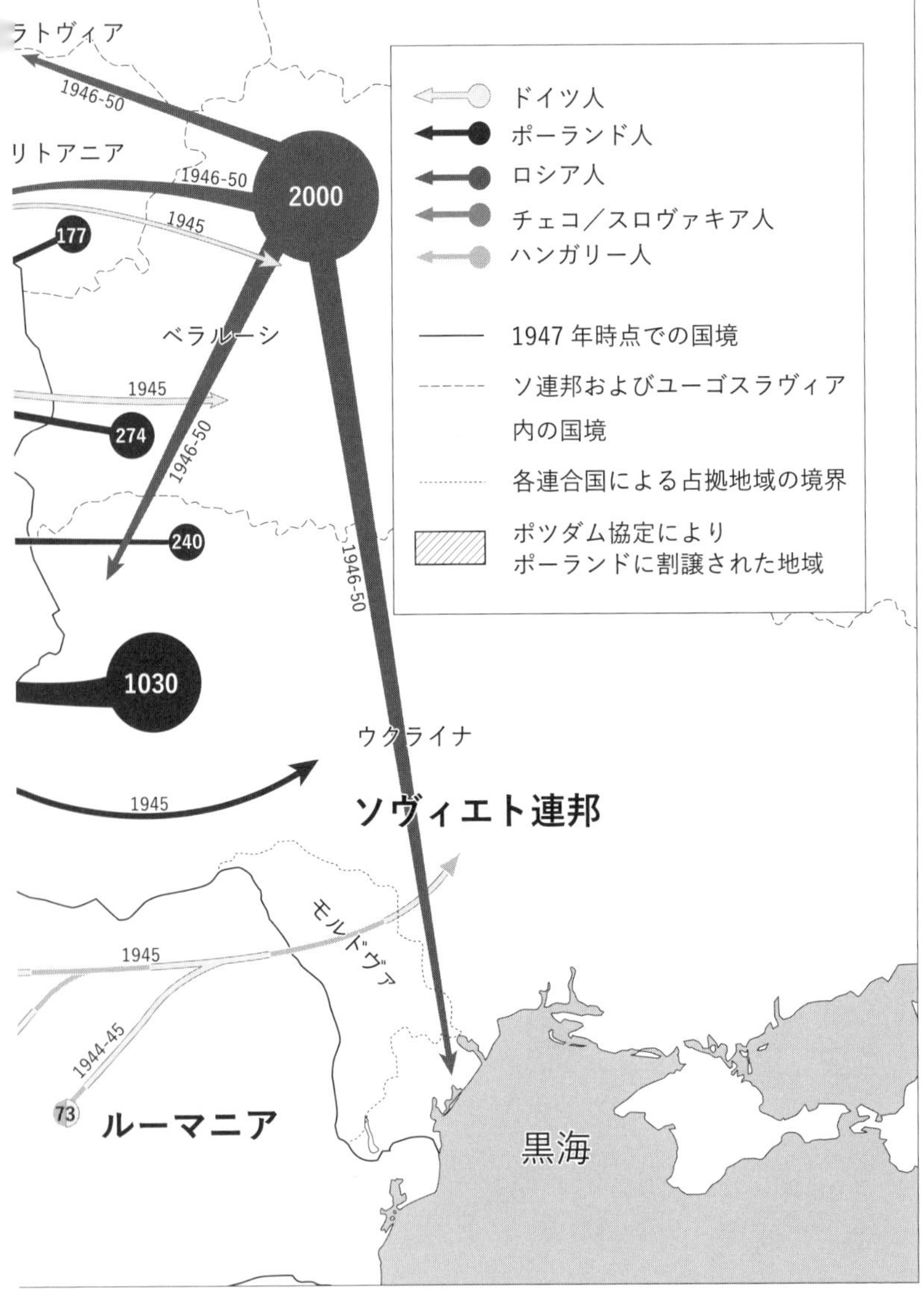
ラトヴィア
1946-50
リトアニア
1946-50
2000
1945
177
ベラルーシ
1945
274
1946-50
240
1946-50
1030
ウクライナ
1945
ソヴィエト連邦
モルドヴァ
1945
1944-45
73
ルーマニア
黒海
ドイツ人
ポーランド人
ロシア人
チェコ／スロヴァキア人
ハンガリー人
1947 年時点での国境
ソ連邦およびユーゴスラヴィア
内の国境
各連合国による占拠地域の境界
ポツダム協定により
ポーランドに割譲された地域

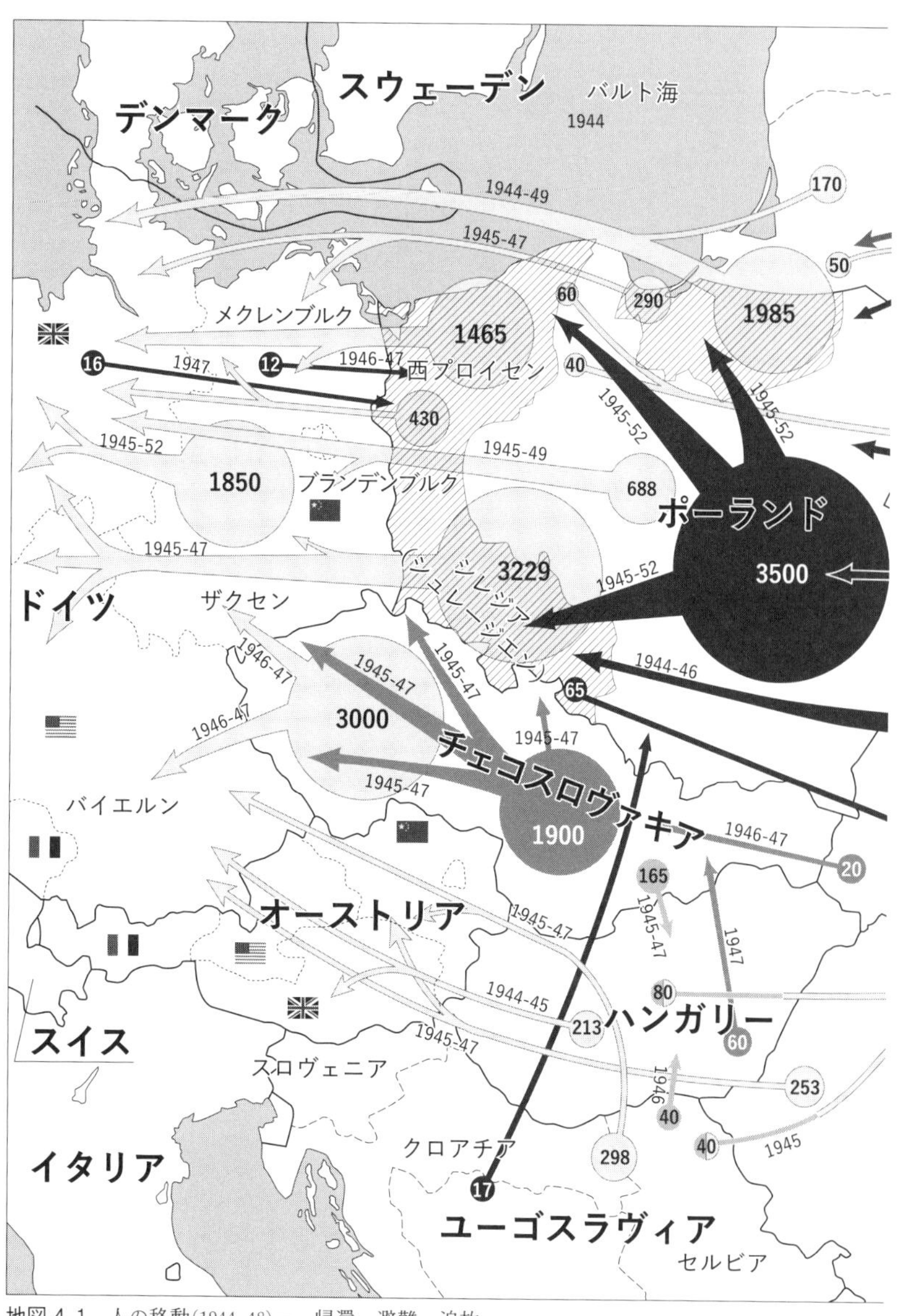

地図 4-1　人の移動(1944–48)——帰還、避難、追放
＊矢印内の数字は人数（千人）

に構築されたものと捉えるべきであり、それゆえ、第二次世界大戦後のドイツおよびオーストリアの政治条件と社会変容の影響を考慮しなければならないのである。

本論では、まず避難民と被追放民という概念について簡単に説明した後に、それぞれの流入の経緯と統合の基本的特徴を述べていく。その際、以下を考慮に入れる必要がある。つまり、オーストリアでの避難民と被追放民の統合については、ドイツ、すなわち旧東西ドイツにおける統合に比べ、あまり調査が詳しく行われなかった。そのため、記述はこの両ドイツに集中している。

「ドイツ系強制移民のグループ」の概念とカテゴリー

日常的な言葉の使い方でいえば、ドイツとオーストリアでは、「避難民（Flüchtlinge）」は、事情により居住地の退去を強いられたが、たとえば移住の時期など、少なくとも部分的にはその決定に関与できた人々を指す。それに対して「被追放民（Vertriebene）」とは、ほとんどなすすべもなく、またはほんのわずかな選択肢しか与えられずに強制移住を余儀なくされた人々のグループを指している。ただし、ドイツのすべての連合軍占領地域でもオーストリアでも、「避難民」と「被追放民」という概念は、日常生活において一般的にほぼ同じ意味で使われており、こういった言葉の使用法は、現地住民たちの間でも、強制移民たちと同じくらい広まっていた。

それに対して公的な言語使用においては、ソ連占領地域ないしドイツ民主共和国（DDR［旧東ドイツ］）と、西側占領地域ないしドイツ連邦共和国（BRD［旧西ドイツ］）とで早くからそれぞれに異なる政治目的や政治秩序が反映されていた。一九四五年九月に、ソ連邦の占領軍は「移住者（Umsiedler）」という概念を導入した。これは、強制移民をすみやかに「あらたな故郷」に融合させ、戦後の国境線見直しについての議論を封じ込めるというドイツ共産党（KPD）とソ連邦・ドイツ当局の企図を反映した言語政策だったのである。続いて「元移住者」という概念が導入されたことによって、強制移民が「移住者」の地位を得られたのは、短い期間にすぎなかったことが示された。そのうえでソ連占領当局とドイツ社会主義統一党（SED）は、「新市民（Neubürger）」という表現で、将来にわたる政治的方向性をはっきりと打ち出したのである。一九四八年から四九年にかけて、避難民の統合は完了したとされた。こうして、当時の権力者たちは、旧東ドイツにおける強制移民たちの特殊なアイデンティティや諸問題をタブーにした。SED指導部が、一九五〇年七月六日のゲルリッツ条約[3]でオーデル川と西ナイセ川をポーランドの西部国境と認めて以降、こうした問題を無視しようという圧力は圧倒的に強まった。そのため、旧東ドイツでは一九五〇年代に「新市民」概念までもが消滅してしまった。追放と被追放民が重要なテーマとして残り続けたのは文学作品のなかだけで、それは少なくとも一九五五年までと、SED体制最後の一五年間にあらためて取り上げられただけであった。

旧西ドイツでは、一九五三年五月一九日の連邦被追放民法でようやく統一的な法規定が確立された。それにより、故郷から追放された帝国ドイツ人と「民族ドイツ人」たちは、「被追放民」とされた。一九三七年一二月三一日[4]の時点、またはそれ以前からすでに「被追放地域」に居住していた集団に属する人は、「故郷被追放民（Heimatvertriebene）」とされた。この集団からは、行政上の扱いとして「移入民（Zugewanderte）」は除外された。彼らは一九三九年九月一日の時点でソ連占領地域／旧東ドイツ地域、もしくは大ベルリンに居住しており、難民でなかった人々だった。[▼5]これらの定義は、強制移民たちの自己意識だけでなく、しばしば現地住民たちの他者認識をも塗り替えていったのである。

避難（強制移住）の動きの概略

避難の動きは、ソ連軍の各戦線が東欧、東中欧、南東欧のドイツ系住民居住地域に到達した一九四四年の秋から始まった。強制移民の大多数は、ドイツ国内の、後に占領地域となる領域へと避難した。残った人々は、赤軍によって殲滅された。ドイツ当局と国防軍は危険にさらされたあちこちの地域に避難命令を出したが、あまりに遅すぎた。多くの避難民たちがソヴィエト軍に追いつかれ、そのまま故郷へと連れ戻された。第二次世界大戦終結後、ドイツ系住民、とりわけポーランド、チェコスロヴァキア、ルーマニアにいた人々は、組織的に追放された。ソ連軍司令部やポーランド当局が、一九四五年七月にオーデル川とナイセ川の渡河を禁止すると、避難民と被追放民たちはもう川をこえて東側の故郷へ戻れなくなってしまった。それに加えて、ソ連邦は「不法な」追放も禁じた。それは、避難民や被追放民たちが勝手に移住することによる混乱を避けるためだった。しかしまたこの禁止措置は、同時期に行われたポツダム会談の結果でもあった。

戦争に勝った連合国は、この会議でポーランドの西側国境をオーデル川と西ナイセ川に定め、「法に則った人道的な方法によって」ポーランド、ハンガリー、チェコスロヴァキアからドイツ系住民を「移送」することを決議した。自然発生的な追放は完全に止んだわけではなかったが、それでも双方の取り決めによる移送が次第に優勢になってきた。一九四五年一一月に連合国管理理事会が「移送プラン」を提出した後、一九四六年だけで一三八万人のドイツ国籍保有者が、あらたなポーランド領西部地域からイギリス占領地域へと移送された（「ツバメ作戦」）。

一九四五年の夏までは、逆方向への移動の動きも記録されてはいるが、移民のほとんどが西への亡命の動きだった。これはとりわけ、ナチ政権が東中欧において行った住民移動と殺害という苛烈な政策が原因でひきおこされたものだった。一九四六年の一〇月末までに約一〇〇〇万人のドイツ系避難民と被追放民たちが、四カ国占領地域に到達した。一七〇万人が強制退去の際に犠牲となった。一九四七年一二月には、ソ連占領地域には四四〇万人の避難民が居住し、彼らは同地域の全住民の二四・三パーセントを占めていた。避難民は、アメリカ占領地域には三〇〇万人（同一七・七パーセント）が居住し、イギリス占領地域には三三〇万人（同一四・五パーセント）、フランス占領地域には六万人（同一パーセント）であった。一九五〇年には、旧西ドイツに七九〇万人、旧東ドイツには四一〇万人、オーストリアには三七万人の避難民と被追放民が受け入れられた。旧西ドイツの領域では、一九五〇年から一九五六年までの間に、住民のなかに占めるこの強制移民の割合が一六・五パーセントから一七・五パーセントへと上昇した。それに対してオーストリアの避難民は、（まだ残留していた「ディスプレイスド・パーソンズ（DPs）」と元戦争捕虜を含めても）住民のうちたったの六パーセントにすぎなかった。オーストリアに流入した最大の被追放民グループは、一七万人の「ドナウ・シュヴァーベン人」[6]だったが、チェコスロヴァキアからのドイツ人も同じくらい多数（一五万一〇〇〇人）にのぼった。一九四五年から一九五八年末までの総計によると、約四八万一〇〇〇人のドイツ系避難民と被追放民たちがアルペン共和国（オーストリア）にやってきた。そのうちの四七パーセントがオーストリア国籍を取得した。

オーストリアと同じく、東西ドイツでも避難民と被追放民は、さしあたり寝泊まりができて食料が入手できる農村部へと誘導されていった。旧西ドイツでは、一九五〇年九月には強制移民たちの四七・二パーセントが人口三〇〇〇人以下の小さな市町村に居住しており、その結果、元からの住民たちの割合はわずか三二・八パーセントになった。ソ連占領地域／旧東ドイツでは、郊外の農業地域に避難民人口の集中する傾向がさらに強かったことが記録されている。一九五〇年には、両ドイツで一二五〇万人のドイツ系被追放民や避難民が把握されており、うち五六・一パーセントが元ドイツ領の東部地域から、二四・五パーセントがチェコスロヴァキアから、一一・三パーセントが第二次世界戦以前にポーランド領だった地域からやってきていた。

一九五〇年代には、両ドイツで国内移住が生じたが、オーストリアではその規模は小さかった。しかし、三カ国のいずれにおいても、国内移住者の数は統計的に十分把握されていたとはいえない。ソ連占領地域では「移住者」と呼ばれたこれらの人々が、一九四六年に始まった労働力振り分けの主なターゲットとなった。これは、とりわけ新しい工場施設や次々につくられた行政官庁に労働力を供給するものであった。旧西ドイツでは、国の主導による国内移住が一九四九年から始まった。同国では、一九五〇年から一九六〇年にかけての四度にわたる包括的な移住政策により、九五万七四六二人の強制移民たちがシュレスヴィヒ・ホルシュタイン、ニーダーザクセン、バイエルンからほかの連邦州へと移っていった。旧東西ドイツにとってより重要だったのは、避難民と被追放民たちが自発的に行った再移民であった。というのは、一九五〇年代に旧西ドイツでは、一七〇万人にのぼる避難民・被追放民が州境をこえて、居住地を変えていたからである。総じていえば、強制移民たちは両ドイツでもオーストリアでも、都市と工場施設の復興にともない、次第に地方から成長する都市中央部へ、または第一次産業から商業セクターへと移動する傾向にあった。さらに、一九五〇年から一九六一年には、三六〇万人が旧東ドイツから旧西ドイツへと移動したことがわかっている。そのうちのおよそ四分の一が、避難民および被追放民であった。その一方で一九五〇年代には、四八万七〇〇〇人の旧西ドイツ住民が旧東ドイツへと移っていった。二国間およびそれぞれの国のなかでの移住は、住民たちを混ぜ合わせ、当初の労働力振り分け政策の失敗を是正したのである。

何千人もの強制移民が、ほかの国々へ移動していった。とりわけ、連合国政府からしばしば、不当に連れてこられた「ＤＰｓ」と同じものとして扱われた「民族ドイツ人」の避難民と被追放民は、東西ドイツを離れてフランスやイギリスに、後にはカナダやアメリカ合衆国へと渡っていった。

マイノリティ形成と統合モデル

ドイツ系の避難民と被追放民は、ドイツでもオーストリアでも、終戦後まもなくの頃は、つねに明らかにそれとわかるようなマイノリティであった。彼らは社会のなかで周縁的な立場に立たされたが、こうした立場は、よそ者扱いと同時に自己イメージによっても固定され、拡大された。強制移民たちにマイノリティとしての立場を強いたのは、なによりも極度の経済的困窮だった。避難民と被追放民は保護申請者にならざるをえず、一九五〇年代になっても、現地住民たちと比べて、住居および最低限の生活必需品が圧倒的に不足していた。オーストリアでは一九五〇年代初めになっても、四万五〇〇〇人から五万人の流入したドイツ系の人々が、難民収容所に寝起きしていた。また、強制移民たちの失業率も、平均以上に高かった。職がみつかっても、避難民と被追放民は、能力的に劣っているといわれ続けた。

強制移民たちがやってきたことにより、総じて職業的・社会的下層が形成されることになった。世代内または世代をまたいで社会的な下降を余儀なくされたのは、圧倒的に移入民たちのほうであって、現地住民ではなかった。一九六〇年代まで、旧西ドイツとオーストリアにおける避難民と被追放民のほとんどは従属的な被用者であり、経営者や自営業者はあまりみられなかった。旧東ドイツでは、一九四〇年代後半から始まった工業と農業の国有化ないし集団化政策により、避難民・被追放民と元からの住民との平準化が進められたが、前者の物質的に不利な状況は解消されないままであった。特に顕著だったのは、避難民と被追放民が自営農に少ないことであった。強制移民の農業部門への職業的な編入は、両ドイツとも少数にとどまった。この編入は、これらの住民グループが社会的に統合されるのを効果的かつ持続的に支えるはずのものだった。オーストリアでもやはり、一九五〇年に農業部門で働いていたのは、ドイツ系の避難民および被追放民のうちおよそ三分の一程度であった。政治エリートたちの思惑とは裏腹に、移入民を投入しても農業生産の効率性はあまり向上せず、一九五〇年時点で強制移民の三分の一が熟練工として働いていた工業生産部門でも同様だった。

流入してきたドイツ系住民たちが近代産業や手工業分野の職に就くようになったのは、一九四〇年代末以降のことであり、その際、彼らはしばしば居住地を移した。ソ連占領地域では、国の支援を受けた「移住者団体」が、商工業分野への参入を容易にした。この分野ではすでに一九五〇年代の段階で、私有制がほぼ全面的に廃止されていたのである。ソ連占領地域では、当局は避難民や被追放民に対してサービス業の斡旋も支援していた。しかし、一九四八年の通貨改革ないし通貨切り替えは、両ドイツにおける避難民・被追放民の職業上の統合を遅らせた。この統合がはっきりと進展したのは、一九五〇年代に景気が高揚したためであった。オーストリアでは一九五五年に締結された国家条約[7]が経済成長の基盤となると同時に、被追放民統合のためのガイドラインとなり、国家的な難民政策の枠組が構築された。他方で避難民・被追放民たちは、明確な上昇志向、仕事へのモチベーションと能力、そして移動をいとわぬ姿勢によって、両ドイツでもオーストリアでも職業上のマイノリティという地位を少しずつ克服していったのである。

しかし、だからといって、強制移民たちの社会的な編入が達成されたとはとてもいいがたかった。なぜなら、これらのグループの周縁化は、物質的な不平等のせいのみならず、社会文化的な特質によるものでもあったからである。流入してきた避難民と被追放民の即時帰還がありえないことが明らかになると、両ドイツとオーストリアでは、概して新参者たちと元からの住民たちの間に、分配をめぐる争いが爆発的に増加した。多くの自治体、とりわけ農村部で、住居の割り当てや使用をめぐって熾烈な争いが頻発した。家財のような動産の分配に関する争いも激しかった。

強制移民と現地住民との間の文化的な摩擦も、争いを激化させる一因だった。当初、避難民と被追放民の大半が暮らすことになった農村では、都市出身者が農村出身者と、カトリック信者がプロテスタント信者と、そして故郷を離れ逃げてきた農民が戦争による資産の喪失を免れた農民と、ぶつかることになったのである。移入者たちの抱くほかの社会階層に対する嫉妬と、また、現地住民の防衛反応も社会的対立をひきおこす要因だったが、これを収拾することは容易ではなかった。現地住民たちからみれば、新入りの住民たちというのは「東部人（die Osten）」や「スラブ人」に対する伝統的な偏見が投影されたまねかれざるよそ者であり、それは「ポーランド野郎（Polacken）」というよそ者を指す言い方に端的にあらわれていた。強制移民たちが消極的ながらも地方の協会組織に受け入れられるようになったのは、まずはスポーツ協会からだった。しかし、物質的な不平等と、異なる習慣やしきたり、生活ぶりなどの組み合わせは、彼らの少数派という地位を動かしがたいものにしており、それは避難民と被追放民にとって、現地住民との生活が長くなったとしても、なかなか乗りこえられるものではなかった。

強制移民たちの周縁化は、宗派の対立のせいでもあった。とりわけ、ローマ・カトリックとプロテスタントの間の対立が問題であった。とはいえ、そこかしこでルター派と改革派の住民グループが互いに距離をおいていたにもかかわらず、避難民と現地住民たちの交友関係は明らかに、特に若い世代で徐々に重なり合っていった。西ドイツでは、一九四六〜五〇年にかけて五三・九パーセントが、そして一九六一〜七〇年には六八パーセントもの移入民が現地住民と結婚した。ただしこの割合は、それぞれの住民グループの規模が異なることを考慮に入れる必要があるだろう。それに加えて、被追放民と現地住民との婚姻は、家族内に緊張と対立をひきおこした。強制移民たちの統合は、一九五〇年代に前進はしたが、けっして終わりはしなかった。社会的な編入が完了したのは、ようやく世代が交替してからであった。このことは、社会学者のパウル・リュッティンガー（Paul Lüttinger）が旧西ドイツを例として示してみせた。

国家による支援事業は、避難民と被追放民の窮乏を和らげはしたが、彼らの周縁化を防ぐことはできなかった。すべての占領地域において、一九四五年から一九四六年には、強制移民たちのすみやかな統合を確かなものにするための特別機関が設置された。しかし、その難民管理機関によって指示された措置は、矛盾した結果をもたらした。なぜなら、それは移入民たちの物質的環境を改善する一方で、同時に彼らのマイノリティとしての地位を強化するものだったからである。避難民と被追放民のために行われた再分配政策や募金活動などを理由に、元からの住民たちの嫉妬が強まった。国家による立法も、好まれざる新入りたちへの反感を強めた。しかし避難民たちは、こういった支援事業により、次第に補助金受給者という烙印を払拭することができたのだった。一九四九年八月八日には、旧西ドイツの米英占領地区で〝切迫した社会的窮乏を除去する〟ための法律「緊急援助法」が施行された。これは、月々の生活支援金を七〇ドイツマルクとした。[8] 避難民と被追放民は、これで初めて、国家からの援助を求める法的請求権を得ることになった。一九五二年五月一六日には、旧西ドイツの連邦議会が、ついに「負担調整法（Lastenausgleichs-gesetz）」を可決し、それによりドイツ系の移住者たちは、財産の損害を理由に補償を受けられることになった。しかしその支払い規定によると、損害の少ない人が、受けた損害より多く請求できてしまい、多大な損害を被った犠牲者よりも高い金額を受けとることもあった。一九七九年三月までに、ドイツ連邦共和国では、編入および損害補償の名目で、避難民と被追放民におよそ一五〇〇億ドイツマルクが支払われた。

その一方、ソ連占領地域では、一九四八年一〇月にドイツ社会主義統一党（SED）がそれまで準備してきた補償のための法律を凍結した。そして一九五〇年九月八日に公布された「元移住者の状況のさらなる改善に関する法」[9]により、避難民と被追放民は、住居（家具・家財含む）のため、一家庭につき一〇〇〇マルクまで無利子の貸付を申し込むことができるようになった。しかし、高い収入を得ていたドイツ系の移住者たちはこの救済措置から除外されたし、返済の義務があったために年金生活者や生活保護受給者らは受給を躊躇した。一九五二・五三年には、旧東ドイツにおいてもっぱら強制移民グループを対象としていた法律がついにすべて停止した。さらに一九四八年以降、第二次世界大戦直後に設置された強制移民のケアと統合のための機関もすべて解体された。国家社会主義的な独裁体制の形成には、強制的な社会的同質化政策がともなったのである。もっとも、一九四〇年代末には、旧西ドイツでも、強制移民のために設けられた暫定的な機関が活動を停止した。在来の自治体当局と現地住民たちの反対に直面したからであった。

オーストリアでは、一九五二年からようやく、一連の「避難民および被追放民同権法」が採択された。法的にみても明らかに、一九五〇年代のドイツ系の避難民と被追放民は元からのオーストリア住民たちと比べて冷遇されたままだった。連合国と結ばれるはずの国家条約で最終的に規定すればよいという思惑から、オーストリア政府は根本的に、ドイツ系の避難民・被追放民を統合する義務を認めるのを拒んでいた。こういった集団を編入することは、第二次世界大戦中にオーストリアへと連れてこられたかつての戦争捕虜や強制労働に従事した者に対する政策と緊密に結びついていたからである。オーストリア政府は、編入を政治的な目標として次第に受け入れていったが、一九五〇年代後半にはまだ、一貫したコンセプトに欠けていた。現地住民たちの間にも徐々に増しつつあった失業への恐れが広まっていたため、国家による避難民・被追放民への本格的な救済措置は行われないままであった。避難民・被追放民の保護のための支出の割合は、一九四八年には合わせて国家予算の三・四パーセントで国内総生産（ＧＤＰ）の〇・五パーセントであったが、一九五一年までに予算の一・一パーセント、ＧＤＰの〇・二パーセントにまで落ち込んだ。とはいえ、避難民や被追放民を統合しようとする動きは、戦争直後に教会や自発的な援助団体によって始められていた。そういった団体は、住居建設や新しい工場建設などに関与していた。一九五一年末から、国連難民高等弁務官はウィーンにおける支援事業を承認し、それにより避難民と被追放民のオーストリア戦後社会への統合が促進されることになった。

ドイツおよびオーストリアのすべての地域で、連合国は第二次世界大戦直後から、避難民および被追放民による団体創設を抑圧してきた。これは、広範にわたる政治的な反対勢力が発生するのを防ぐためだった。一九四五・四六年にかけて早くも設立された「難民委員会」は、各占領軍政府およびドイツ当局から厳しい統制を受けた。さらに当局は、地方の自発的な協会組織を、およそ非政治的なものであっても、まれにしか認可しなかった。一九四七年にやっと一部、（職業別団体と密接に関係するかたちで）避難民と被追放民の利益団体が設立され、一九四八年の夏に旧西ドイツにおける団体創設の禁止は最終的に廃止された。だが、このような措置は移入民たちの統合にとってはまったく矛盾した結果をもたらした。すなわち、彼らは避難民または被追放民としてのアイデンティティをはっきりと表明できた一方で、他方ではしばしば、彼ら自身が自らの他者性をつくり出し、望まぬよそ者扱いを認めてしまうことによって、自分たちの周縁化を強化してしまったのである。しかしたとえば、一九五〇・五一年に被追放民の政治的利益の代表者としてシュレスヴィヒ・ホルシュタインで設立された「故郷被追放民および権利被剝奪者同盟（BHE：Bund der Heimatvertriebenen und Entrechteten）」へ加盟しても、統合のプロセスにはほとんど遅滞はなかった。一九五二年BHEは、党名に「全ドイツ人ブロック（Gesamtdeutscher Block）」という表記を冠し、最大時には避難民と被追放民の五分の一を束ねていた。全ドイツ人ブロック・BHEの政治目標は、元からの住民たちの間では五パーセントしか支持を見出せなかったが、いくつかの州議会に代表を送り、一九五三年から一九五七年にかけては連邦議会でも議席を獲得した。しかし、一九六一年に同党は解散した。

これに対して、ソ連占領地域／旧東ドイツでは、独自の難民組織設立は厳しく禁止された。ソ連軍政府は、ドイツ共産党の執行部と緊密に協力し、統制された統合政策を推し進めた。すでに一九四五年九月の時点で、あらたに設置されたドイツ系移住民のための中央行政機関が、市町村および郡単位で「移住者委員会（Umsiedlerausschüsse）」を設けるよう指示していた。これは、元からの住民とドイツ系住民それぞれの代表からなり、「移住者」の利害を地方行政に反映させることを目的としたものであった。しかし、当初計画された「中央移住者委員会（Zentraler Umsiedlerausschuss）」の設置は、SEDの指導部が一九四七年に却下した。避難民および被追放民が自らを組織することの危険性が繰り返し訴えられ、その危険を抑えるためだった。さらに一九四八年一一月には、SEDの中央委員会は、すべての「移住者委員会」の解散を決定した。党指導部と所轄官庁は続いて、統合政策を包括的なものから物質的・経済的次元に限定されたものへと縮小し、避難民と被追放民の文化的アイデンティティを抑圧した。たとえば、旧東ドイツ内務省は一九五〇年に、公に移住者が故郷について意見表明をすることを禁止した。しかし、このように禁止しても、個人的な会合や非公式なグループの設立を完全に排除することはできなかった。それまではせいぜい「新市民」と呼ばれる程度だった避難民と被追放民は、いまや監視されるようになり、一九五〇年代初めには、みつかったら警察に強制解散させられるような秘密会合で集まるしかなくなった。

旧西ドイツの集合的記憶のなかで「故郷被追放民」は、明らかに、より長期にわたって重要な位置にあり続けた。反共産主義と修正主義的要求は、基本的にコンラート・アデナウアー首相率いる連邦政府によって固持されていたが、避難と追放にまつわる記憶は「東部におけるドイツ人の故郷」という伝統的イメージ同様に、確固として残存した。しかし、強制移住の経験と過去は、結局のところ、西ドイツの歴史意識に定着することはなかった。旧西ドイツにおいては、避難と追放は、中心となる記憶の場を見出すことができず、むしろ政治的に利用されるようになった。そして、一九五〇年代に入ると、四〇〇から五〇〇もの記念碑や警告碑が建てられ、そこには移入民たちの帰還への願望が記された。また、数多の映画や文学作品が、ドイツ人に対する犯罪を、第二次世界大戦中にドイツ人によって行われた犯罪と道義的に同等に扱おうとする傾向に拍車をかけた。

このような記憶の言説において、それぞれ故郷への心情的なつながりを持つ自立した主体であるはずの「故郷被追放民」は、またしても犠牲者として描かれた。旧西ドイツではそれゆえ、避難民あるいは追放民としての地位や個人的経験は、あくまで私的なものにすぎないとされ、周縁化されてしまう傾向にあった。一九六〇~七〇年代には、強制移民の存在も、彼らの避難と追放の経験も、故郷への記憶と同じく、大幅に政治的議論の周縁へと追いやられた。オーストリアでは一九八〇年代まで、明らかに、とりわけオーストリア共和国の公的な自己理解のせいで、人々の注意が移住者たちから逸らされていた。同共和国は、自らをナチの膨張政策の対象、あるいは犠牲者とさえみなしていたのである。しかし、両ドイツおよびオーストリアでは、社会的再上昇から締め出された多くのドイツ系強制移民たちも、それぞれの避難および追放の経験と故郷の記憶を自ら抑圧していた。そうして彼らは、不用意になされるよそ者呼ばわりを甘受したのみならず、東欧、東中欧、南欧からのドイツ系住民の強制移住について公に議論することを、不本意ながらではあるが、滞らせたり避けたりしたのであった。

世代交代とドイツ統一によってようやく、旧東西ドイツならびにオーストリアでも、難民統合の成果と限界がより明らかになった。それとともに、編入の程度については単一の要因では説明できなくなった。むしろ、統合は多様な要因からなるものであり、一九四五年以前の生活の記憶であったり、避難の道中であったり、受け入れ地に到着したときの現地住民の反応であったり、帰還を希望する意志の度合いなどを含むのである。さらに、世代や性別による差もまた、それぞれの職業集団の違いと同じく、考慮に入れなくてはならない。しかし編入は、両ドイツでもオーストリアでも一筋縄ではいかなかった。なぜなら、避難民と被追放民は、たしかに長い間、社会的周縁の地位に追いやられてはいたが、とりわけ地方農村で既存の環境を揺さぶり、受け入れ社会において受け継がれてきた生活様式をも変化させたからである。ここで扱った国々では、だいたいにおいて文化的・精神的な統合圧力がとても強かったため、それぞれの受け入れ社会のなかでの職業的・経済的・社会的な再上昇のための努力と順応が高く評価された。だからといって、マイノリティとしての避難民および被追放民というアイデンティティが解体されたりはしなかったが、個人的な故郷の記憶は、公的な記憶文化のなかで、古くから居住するエリートたちの欲求に合わせて大幅に改竄された。一九四五年以降、マイノリティだった強制移民は、集合的記憶においては広範にわたり抑圧されながらも、ドイツと、（あまり顕著ではないが）オーストリアの戦後社会に、はっきりと痕跡を残している。

註

▼1 モーリス・アルヴァックス（一八七七〜一九四五年）は、個人的な記憶を構成し安定させる社会的枠組を想定し、その集団内部の成員たちによって想い出が共有される営みを「集合的記憶」と呼んだ。小関藤一郎訳『集合的記憶』行路社、一九八九年を参照。

▼2 ピエール・ノラ（一九三一年〜）によれば、「記憶の場」とは、記念碑、儀礼、想像的観念、神話的表象など、

集合的意識が表象される場であり、特定の空間を指すものではない。ノラによる「記憶の場」プロジェクトは、従来の歴史学では扱われてこなかった主題を国民的な事象として捉えることで、あらたな歴史研究の可能性を切り拓いた（ピエール・ノラ著、谷川稔監訳『記憶の場――フランス国民意識の文化＝社会史』全三巻、岩波書店、二〇〇二－〇三年）。このプロジェクトは他地域へと波及し、ドイツでも三巻から成る『記憶の場』の論集が編まれている。Etienne François, Hagen Schulze (Hrsg.), *Deutsche Erinnerungsorte*, 3 Bände, München, 2001.

▼3 旧東ドイツとポーランドとの間で国境線を最終確定した条約。

▼4 一九三八年以降、ドイツは国境外へ領土獲得に乗り出していった。一九三八年三月一三日にはオーストリアを合邦したが、オーストリアは戦後になって「ナチ・ドイツに初めて併合された国」といういわゆる犠牲者神話をつくり上げた。

▼5 一九三九年九月一日、ドイツとその同盟国スロヴァキアがポーランドに侵攻した。

▼6 ドイツの章（第1章）一一二頁を参照。

▼7 オーストリアと連合国の間で結ばれた講和条約。正式名称は「独立・民主主義的オーストリア再建に関する国家条約」。

▼8 一九四八年六月、西側占領地域において通貨改革が行われ、旧通貨ライヒスマルクが一〇分の一の価値に切り下げられ新通貨ドイツマルクに切り替えられた。ソ連邦は、西ベルリンにも新通貨が導入されたことをきっかけに西ベルリンを封鎖した。

▼9 東側占領地域では、一九四八年七月に通貨改革が行われた。ドイツマルクではなく、マルクとのみ表記される。

第5章　第一次世界大戦終結以降、南ティロールに居住しているイタリア人

ギュンター・パラーヴァー
鈴木珠美　訳

南ティロールにおいて一時的ではないイタリア語の言語集団が形成されたのは、主として二〇世紀前半においてであった。国家が管理した入植とならんで、経済的な動機による来住がみられた。歴史的な区切りにそってみていくと、イタリア語話者が二〇世紀最後の三〇年の間にその自己認識を変化させるにいたったことがわかる。イタリア語話者は、一九七〇年代には自らがイタリア・ネーションの一部を構成すると理解しており、そのことによってほかの言語集団よりも優勢なマジョリティ集団であると理解していた。今日では、イタリア語話者集団は自らをエスニック・マイノリティとみなしている。近年においてはついに、イタリア語話者の間で「南ティロールのネーションとなる」過程すらみられるほどである。南ティロールに存在する三つの言語集団（ドイツ語、イタリア語、ラディーン語）すべてにおいて、共通で単一のアイデンティティを構築しよ

うとする困難な試みがみられるようになった。

南ティロールは、従来より三つの言語が話される地域であった。皇帝直轄ティロール伯領は、一九一八年まではハプスブルク君主国において帝冠領を構成していた。そのなかでイタリア人はヴェルシュティロール（Welschtirol）ないしトレンティーノ（Trentino）[1]に居住していた。ラディーン人はセッラ（Sella）山塊の周囲が居住地であり、ドイツ語を話すティロールとフォアアールベルクの住民がその他の地域に居住していた。ハプスブルク君主国で最後に行われた公式の国勢調査（一九一〇年実施）によると、今日南ティロールと呼ばれている地域の人口は合計二五万一五〇〇人、そのうちおよそ七〇〇〇人（三パーセント）がイタリア人であった。実際には、イタリア人の割合はこれよりもさらに高かった可能性がある。イタリア人の多くは、南ティロール・ウンターラント（Südtirol Unterland）――トレンティーノとの境界をなす渓谷の一つ――に居住していた。トレンティーノから南ティロールへの移住は、ティロールにおける経済上の南北格差によって生じた結果の一つでもあった。トレンティーノ出身者が従事したのは、主に農業、エッチュ川のいかだ流し、そして鉄道の敷設であった。こうしたイタリア語を母語とするオーストリアの国民は、数十年をかけて同化された。

第一次世界大戦の終結、およびイタリアによる占領（一九一八年）と南ティロールの併合（一九二〇年）の結果、ティロールへのイタリア人移民流入の第一波が押し寄せるにいたった。第一波の移住者たちは、とりわけ国家機構の代表者であり、そのなかでも特に軍人と高位の公務員らで

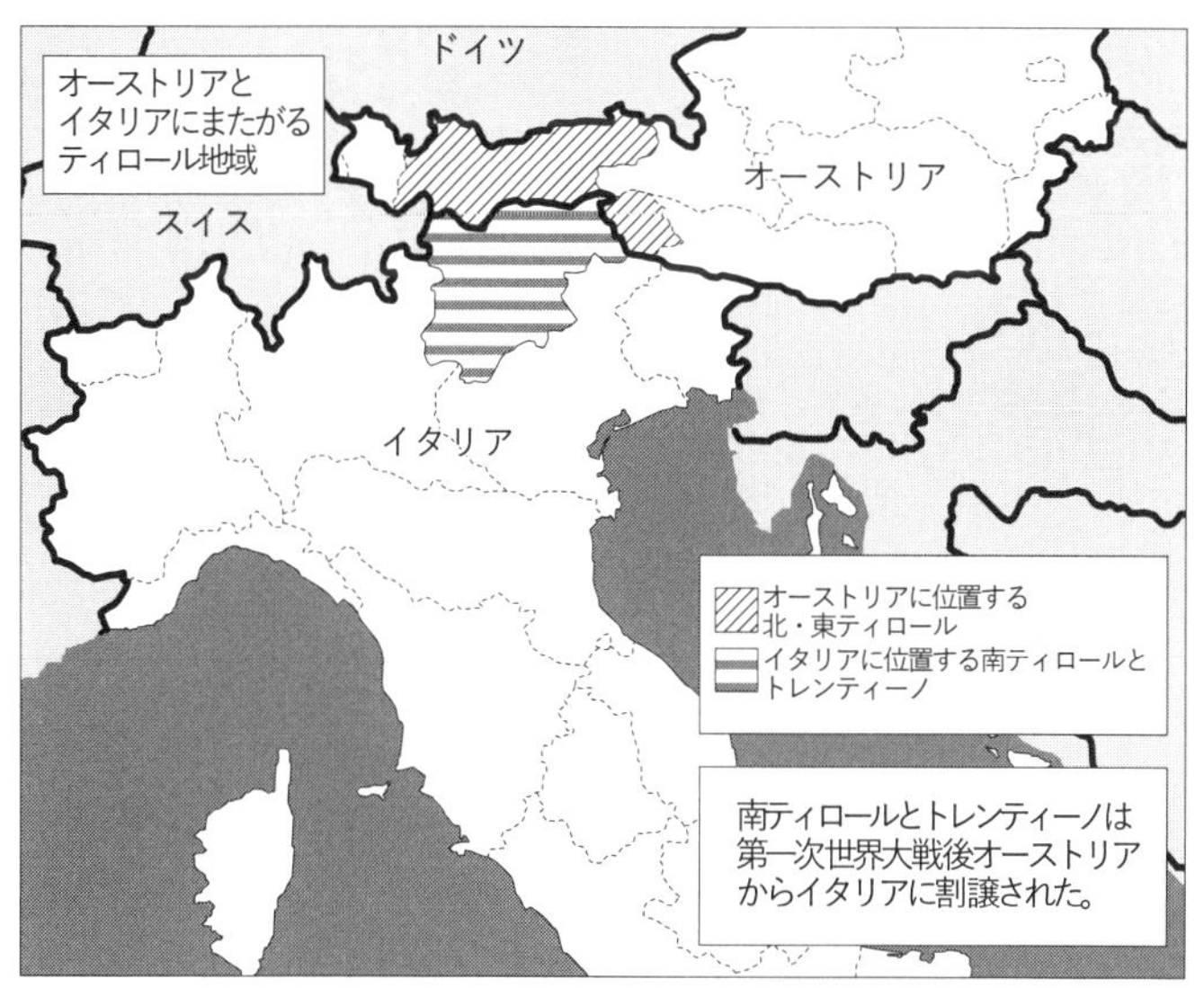

地図 5-1　ティロール地域

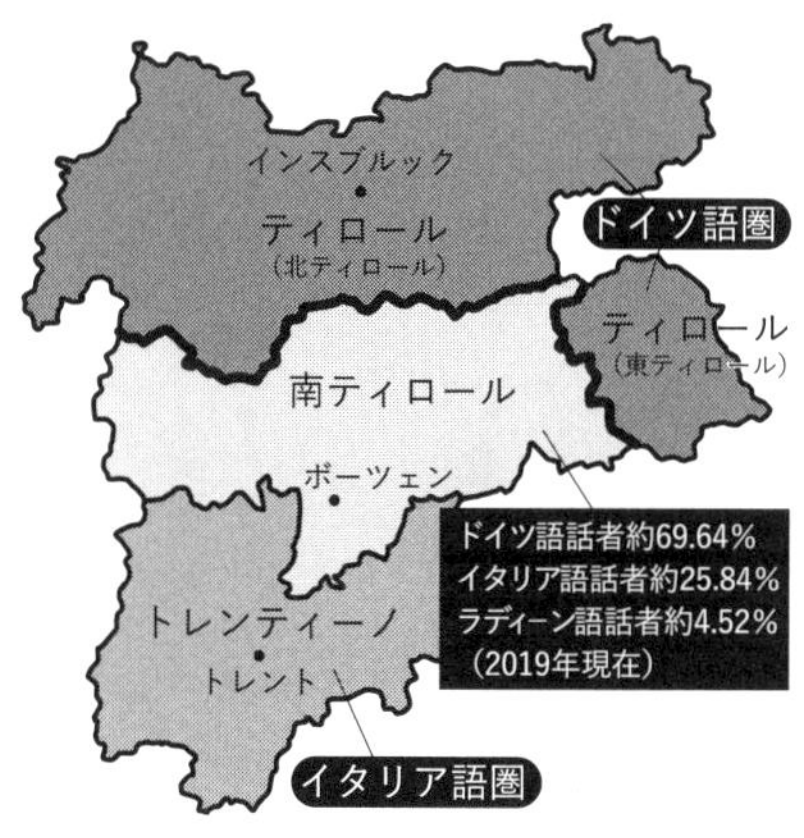

地図 5-2　現在のティロールの行政区分と言語圏

あった。一九二二年一〇月にファシズムに権力が移譲されてからは、明確な意図を持ってイタリア人の移住が行われた。イタリア人による移住活動のほかにも、ドイツ語を話す住民をイタリア化する目的で、[2] ファシスト政権は行政や学校、そして文化の領域で抑圧的な措置を講じた。わずか数年の間に、南ティロールの教師や官公吏の大部分がイタリアのほかの地域の出身者へと交代させられた。一九二六年には、ボーツェン（ドイツ語：Bozen、イタリア語：Bolzano）が、新設されたボーツェン県の県都へと昇格した。県都として格上げされたことにより多くの官庁があらたに設置された。これらの官庁のみならず、軍隊および民間の施設も設立され、そうした施設ではイタリア人が雇用された。

文化領域での抑圧的な政策は、一九三〇年代以降、人口統計上イタリア人をマジョリティへと転換させる政策によって補強されていった。南ティロールのドイツ語話者を暴力的に同化させることは不可能だったため、ファシスト政権は、ドイツ語を話す住民を、元来彼らが住んでいる土地にいながらにして人口統計上の少数集団に追いやろうとする意図のもとに経済政策を実施し、イタリア人の来住促進に努めた。この目的のために非常に重要とされたのは、ボーツェンに工業地帯を設立することであった。ただし、この政策の背景には、イタリア全国規模の雇用政策も存在した。一九三五年以降、ロンバルディアのもっとも重要な工業コンツェルン（ファルク［Falck］、フェルトリネッリ［Fertlinelli］、ヴィベルティ［Viberti］、ランチア［Lancia］、モンテカティーニ［Montecatini］）の参加をともなった産業移転が実現した。これにより数千人の労働者が特定の都市区画である

「セミルラーリ（Semirurali）」へ入植したことによって、ボーツェンの民族構成に大規模な変化がひきおこされた。一九三九年にボーツェン県に暮らしていた八万八〇〇人弱のイタリア人のうち、およそ半数（三万六〇〇〇人）がボーツェンに定住していた。イタリア人公務員の出身地はイタリア全土にわたっていたのに対し、工業従事者は特にヴェネトならびにロンバルディアの出身者が多かった。ロンバルディアからは、工業コンツェルンが専門労働者をともなってボーツェンへ移転してきた。言語集団の構成には、とりわけイタリアとドイツとの間で交わされた一九三九年の国籍・移住選択協定が影響をおよぼした。この協定にもとづき、一九四三年までに八万人弱のドイツ語を話す南ティロールの住民が、当時のドイツ領内へと移住していった。一方、一九四三年から一九四五年までのドイツ軍による南ティロール占領下では、イタリア人がほかの地域へ移住することはほとんどなかった。

公式には、一九一〇年におよそ七〇〇〇人（三パーセント）であった南ティロール居住のイタリア人は、その多くがトレンティーノ出身者であった。第一次世界大戦後の最初の国勢調査（一九二一年）によると、イタリア人の割合は約二万人（八パーセント）へと増加した。一九三九年には八万一〇〇〇人（二四パーセント）のイタリア人が南ティロールに居住していた。一九二一年から一九四三年の間にイタリア語話者集団は増大し、期間全体で約七万五〇〇〇人増加した。

イタリア人は都市部を中心に入植した。唯一、比較的大規模であり、かつ多少なりとも永続的に居住し、農業に従事したイタリア人住民集団といえたのは、ヴェネト出身の約一四〇家族であった。彼らは、一九二六年から一九二八年にかけて実施されたエッチュ川の河道改修にともない、メラン（ドイツ語：Meran、イタリア語：Merano）に近接するシニッヒ（ドイツ語：Sinich、イタリア語：Sinico）の「ヴィットリア集落（Borgo Vittoria）」に入植させられた。彼らは農業に携わる半小作人として、シニッヒに新設されたモンテカティーニ社の化学工場に勤務する数百人の移住者とともに、内部の結束力が強く、外部に対しては門戸を閉ざしたイタリア人集団の孤島を構成した。この周辺には、ドイツ語しか話さない人々が住んでいた。こうした状況は一九四五年以降も続いた。

一九四五年の時点ですでに、イタリアからの移住者が直面せざるをえなかった問題がいくつか浮上していた。社会人口統計的には、官僚機構や工業および商業分野ではイタリア人が優位に立っていた。これに対して、農業分野ではイタリア人の存在は無に等しかった。彼ら移住者が南ティロールに来住する前に住んでいた出身地はさまざまであった。このことは、一九四五年の時点では、南ティロールへの移住者とは、社会的にも文化的にも一体性を欠いた「同じ土地に来住した」にすぎない集団であったことを示していた。移住者の出身地域のうち平均以上を占めたのは、ヴェネト、トレンティーノ、ロンバルディアの三つの地域にすぎなかった。一九四〇年代後半以降は、ユーゴスラヴィアから追放され一部が南ティロールへ移住してきたイストリアからのイタリア人や、イストリアに隣接するアドリア海沿岸地域の出身である人々が、数のうえでは優勢となった。こうした理由で、南ティロールのイタリア人は、社会的にも出身地の観点からも分裂していた。一九五一年には南ティロールに一一万五〇〇〇人のイタリア人がいたが、そのうち九万一四〇〇人はボーツェン県以外で生まれた者たちであった。

言語集団が友好的に共生する条件を整えるのは、一九四五年以降も容易ではなかった。ファシズムとナチズムは、どちらも深い爪痕を残した。この二つの独裁に対する抵抗運動が、イタリア人とドイツ系の南ティロール人との間に共通の経験をもたらすことはなかった。イタリアの抵抗運動がブレンナー峠のオーストリア・イタリア国境の維持を最優先に据えていたのとは異なり、ドイツの抵抗運動はただひたすら南ティロールをオーストリア国家に属するかたちで復帰させようとしていた。民族間の競合をはらんでいた抵抗運動、失敗に終わった非ナチ化ならびに脱ファシズム化、そしてドイツとイタリアの両陣営における民主主義の伝統の欠如によってあらたにナショナリズムが燃え上がったことにより、「民族的な柱状化」がひきおこされた。こうした動きは、南ティロールの住民内部および政治システムにおける民族間の分裂をさらに深めたと考えられる。

南ティロールのイタリア人を団結させる要素はわずかであったものの、数少ないそうした要素のうち一つは、異郷で別の集団と対峙しているという認識であった。さまざまな地域の出身である彼らがみな、現在居住する土地とは紐帯を有していないことの代替として、彼らの間には共通のネーションに所属しているという意識が芽生え、国民という意味でも社会的な意味でも、保護者であるとみなされていたイタリア国家に、自らを同一化させていったのであった。イタリア人は、国境地域である南ティロールにおいて、自らを「イタリア性（Italianità）」の前哨であり守り手であると自負するにいたった。実際に、この南ティロールという国境地域をめぐっては、第二次世界大戦後もいぜんとしてイタリアあるいはオーストリアのどちらが領有するかが争点となっており、領土返還要求を退ける必要に迫られていた。したがって、特にナショナリズムをあおるネオ・ファシストの「イタリア社会運動（MSI：Movimento Sociale Italiano）」は、イタリアのほかの地域と比較して南ティロールにおいてはつねに多くの支持を集めたのであった。

前記の理由によって、イタリア人の多くが自らを「ナショナルなミッション」を委ねられた集団であると認識していたとするならば、ドイツ語を話す南ティロールの住民からみれば、このようなイタリア人居住者はたびたび「ナショナリスト」であり「ファシスト」であるとされ、実際にイタリア人にそのようなレッテルを貼った。こうしたドイツ語話者によるイタリア人へのレッテル貼りの根拠としては、次の点があげられる。ナショナリスティックな風潮の高まりや、一九四八年以降、南ティロールでの自治が緩慢にしか施行されなかったこと、忍び寄る「再ファシズム化（Refaschisierung）」（たとえばイタリアの官僚機構が行ったドイツ人に対する嫌がらせや基本的人権の侵害）、また南ティロールにおいては、雇用機会もイタリア人とドイツ人に均等に与えられているとはいえなかったことであった。これらの背景には、農業の近代化の過程で、ドイツ語を話す労働者の多くが失業したという事情もあった。彼らのようなドイツ語を話す被用者には、イタリア系の産業部門や公的部門で職を得る機会はまったく与えられなかった。したがって彼らは、南ティロールの外への移住を余儀なくされたと感じていた。こうした政策上および社会的な事態の推移によって生じた結果の一つが、一九六〇年代におけるドイツ語話者による南ティロールのテロリズムであった。

一九四五年以降のイタリア語話者人口の推移は、表5-1にみるとおり、二つの局面に分けることができる。一九四五年までの時期と比較すれば小規模ではあるが、一九六〇年代までみられる南ティロールへの入移民の第二波があったといえる。一九七二年の第二次自治規約締結後は、イタリア人の住民規模は縮小していく。

年	イタリア語話者（%）	ドイツ語話者（%）	ラディーン語話者（%）
1900	4.0	88.8	4.0
1910	2.9	89.0	3.8
1921	10.6	75.9	3.9
1961	34.3	62.2	3.4
1971	33.3	62.9	3.7
1981	28.7	64.9	4.1
1991	27.6	67.9	4.2
2001	26.4	69.1	4.3

表5-1　1900–2001年の南ティロールの言語集団

第二次世界大戦後の数年間において、イタリア国内でみられた移住の主な特徴は、農村からの離脱が顕著であったこと、そしてそれによって生じた都市への人口集中であった。この時期には、あらたに合計数千人のイタリア人が南ティロールの各都市、とりわけボーツェンへと移住した。従来同様、工業とならんで公的部門への就業が、県都ボーツェンへの移住の主たる動機であった。この傾向は、言語集団間にすでに存在していた社会的・経済的な構造の相違を、さらに深めることとなった。経済的な動機によるイタリア人の南ティロールへの移住は、イタリア政府により政策として促進され、大規模な住居建設などがそうした政策の例であった。

一九四六年から一九五二年の間には、約二万五〇〇〇人のイタリア人が南ティロールに移住した。彼らの多くは北部イタリアの出身であった。トレンティーノおよびヴェネトからの移民は、この時期のイタリア人移住のそれぞれ四〇パーセント弱を占めていた。中部イタリアからの移住者は一〇パーセントを下回っていた。南部イタリアからの移住者は五パーセント程度、残りはトレンティーノとヴェネトを除く北部諸地域ならびにイストリアからの出身者が占めていた。イストリアのイタリア系住民は、ユーゴスラヴィアからイタリアに逃れてきた人々だった。

一九七二年の第二次自治規約の成立は、南ティロールのイタリア人の心理的状況において決定的な区切りとなった。新たに定められたのは、ドイツ語およびラディーン語を話す南ティロール人にとって有利となるマイノリティの保護、および三つの言語集団すべてに対する――すなわちイタリア人も対象とする――領域自治である。この規約によってイタリア語を話す集団は一連の特権を失ったのに対し、かつて支配的であったドイツ語を話すマイノリティが南ティロールにおいて優勢な言語集団となった。一九七二年に打ち立てられたあらたな自治体制は、言語集団と民族の分離という共同体的な論理にもとづいていたが、その具体的な影響があらわれたのは一九七〇年代の後半になってからであった。とりわけ一九七二年の新自治規約によって不意打ちを食らったイタリア系の南ティロール住民は、領域自治を定めたこの新しい規約の影響をもっとも顕著に被った。というのは、あらたに導入された民族別採用割当——言語集団の規模にもとづき公的職務への採用数を割り振るものであり、こうした採用方式をとるゆえに二つの言語の使用を義務づけるものでもある——によって、イタリア人は公務員として得ていたさまざまな特権を享受することができなくなったからであった。

さらに、工業部門で始まった危機は、まずイタリア人が独占していた労働市場の一部を直撃した。この局面では、すでに就業可能な職種が民族によって分かれていたことが裏目に出たのであった。南ティロールのイタリア人は、突如自らがマイノリティとなったうえに、自国において、国家がもはや後ろ盾ではなくなり、彼らを擁護していないと感じていた。イタリア人は、南ティロールにおいては国家がその責務を果たすことをやめたと悲嘆し、イタリア・ネーションがドイツのマイノリティの前に屈した様を嘆いた。このような国家に対する不信を原因として、イタリア人の間では強い無力感が生じることとなった。新しい状況によって生じた不満は、イタリア人の一部にすでにみられたナショナリスティックな振る舞いをさらに強めただけでなく、一九七二年の新自治規約に応じて新設された各政党においても蔓延していった。

一九八一年の国勢調査の結果は、こうした不満をさらに強める結果となった。この調査によって、一〇年の間にイタリア語の言語集団の割合が三三・三パーセントから二八・七パーセントへと後退したことが統計的に確認されたのである。イタリア語話者減少の理由は、工業部門の危機による南ティロールからの転出の動きがますます増加したこと、もはや公務員として無制限に雇用される可能性が失われたこと、ならびに、主として非都市部に居住するドイツ語話者住民と比較してイタリア人の出生率が低かったことであった。このようにして生じた不満は政治的な抗議へとつながっていった。こうした抗議によってナショナリズムが高揚し、一九八〇年代初めには散発的なテロ行為がひきおこされるまでになり、自治に好意的であったイタリアの政党が支持を失い、対照的にネオ・ファシストであるイタリア社会運動（MSI）――一九九五年以降は国民同盟（AN：Alleanza Nazionale）――への支持が増加した。いくつかの県議会選挙でMSIまたはANが大規模な支持を得たものの、県のレベルにおいても、国のレベルにおいても期待された政策の方針転換にはいたらず、フラストレーションは増大した。ANは選挙で四〇パーセントに迫る支持を獲得し、南ティロール議会でもっとも強い会派になったにもかかわらず[3]、その政策と過去の経緯のゆえに、つねに政権から除外されていた。抗議の声をあげても届かないことを自覚していたイタリア人の多くは選挙に参加しなくなった。それがために南ティロールのイタリア人の間では、ドイツ語話者住民と比べて政治参加の割合が低下する事態をまねいた。

こうした不快感を解消しようとしたイタリア人の試みは、二通りの方向で表現されることとなった。一方の小規模なグループは、南ティロール内部でのより強力な統合を求め、同時にほかの言語集団に属する住民とさらに緊密に接触しようと試みた。こうした努力は、制度上の障害に直面することとなった。特に、第二次自治規約が言語集団を民族として区別するという原則にもとづいていたがゆえになおさら、このような集団間の統合を強めようとする努力からすれば、この規約が障壁となったのであった。制度上の分離（学校、アソシエーション、マスメディア、教会）のために、そしてイタリア人が単一言語しか話されない密集区域に集住していたがゆえに、文化的交流は進まなかった。こうした努力に対し、イタリア人の大部分は自らのアイデンティティに固執するばかりだった。その結果、「イタリア性」がさらに強調された。すなわち、再三にわたりナショナリスティックな主張が繰り返されたのであった。

二〇〇一年の国勢調査では、いぜんとして言語集団内部での流動性（ほかの地域から南ティロールへの移住と南ティロールからほかの地域への移住）は比較的高かったものの、イタリア語集団の割合は全人口の二六・五パーセントをもって安定したように見受けられた。南ティロールには、一一万三四九四人のイタリア語話者が、六九・二パーセントを占める二九万六四六一人のドイツ語話者と隣り合って居住していることとなる。これらに加えて、ラディーン語話者は一万八七三六人（四・四パーセント）を数える。なお、人口のうち三・三パーセントは非EU市民である。現在では、南ティロールのイタリア人は、一九四五年以前よりもいっそう都市部に、そして南ティロール・ウンターラントのいくつかの村落に集中して居住している。南ティロールの一一六の市町村のうちイタリア人が多数を占めるのはわずかに五つである。その五つのうち、ボーツェンではイタリア人の割合は七三パーセント、同市に隣接するライファース（ドイツ語：Laifers、イタリア語：Laives）で七〇パーセントにのぼり、この二つが南ティロールでイタリア人がもっとも集中する都市となっている。また、この二つの都市に南ティロールのイタリア人のほぼ七割が居住していることになる。イタリア人の割合は六つの市町村で三〇パーセントをこえ、二〇パーセントをこえるのは五つ、一〇パーセントをこえるのは一〇の市町村である。ほかの市町村においては、イタリア人の割合は（いくつかの例外を除き）五パーセントを下回っている。

註

▼1 イタリア系のティロールを意味する。

▼2 イタリアによる同化政策。

▼3 ＡＮが四〇パーセント近い支持を得て、最大会派となったとの点は、南ティロール県議会選挙結果（一九九八〜二〇〇三年期および二〇〇三〜二〇〇八年期）から確認ができなかった。著者の数値引用の誤りか？（参照先：南ティロール県議会ホームページ。最終閲覧二〇二一年六月一〇日）

コラム

南ティロール旅行記

増谷英樹

だいぶ前の話ではあるが、「南ティロール」という現在はイタリア領となっている地域について関心を持ったのは、その南ティロール出身のオーストリア人の友人から話を聞いたときからである。友人は当時インスブルックに住んでいたが、彼の両親は、現在はイタリア領である南ティロールに住んでいた。しかし、ムッソリーニとヒトラーの時代にそこから移住し、インスブルックの「住宅」に住むことになったのだという。当時の南ティロールの状況をあまり知らなかった僕は、その後、本を読み、興味を持って早速南ティロールに行ってこようと、連れ合いと二人の子どもを連れて、車で出かけたのである。ウィーンからケルンテン州をかすめて、オーストリアのリーエンツに向かい、さらに先を急いで南に下って、イタリア語圏に入ってしまった。にぎやかな小さな町で夕飯を食べ泊まろうとしたが、すでにドイツ語圏をはずれていたので、ドイツ語も英語も通じず、少し北のドイツ語圏に戻って、ようやく夕食を食べ泊まることができた。夕食後長男を連れて散歩に出ると、子どもたちがよってきて、「何処から来たの？」と聞くので日本からだと答えると、興味ありげについてきたので、よい機会であると思い学校の話などを聞いてみた。学校の教育が何語で行われているのかと聞くと、一週間ごとにドイツ語とイタリア語とラディーン語の三つの言語であるといわれびっくり。国境の近くの複数言語地域での、子ども教育は大変だと思ったが、それは南ティロールをめぐる複雑な現代史の結果でもあったのである。しかし現在の子どもたちは平気な様子で、「学校は面白い」と無邪気であった。

翌日は南ティロールの象徴でもあるドロミーテン山脈まで行き、その端の岩山に、七歳の長男を連れて山登りを楽しんだ。彼もかなり乗り気になったので、ドロミーテンに登ったと自慢してもいいよと教えた。実際は突然の雨に降られ岩の洞穴に避難したときは、心配そうな顔をしていたのだが。その後雨もやみ無事に降りて、ドロミーテンの村の民宿に泊まり、翌日にボーツェンに再出発。すぐに着いたボーツェンの町の中心の市庁舎前広場に車を置いて、徒歩で街を見学。友人から聞いていたとおり、町中の人たちはほとんどがイタリア語しかしゃべらず、ドイツ語が通じたのは本屋とレストランだけであった。それはイタリア政府の必死な努力の成果であったことも友人から聞いていた。イタリア政府は、第一次世界大戦に連合国側に参画し、その成果として、南ティロールをイタリア領に獲得し、戦後イタリア共和国は、ドイツ語を話す南ティロール人に対抗するために、イタリア中から南ティロール、特にボーツェンへの移住者を募ったのである。ボーツェンの町には工場や企業をつくり、イタリア語を公用語としたのである。ドイツ語話者は次第に街の外側に追い出され、ボーツェンの町はイタリア語の町になり、ドイツ語人は町の外に独自の市場を形成したドイツ人の街区をつくったが、ムッソリーニはそこにもファシスト党の象徴である二本の柱を立ててしまう。そうした街の様子をみながら、ボーツェンの町から外に出てくると、農村部の村や町ではいまだドイツ語が普通に通用していて、いまだ戦間期の状況が残存していた。二〇〇一年の統計でも南ティロールの住民の言語は、ドイツ語六九パーセント、イタリア語二六・九パーセント、ラディーン語四・四パーセントという数字が残っている。もともとオーストリアの一部であったこの地方の経済はもっぱら観光業であり、観光者の半分はドイツ人であったという。その後、第一次世界大戦の後の一九一九年のウィルソンの一四カ条に基づくサン＝ジェルマン条約により、南ティロールは連合国側についたイタリア領と定められ、ムッソリーニの政権下でも都市名や学校制度、行政組織などのできるだけの「イタリア化」が進められていた。一九三九年にヒトラーはムッソリーニと交渉し、それを阻止しようとしたが、当時はまだイタリア・ファシズムのほうが主導権を握っていたので、ヒトラーは譲歩し、ドイツ語人をできるだけイタリア外に移住させることで妥協せざるをえなかった。ヒトラーは希望するドイツ語人をドイツないし国外に出すことで妥協したのである。ヒトラーは彼らを特にポーランドなどに送り込み、ポーランドをドイツ化し併合することに利用したが、オーストリアにとどまった者も多かったので、ヒトラーはインスブルックなどに住宅を建て、彼らの一部を住まわせたのである。僕の友人の両親はオーストリアに残る選択をし、「ヒトラーの家」をもらい、友人もその「ヒトラーの家」に引き継いで住んでいたのである。ボーツェンからの帰りには高速道路を走ったが、周囲の山には旧い城塞も残っていたし、食事に寄ったレストランなどもドイツ語は通じ、イタリアのこの地方の統治は難しいだろうなという雰囲気であった。オーストリアとの国境のブレンナー峠の頂上では、きれいな虹が出ていて、南ティロールとオーストリアを結びつけているかのようであったのが、なぜか慰めになり、子どもたちと長く見とれてしまった。インスブルックでは友人の「ヒトラーの家」に一泊させてもらい、インスブルックを案内してもらい、南ティロールの話も、いろいろ聞かせてもらった。オーストリア人には、南ティロールへの惜別の思いはいまだ残っているようであった。

おわりに

本原稿をお仕舞いにするにあたり、編者の一人として、本書の成立について簡単に述べておかねばならないであろう。

そもそも、本翻訳を考えたのは何時であったかは、はっきりしないが、思い出す限りさかのぼると、本書の原著の編者との最初の出会いまでさかのぼってしまう。それは、ずっと昔の一九八二年のリンツ会議のことである。この年に増谷はウィーンに滞在中であり、その年のリンツ会議に参加する予定でウィーンに来ていた故西川正雄氏に誘われて、オーストリアのリンツで開催されていた「労働者運動歴史研究会」に参加し、そこで、本書の編者のバーデ氏に紹介されたのである。そもそも「リンツ会議」とはどのような会議であったかの説明が必要であるが、その会議は当時ウィーンの「労働者運動研究所」の所長であったヘルベルト・シュタイナー（Herbert

Steiner）氏によって、全ヨーロッパ、さらに中国、韓国、アフリカ大陸諸国にまで呼びかけられていた労働者（ないし働く国民）にかんする歴史研究者を集めた研究会（大会）である（一度だけヘルベルト・ハーバーマス氏も参加し、講演したが、その後食事時に同じテーブルになり話をすることができ、彼が喋るドイツ語がウィーン訛含みであるので聞いてみたら、彼はカイロで生まれ、ウィーン大学の二年生までウィーンに住み、その後ベルリン大学で学んだことを知った）。僕はその後も何回か大会に参加することができ、ウィーン滞在中は、シュタイナー氏の研究所「労働者運動研究所」での研究を許された恩恵を被っていたのである。そのうちリンツ会議の常任委員会の日本代表ということになり、おかげで、委員会で、ヨーロッパの重要な研究者とも知り合いになることもできた（特に、シュタイナー氏には一度日本に講演に来てもらい東京外国語大学で大きなシンポジウムを行うこともできた）。本書のバーデ氏をお呼びすることはできなかったが、同氏の著作には大きな関心を持ち、当然教えられたこともたくさんあった。そうした関連から、以前から同氏の本の翻訳紹介を考えていたのであるが、なかなか実現せず、二一世紀になり穐山さん、前田さん、東風谷君などの多大な援助をいただき、ようやく新世紀になって本書の一部の翻訳紹介を実現できることができ、ご協力いただいた皆様、出版会には感謝いたしております。バーデ氏は翻訳の話などもうとっくに忘れてしまっているかもしれませんが、いちおう翻訳本をお送りしたいとおもっています。ということで、編集翻訳にご協力いただいた皆様には、心より感謝の念をいだいていますし、この間に亡くなってしまったウィーンのヘルベルト・シュタイナー氏や日本での実質的指導教官であった故西川正雄氏にもよろこんでいただけるのではないかとおもっています。

二〇二一年七月二四日　　増谷英樹

＊＊＊

本書では、ドイツ、オーストリア、スイスを地理的概念である「中欧」として捉え、歴史的な人の移動を概観してきた。この三国は、かつて神聖ローマ帝国下にあり、ドイツ語またはドイツ語圏文化を共有し、ヨーロッパ・アルプスを領域内に有するという共通点はあるものの、近代国家の成立過程や歴史的な政治、社会的情勢はかなり異なり、それが人の移動に影響を与えたことは本書が示したとおりである。

それでは、人の移動に関連してこの三国がおかれている現在の状況はどうだろうか。ＥＵ加盟国であるドイツとオーストリア、ＥＵとの二者間協定を通じてシェンゲン協定に加盟しているスイスは、人の移動に関しては同じ状況におかれている。シェンゲン加盟国（EU加盟国二七ヵ国のうち二二ヵ国とEFTA加盟国四ヵ国の二六ヵ国）で構成されるシェンゲン圏では基本的に人の移動が自由で、いったん、シェンゲン圏に入ってしまうと国境での出入国審査はない。これによって域内の人の移動が活発化した。域内では、より豊かな生活を求めて、賃金の高い国への移民や移住が頻繁に行われるようになった。また、シェンゲン圏成立は、領域外との人の移動に関して多くの問題を抱えた。主に、シェンゲン域外から域内に避難場所を求める難民への対応である。二〇一一年の「アラブの春」を発端とした難民の押し寄せや、シリアの政情不安定を原因とした二〇一五年の難民の押し寄せ、いわゆる「難民危機」である。このような背景により、ドイツ、オーストリア、スイスでは移民・難民の受け入れに反対する陣営が勢いを増していることは、それぞれの訳者解説で示したとおりである。それぞれの国民はとめどなくやってくる難民やボーダレスとなった人の移動に危機感をあらわにし、社会の安寧が脅かされるとか、自国民の職が奪われるとか、自国民の利益を優先せよと訴えている。

もちろん移民のなかには、高い知識、能力、技術を持ち、居住地や生活を自ら選ぶことが可能なグローバルに活躍する人や、同じ能力や職種でもより安い賃金で働く人もいるだろう。そのような人の到来に自分たちの生活が脅かされると危機感を覚えることは理解できる。しかし、移民は一方的にやってきて、受け入れ国に負担を強い、現地住民の権利や利益を搾取する存在でしかないのだろうか。現在、多くの先進国で少子高齢化や人口減少は国の未来を脅かす深刻な問題である。そのような国にとって、労働力は国の未来と経済のために必要不可欠である。また、経済界にとっても、利潤追求の面から、より安い賃金で働く労働者は魅力的である。つまり、少子高齢化と人口減少問題を抱えるほとんどの先進国では、外国人労働者や移民の存在は今後ますます重要になってくると考えられる。それは、日本も例外ではない。二〇一九年に改正入管法が施行され、外国人労働者の受け入れが拡大された。今後、多くの外国人が短期、長期にわたり、日本で働くことを期待されている。しかし、このような外国人労働者の受け入れは、歴史が示すように、一時的な労働力の調整弁ではなく、包摂と統合を前提とした受け入れでなければならない。そのためには、外国人労働者の受け入れのためのインフラ整備、特にヨーロッパのような多言語政策や複言語政策をとっていない日本では、日本語習得支援の拡充が焦眉の課題となるだろう。

二〇二〇年から、新型コロナウイルス感染拡大というパンデミックに世界中が襲われ、感染拡大防止の観点から、人の行動と移動に制限がかけられている。これにより人が境界や国境をこえる移民や難民申請において厳しい状況が続いている。その一方で、移民・難民に関して新たな問題も顕在化した。ドイツでは二〇二〇年六月にノルトライン・ヴェストファーレン州の食肉工場でコロナウイルスの集団感染がおこり、一五〇〇人以上が感染したと報道された。そこで働く従業員の多くは悪い労働環境でも低賃金で働く東欧からの移民たちである。また、積極的にロックダウンを行わなかったスウェーデンでは高齢者施設での死亡者が多かったが、その原因の一つに医療費削減のため賃金の安い移民が多く働いていたこと、移民に対しての感染予防対策の情報提供がうまくいっていなかったことなどが指摘されている。また、新型コロナウイルスによる景気低迷で真っ先に職を奪われるのも外国人労働者のような不安定な立場にいる人々である。日本では、新型コロナウイルス感染症の影響により、受け入れ機関や受け入れ予定機関の経営状況が悪化し、多くの外国人技能実習生が解雇されたり雇い止めの対象となったりしている。このように、危機的な状況に陥ったとき、真っ先に被害にあうのは、自国ではない場所で社会的な保護が受けられない外国人労働者や移民なのである。新型コロナウイルスのような国境や境界で防ぐことができない問題は、けっして自国優先では解決できない。いまこそグローバルな視点でローカルな問題に取り組むときではないだろうか。

本書は移民・難民問題に興味を持つ一般読者や学生向けに編まれたものである。巻末には移民・難民に関する専門用語を索引として、日本語、ドイツ語、英語で整理した。また、文献紹介として入手しやすい日本語の参考文献と、移民・難民をテーマとして扱った映画を紹介した。さらなるテーマの追究に役立てていただきたい。

監訳・編者の筆頭である増谷英樹先生が本書の出版を着想してから五年以上の月日がたっている。筆者がこの話を引き受けたのは二〇一五年で、まさにヨーロッパが「難民危機」に向き合っていたときである。しかし、前述のように移民・難民の問題はあらたな課題を抱え、いまだ未解決の問題であり続けている。本書が、読者が移民・難民問題を考える一助となれば幸いである。

さいごに、出版事情が悪いなか、出版をご快諾くださった東京外国語大学出版会の千葉敏之先生と大内宏信氏に心より御礼申し上げたい。

二〇二一年八月　残暑が厳しい京都にて

稙山洋子

参考文献

一般書・概説書

石田勇治編著『図説　ドイツの歴史』河出書房新社、二〇〇七年
今井敦『三つのチロル』新風舎、二〇〇四年
今泉みね子『ようこそ、難民！――100万人の難民がやってきたドイツで起こったこと』合同出版、二〇一八年
ヴァルラフ、ギュンター『最底辺――トルコ人に変身して見た祖国・西ドイツ』マサコ・シェーンエック訳、岩波書店、一九八七年
ヴァイエ、ビルギット『マッドジャーマンズ――ドイツ移民物語』山口侑紀訳、花伝社、二〇一七

踊共二『図説　スイスの歴史』河出書房新社、二〇一一年
内藤正典『ヨーロッパとイスラーム――共生は可能か』岩波書店、二〇〇四年
内藤正典『外国人労働者・移民・難民ってだれのこと？』集英社、二〇一九年
野中恵子『新版　ドイツの中のトルコ――移民社会の証言』柘植書房新社、二〇〇七年
滝澤三郎／山田満『難民を知るための基礎知識』明石書店、二〇一七年
宮島喬／鈴木江理子『新版　外国人労働者受け入れを問う』（岩波ブックレット）岩波書店、二〇一九年
スポットルノ、カルロス（写真）、アブリル、ギジェルモ（文）『亀裂――欧州国境と難民』上野貴彦訳、花伝社、二〇一九年
髙谷幸編『移民政策とは何か――日本の現実から考える』人文書院、二〇一九年
中村一成『映画でみる移民／難民／レイシズム』影書房、二〇一九年
バウマン、ジグムント『自分とは違った人たちとどう向き合うか――難民問題から考える』伊藤茂訳、青土社、二〇一七年
増谷英樹／古田善文『図説　オーストリアの歴史』河出書房新社、二〇一一年
松尾秀哉ほか編『教養としてのヨーロッパ政治』ミネルヴァ書房、二〇一九年
松原好次／内藤裕子『難民支援――ドイツメディアが伝えたこと』春風社、二〇一八年
山之内克子『物語オーストリアの歴史――中欧「いにしえの大国」の千年』中央公論新社、二〇

一九年

研究・専門書

アジエ、ミシェル『移動する民――「国境」に満ちた世界で』吉田裕訳、藤原書店、二〇一九年
石川真作『ドイツ在住トルコ系移民の文化と地域社会――社会的統合に関する文化人類学的研究』立教大学出版会、有斐閣、二〇一二年
石川真作／渋谷努／山本須美子編『周縁から照射するEU社会――移民・マイノリティとシティズンシップの人類学』世界思想社、二〇一二年
伊藤定良『改訂新版　異郷と故郷――近代ドイツとルール・ポーランド人』有志舎、二〇二〇年
伊藤亜希子『移民とドイツ社会をつなぐ教育支援――異文化間教育の視点から』九州大学出版会、二〇一七年
大津留厚ほか編『ハプスブルク史研究入門――歴史のラビリンスへの招待』昭和堂、二〇一三年
岡部みどり編『人の国際移動とEU――地域統合は「国境」をどのように変えるのか？』法律文化社、二〇一六年
岡本奈穂子『ドイツの移民・統合政策――連邦と自治体の取り組みから』成文堂、二〇一九年
川喜田敦子『東欧からのドイツ人の「追放」――二〇世紀の住民移動の歴史のなかで』白水社、二〇一九年

黒澤隆文編訳『中立国スイスとナチズム――第二次大戦と歴史認識』京都大学学術出版会、二〇一〇年
近藤敦『多文化共生と人権――諸外国の「移民」と日本の「外国人」』明石書店、二〇一九年
近藤潤三『統一ドイツの外国人問題――外来民問題の文脈で』木鐸社、二〇〇二年
近藤潤三『移民国としてのドイツ――社会統合と平行社会のゆくえ』木鐸社、二〇〇七年
近藤潤三『ドイツ移民問題の現代史――移民国への道程』木鐸社、二〇一三年
昔農英明『「移民国家ドイツ」の難民庇護政策』慶應義塾大学出版会、二〇一四年
高橋進／石田徹編『「再国民化」に揺らぐヨーロッパ――新たなナショナリズムの隆盛と移民排斥のゆくえ』法律文化社、二〇一六年
内藤正典編『トルコ人のヨーロッパ――共生と排斥の多民族社会』明石書店、一九九五年
錦田愛子『政治主体としての移民／難民――人の移動が織り成す社会とシティズンシップ』明石書店、二〇二〇年
増谷英樹編『移民・難民・外国人労働者と多文化共生――日本とドイツ／歴史と現状』有志舎、二〇〇九年
丸山英樹『トランスナショナル移民のノンフォーマル教育――女性トルコ移民による内発的な社会参画』明石書店、二〇一六年
水野博子『戦後オーストリアにおける犠牲者ナショナリズム――戦争とナチズムの記憶をめぐっ

て』ミネルヴァ書房、二〇二〇年。
宮島喬／佐藤成基編『包摂・共生の政治か、排除の政治か――移民・難民と向き合うヨーロッパ』明石書店、二〇一九年
ルヒテンベルク、ジークリット編『新訂版 移民・教育・社会変動――ヨーロッパとオーストラリアの移民問題と教育政策』山内乾史監訳、明石書店、二〇一〇年
小井土彰宏編『移民受入の国際社会学――選別メカニズムの比較分析』名古屋大学出版会、二〇一七年
樽本英樹編『排外主義の国際比較――先進諸国における外国人移民の実態』ミネルヴァ書房、二〇一八年
大泉常長『激動の欧州連合（EU）の移民政策――多文化・多民族共生の限界とイスラム過激派組織によるテロリズムの脅威』晃洋書房、二〇一七年
ベンハビブ、セイラ『他者の権利〈新装版〉――外国人・居留民・市民』向山恭一訳、法政大学出版局、二〇一四年

映画

『おじいちゃんの里帰り』サムデレリ、ヤセミン監督、二〇一一年
一九六〇年代にトルコから移民した一家は五〇年後、三世代の大家族となりドイツで暮らして

いる。ある日、第一世代の祖父が故郷トルコに土地を購入し、家族全員でトルコへ旅をする。三世代のそれぞれの悩みや思いを描いた作品。

『はじめてのおもてなし』ヴァーホーヴェン、サイモン監督、二〇一六年

ドイツ人一家を舞台に、難民の青年の受け入れをきっかけに変わっていく家族のありかたや絆をコミカルに描いた作品。

『希望のかなた』カウリスマキ、アキ監督、二〇一七年

シリア難民の青年が生き別れた妹を探して、偶然フィンランドの首都ヘルシンキにたどり着いたが、難民申請を却下される。しかし市民たちから温かい手が差し伸べられながら新たな人生を模索する姿を描く作品。

『この自由な世界で』ローチ、ケン監督、二〇〇七年

イギリスに住むシングルマザーの女性が息子と一緒に住むために資金を稼ぐために外国人労働者を企業に紹介する仕事を立ち上げる。あるとき、不法移民を働かせるほうが儲かることを知り、それに手を染めていく。自己の幸せのために他人を犠牲にすることを深く問いかける作品。

『海は燃えている――イタリア最南端の小さな島』ロージ、ジャンフランコ監督、二〇一六年

アフリカ大陸にもっとも近いイタリア最南端島・ランペドゥーザ島に、命がけで地中海を渡りヨーロッパを目指す難民と移民たちの島での生活と現地住民との交流を描いた作品。

『ヒューマン・フロー　大地漂流』ウェイウェイ、アイ監督、二〇一七年

国境地帯や世界二三カ国、四〇カ所の難民キャンプと国境地帯をめぐり、難民たちの旅路をなぞるドキュメンタリー映画。難民たちが直面する厳しい現状を体験できる作品。

『グット・ライ――いちばん優しい嘘』ファラルドー、フィリップ監督、二〇一四年

一九八三年にアフリカ大陸で起こったスーダン内戦で両親と住む家を失った子どもたちが全国各地に移住する実際の計画を描いた作品。

『それでも僕は帰る――シリア若者たちが求め続けたふるさと』デルキ、タラール監督、二〇一三年

二〇一〇年にチュニジアで始まった「アラブの春」という民主化運動の高まりのなかで、二人の青年が民主化運動に参加し、運動のリーダーとなっていく。シリアの民主化運動のなかで生きる青年の実像に迫る作品。

移民のヨーロッパ史——ドイツ・オーストリア・スイス

二〇二一年九月一七日　初版第一刷発行
二〇二二年六月三〇日　初版第二刷発行

編　者　クラウス・J・バーデ
監訳者　増谷英樹・穐山洋子・東風谷太一
訳　者　前田直子・藤井欣子・鈴木珠美
発行者　林佳世子
発行所　東京外国語大学出版会
〒一八三‐八五三四　東京都府中市朝日町三‐一一‐一
TEL〇四二‐三三〇‐五五五九
FAX〇四二‐三三〇‐五一九九
Eメール tufspub@tufs.ac.jp
装幀者　臼井新太郎
本文組版　大友哲郎
印刷・製本　シナノ印刷株式会社

Printed in Japan　ISBN978-4-904575-90-1

所属：東京外国語大学大学院総合国際学研究院特別研究員
専門：ドイツ近代史
著書：『身体と環境をめぐる世界史――生政治からみた「幸せ」になるためのせめぎ合いとその技法』（共著、人文書院、二〇二一年）

前田直子（まえだ・なおこ）
最終学歴：獨協大学大学院外国語学研究科ドイツ語学専攻博士後期課程修了、博士（ドイツ文化）
専門：ドイツ移民統合政策
著書：『移民・難民・外国人労働者と多文化共生――日本とドイツ／歴史と現状』（共著、有志舎、二〇〇九年）
記事：「ドイツ移民政策の現在」（『日本語教育ジャーナル』二〇一三年春号）

藤井欣子（ふじい・よしこ）
最終学歴：東京外国語大学大学院地域文化研究科博士後期課程単位取得退学
所属：東京外国語大学海外事情研究所特別研究員
専門：オーストリア近現代史
論文：「19世紀後半オーストリアにおける南部辺境協会（ズュートマルク協会）――シュタイアーマルクのリベラル派たち」（『言語・地域文化研究』第10号、二〇〇四年）

鈴木珠美（すずき・たまみ）
最終学歴：東京大学大学院総合文化研究科地域文化研究専攻博士課程単位取得満期退学
所属：東京外国語大学大学院総合国際学研究院特別研究員
専門：南ティロールを中心とする、オーストリア、イタリアの国境地域の歴史
業績：コラム「戦後ティロールの射撃文化」（大津留厚・水野博子・河野淳・岩崎周一編『ハプスブルク史研究入門――歴史のラビリンスへの招待』昭和堂、二〇一三年）

訳者略歴

増谷英樹（ますたに・ひでき）

最終学歴：東京大学大学院人文科学研究科博士課程中退。東京外国語大学名誉教授

専門：オーストリア／ドイツ史、ユダヤ史、ウィーン都市史

著書：『ビラの中の革命――ウィーン・1848年』（東京大学出版会、一九八七年）。『歴史のなかのウィーン――都市とユダヤと女たち』（日本エディタースクール出版部、一九九三年）。『越境する文化と国民統合』（共編著、東京大学出版会、一九九八年）。『移民・難民・外国人労働者と多文化共生――日本とドイツ／歴史と現状』（共著、有志舎、二〇〇九年）。『オルタナティヴの歴史学』（共著、有志舎、二〇一三年）

穐山洋子（あきやま・ようこ）

最終学歴：東京大学大学院総合文化研究科地域文化研究専攻博士課程修了、博士（学術）

所属：同志社大学グローバル地域文化学部准教授

専門：スイス近現代史

著書：Das Schächtverbot von 1893 und die Tierschutzvereine. Kulturelle Nationsbildung der Schweiz in der zweiten Hälfte des 19. Jahrhunderts, Berlin:Metropol Verlag, 2019.『中立国スイスとナチズム――第二次大戦と歴史認識』（共著、京都大学学術出版会、二〇一〇年）

論文：「1893年のシェヒター禁止と19世紀後半スイスの文化的ネーション形成」（『現代史研究』第60号、二〇一四年）

東風谷太一（こちや・たいち）

最終学歴：東京外国語大学大学院地域文化研究科博士後期課程単位取得退学、博士（学術）

レオ・ルーカッセン（Leo Lucassen）
オランダの歴史学者。ライデン大学人文学部教授。社会史国際研究所主任研究員。専門はグローバルな視座からの移民労働者の歴史、労働運動史、都市史、シンティ・ロマ史。

シルヴィア・ハーン（Sylvia Hahn）
オーストリアの歴史学者。ザルツブルク大学歴史学部教授。専門はヨーロッパの地域史。研究の重点は、歴史的な移民研究、ジェンダー史、労働史。

マーク・ヴィユミエ（Marc Vuilleumier）
スイスの歴史学者。専門は近現代の政治史、社会史、特に労働や社会主義運動、難民・移民に関する研究。ジュネーヴ大学で長年教鞭をとり、二〇二一年に逝去。

アルント・バウアーケンプファー（Arnd Bauerkämper）
ドイツの歴史学者。ベルリン自由大学歴史学科特任教授。専門はイギリス近現代史、ヨーロッパのファシズム、ドイツ連邦共和国と東ドイツの社会史など。

ギュンター・パラーヴァー（Günter Pallaver）
オーストリアの政治学者・歴史学者。インスブルック大学政治学科教授。専門は政治制度の比較。研究の重点は、イタリア、特に南ティロールのエスニック・マイノリティとエスノ地域的政党など。

著者略歴

クラウス・J・バーデ（Klaus J. Bade）
ドイツの歴史学者。エアランゲン＝ニュルンベルク大学で博士学位（一九七二年）、教授資格（一九七九年）を取得。アウクスブルク大学、エアランゲン＝ニュルンベルク大学、オスナブリュック大学で教鞭をとる。専門は近現代移民史、植民地史、労働市場史研究。一九八〇年代以降数々の国際的な移民研究プロジェクトを立ち上げるとともに、オスナブリュック大学では「移民・異文化学研究所」（ＩＭＩＳ）の創設に尽力、同研究所所長を務める。

ヨッヘン・オルトマー（Jochen Oltmer）
ドイツの歴史学者。オスナブリュック大学で博士学位（一九九五年）、教授資格（二〇〇一年）を取得。現在オスナブリュック大学ＩＭＩＳ特任教授。専門は近現代移民史研究。一八世紀から現代までを対象に、受け入れ・送り出し社会の相互関係の視点から、労働移住、戦争難民、強制移動、ディアスポラなど多様な形態の移動する人々の歴史を研究してきた。ＩＭＩＳ創設期からバーデとともに同研究所の運営に携わる。

ディルク・ヘルダー（Dirk Hoerder）
ドイツの歴史学者。ブレーメン大学、アリゾナ州立大学で教鞭をとる。専門は近現代の移民史。特に北アメリカを対象に環大西洋世界のグローバルな移民労働者を研究。

ヤン・ルーカッセン（Jan Lucassen）
オランダの歴史学者。元社会史国際研究所（アムステルダム）主任研究員。専門は社会経済史、グローバル・レイバーヒストリー、移民労働者研究。

索引　＊各項目に、原則として原語（ドイツ語／英語）を付した。

あ行

か行

さ行

た行

な行

は行

ま行

や行

ら行

わ行